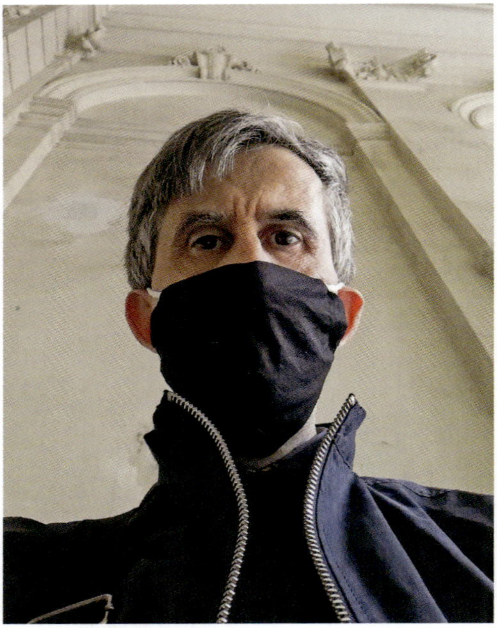

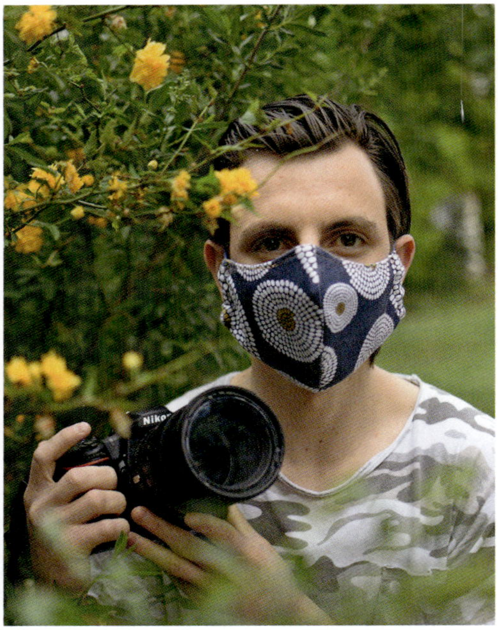

Autor: Dr. Marcello La Speranza, Jahrgang 1964, ist Historiker, Archäologe und Autor mehrerer zeitgeschichtlicher Bücher und trat bereits bei verschiedenen Rundfunksendungen auf. Der Mitarbeiter und Kurator historischer Ausstellungen verfasst Aufsätze und Fundbeschreibungen für die Stadtarchäologie und das Denkmalamt.

Kontaktadresse: klio@a1.net
Homepage: www.marcellolasperanza.at
Youtube: Marcello La Speranza. Auf diesem Kanal können etliche Filme über unterirdische Forschungsreisen abgerufen werden.

Fotograf: Lukas Arnold, Jahrgang 1998, ist begeisterter Hobbyfotograf. Das Fotografieren von Lost Places, Tier- und Zirkuswelten sowie diversen Events ist seine größte Leidenschaft. Mit seinen exklusiven Bildern hat er inzwischen schon mehrere Fotoausstellungen bereichert.

Kontaktadresse: luki.arnold@aon.at
Instagram: lostplace.luki
Facebook: Lukas Arnold Photography
Homepage: www.lukas-arnold-photography.at; hier werden stets die neuesten Entdeckungen veröffentlicht.

Das Team betreibt gemeinsam mit ihrem Kollegen Stefan Andert die Homepage „Forscherteam Wiener Unterwelten", auf der sie die Ergebnisse ihrer Erkundungstouren zu geheimnisvollen, unentdeckten Plätzen und vergessenen Orten präsentieren. Ihre Fotografien sind bereits in den Bildbänden „Verlassene Ort in Wien" und „Lost Places in Wien" (Sutton Verlag) erschienen.

WIEN IM LOCKDOWN

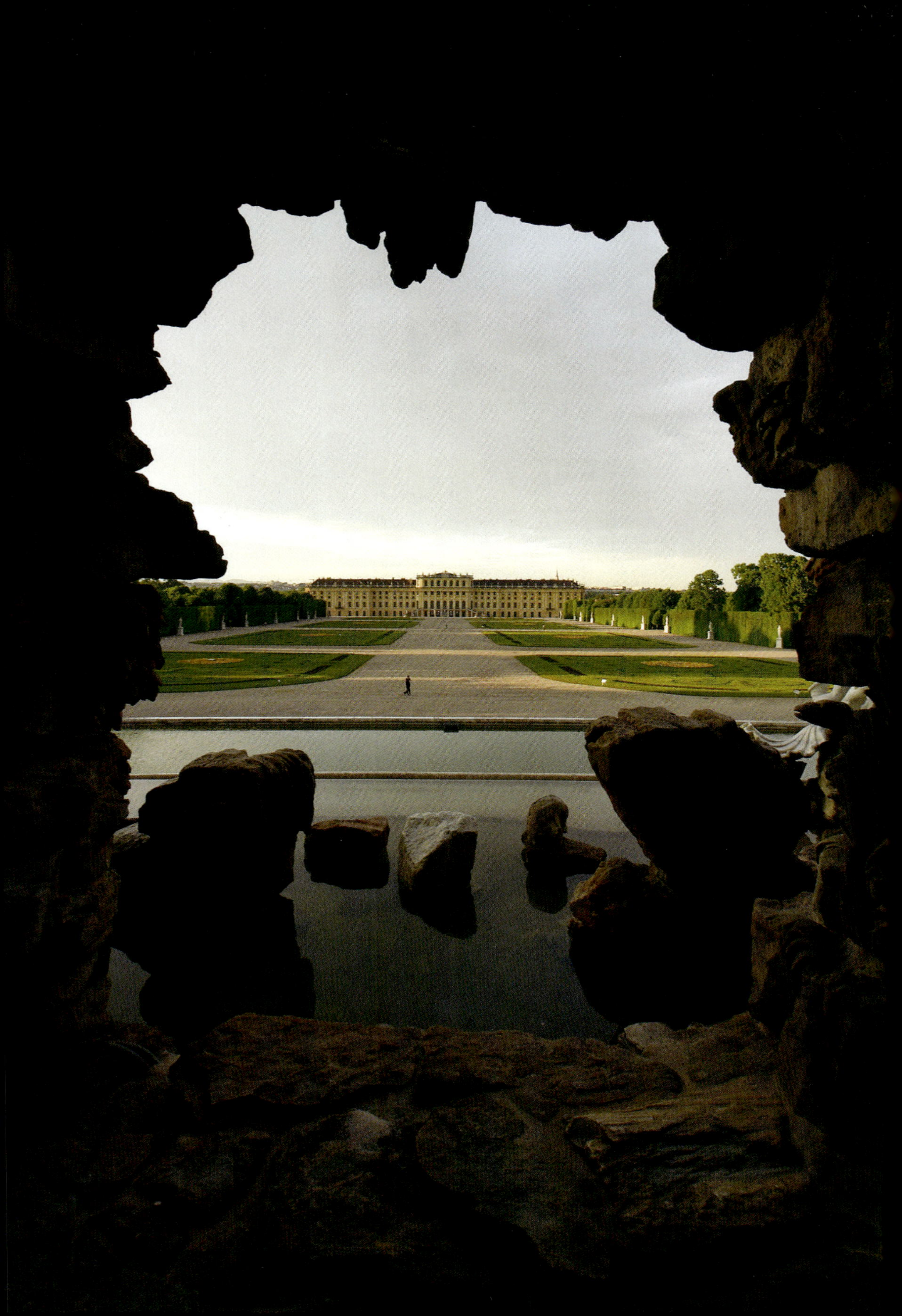

Marcello La Speranza
Lukas Arnold

WIEN
IM LOCKDOWN

Zwischen Stillstand und Hoffnung

SUTTON

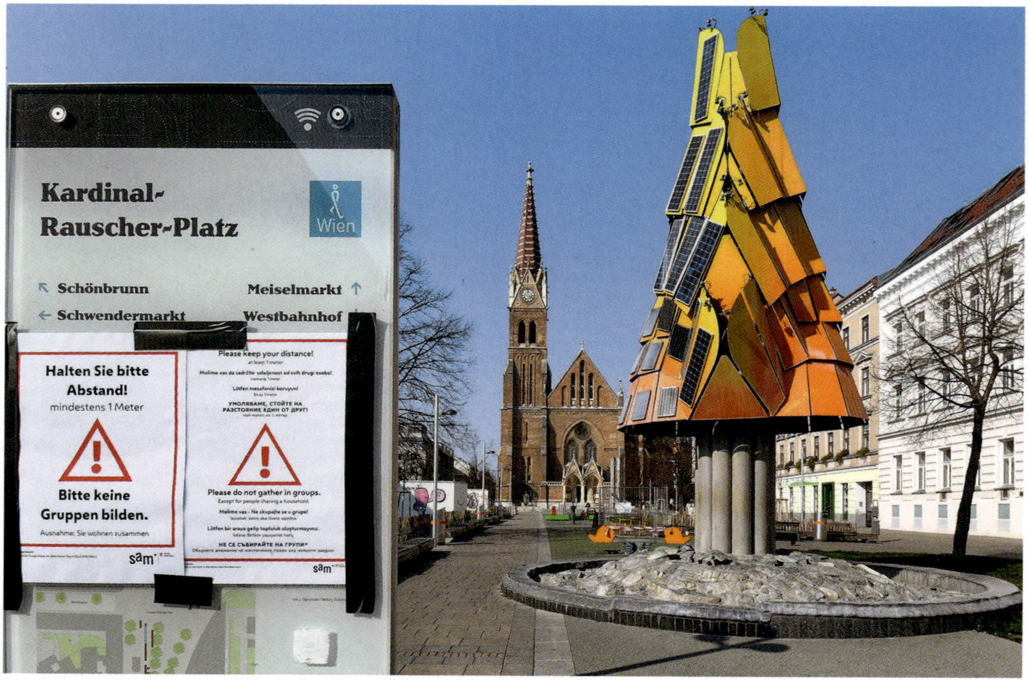

Die ersten Verordnungen werden affichiert, die bald in ganz Wien erscheinen.

Impressum

Sutton Verlag GmbH
Arnstädter Straße 8
99096 Erfurt
www.suttonverlag.de

4. Auflage, 2021
ISBN: 978-3-96303-274-5

Druck: Florjančič Tisk d.o.o. / Slowenien
Gestaltung und Herstellung: Sutton Verlag

In diesem Buch wird aus Gründen der besseren Lesbarkeit das generische Maskulinum verwendet. Weibliche und anderweitige Geschlechteridentitäten werden dabei ausdrücklich mitgemeint, soweit es für die Aussage erforderlich ist.

Sollte dieses Werk Links auf Webseiten Dritter enthalten, so machen wir uns die Inhalte nicht zu eigen und übernehmen für die Inhalte keine Haftung.

Inhalt

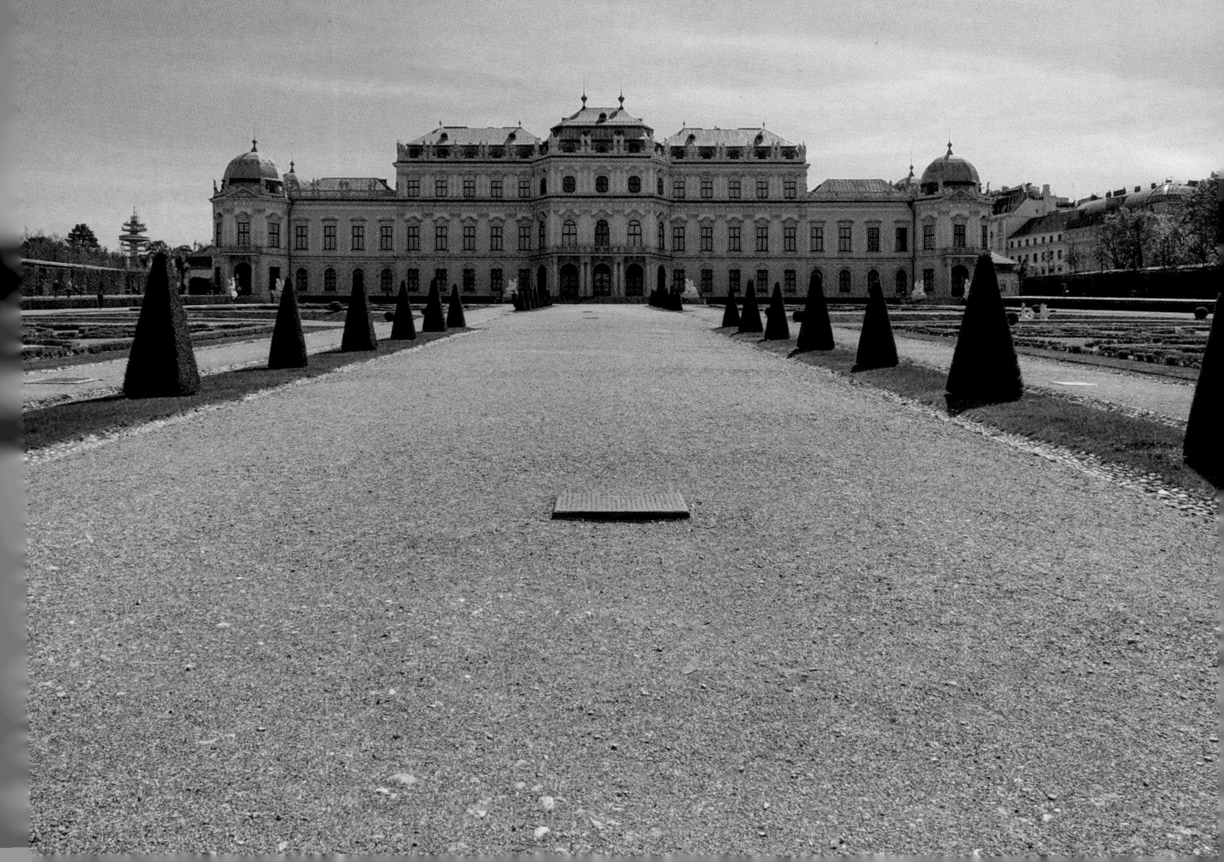

Wien steht still

Eine Stadt im Ausnahmezustand

Wenn Sie durch dieses Buch blättern und die abgebildeten menschenleeren Straßen und Plätze, die verwaisten Bahnsteige, die abgesperrten Spielplätze und Parks sowie die verschlossenen Einkaufsläden betrachten, die im Frühjahr 2020 so in ganz Wien zu sehen waren, dann werden möglicherweise seltsame Erinnerungen wachgerufen.

Wo waren Sie, als das Corona-Virus die sonst so pulsierende Großstadt nahezu komplett lahmlegte? Können Sie sich noch an die überall ausgehängten, kurz und trocken formulierten amtlichen Hinweis- und Verordnungstafeln erinnern, die unser soziales Leben einbremsten? Waren Sie ein Opfer dieser Pandemie und mussten sich komplett in die Isolation zurückziehen? Blieben sie „brav" zu Hause, wie es die Bundesregierung angeordnet hatte und erledigten Sie ihre Geschäfte im Homeoffice? Was haben Sie, als Sie freiwillig oder unfreiwillig in Quarantäne waren, von der „Außenwelt" in der Geisterstadt Wien mitbekommen? Verfolgten Sie die Livebilder in der alltäglichen Berichterstattung? Beobachteten Sie die öffentlichen Medien und kommunizierten über persönliche Videobotschaften? Waren Sie bald davon übersättigt und kapselten sich frustriert ab? Gehörten Sie zu den „Systemerhaltern" und entfalteten unerwartete Kräfte? Wie dem auch sei: Dieser überwundene Zeitabschnitt liegt nun bereits hinter uns und verblasst zusehends.

Auch wir, die Herausgeber dieses Buches, blicken mit gemischten Gefühlen auf diese einschneidende Episode in unserem Leben zurück. Wir haben uns damals – mit dem nötigen Abstand – auf die Straßen gewagt, um diese Bilder einzufangen, die inzwischen bereits ein Teil der Geschichte Wiens sind. Diese Ausnahmesituation umfasst, im Nachhinein und zeitlich betrachtet, nur eine kleine Episode der Geschichte der Stadt. Diese zurückliegenden Monate waren einmalig. Wir alle wurden mit unserem Tun und Handeln selbst ein Teil der festgeschriebenen Geschichte. Was dabei in der „Außenwelt" passiert ist, haben wir mit der Kamera eingefangen. Die sich ausbreitende unheimliche Stille schaffte eine Stimmung, die an dystopische Science-Fiction-Filme erinnerte.

Betrachten Sie mit uns nun die Wahrzeichen der Stadt, die sich in dieser Zeit des Stillstands ohne bildstörendes Menschengetümmel zeigen konnten. So haben wir das Antlitz Wiens noch nie gesehen. Die sonst mit Menschenmassen gefüllten U-Bahn-Stationen waren gähnend leer. Menschen mit Masken prägten das Umfeld. Skurril wirkten die fast philosophisch angehauchten Graffiti an so manchen Wänden. Sind Ihnen auch die vielleicht befremdlichen Verhaltensblüten ihrer Mitmenschen aufgefallen, die sich damals in den Lebensmittelgeschäften und auf den Märkten tummelten? Waren wir damals alle solidarisch oder egoistisch?

Wir haben uns bemüht, alle Facetten dieser seltsamen Zeit einzufangen. Mit diesem Buch haben Sie, lieber Leser, ein Zeitdokument der vergangenen Monate in der Hand. Blicken Sie gemeinsam mit uns auf diesen Ausnahmezustand zurück, der unser aller Leben wochenlang bestimmt hat und uns wahrscheinlich auch noch eine längere Zeit begleiten wird. Wo waren Sie im Frühjahr 2020?

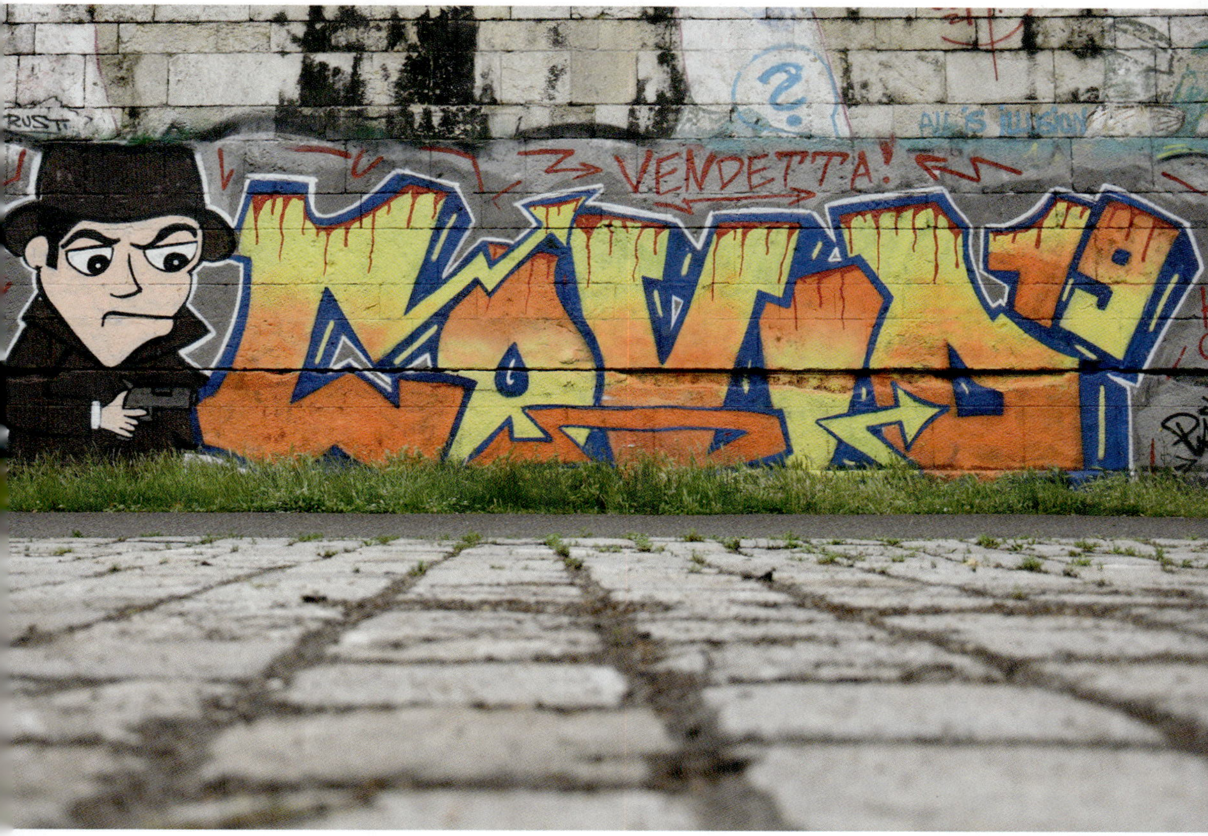
RUST
VENDETTA!

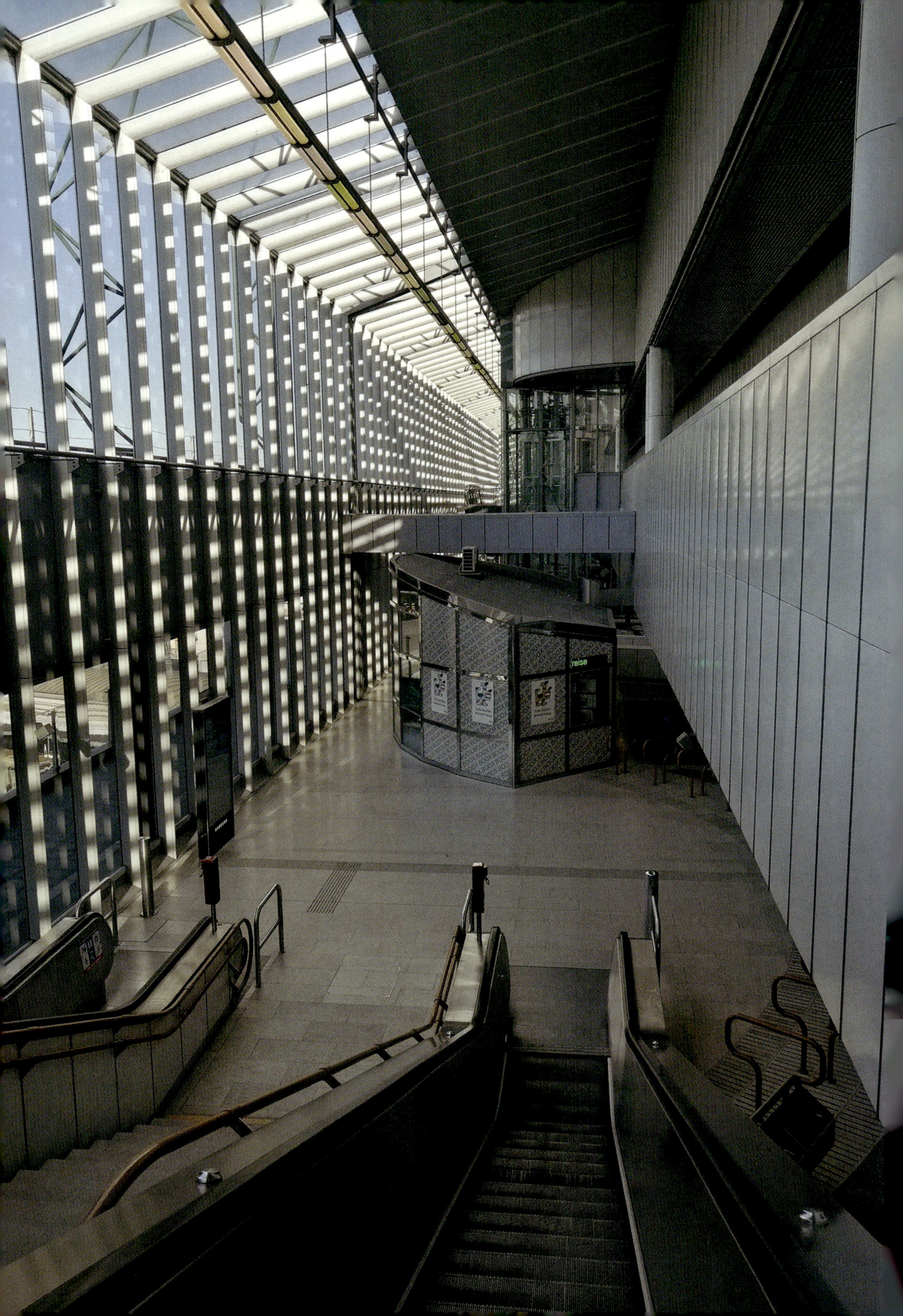
reise

1

Dystopische Innenstadt

Das Coronavirus breitete sich auf der ganzen Welt aus. Auch Österreich hatte die Pandemie fest in ihrer Hand. Am 16. März 2020 trat das Covid-19-Gesetz bundesweit in Kraft und rasch wandelte sich das Leben in Wien. Für rund zwei Monate stand die stets pulsierende Stadt wie durch Geisterhand still und präsentierte sich ohne Menschenmassen.

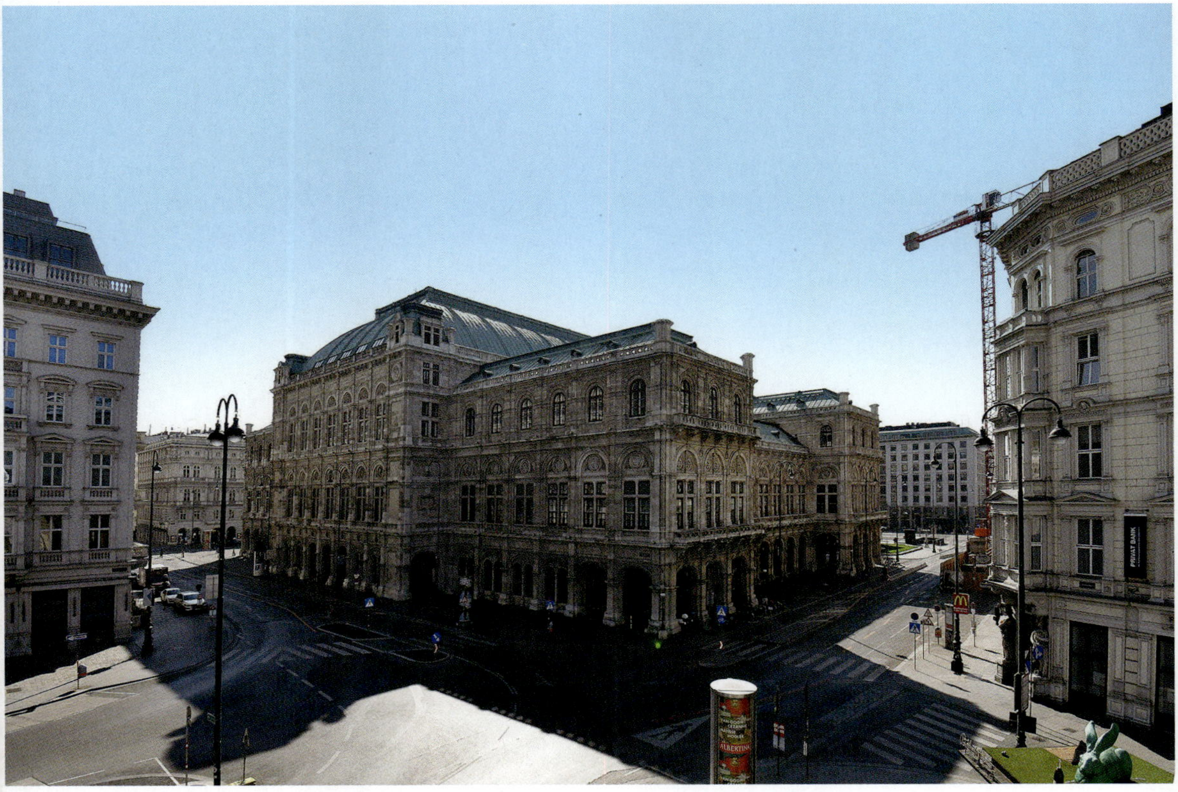

Ohne Verkehr und Menschen auf den Straßen herrscht eine unheimliche Atmosphäre in der Stadt. Bauwerke werden dadurch jedoch ins beste Licht gerückt.

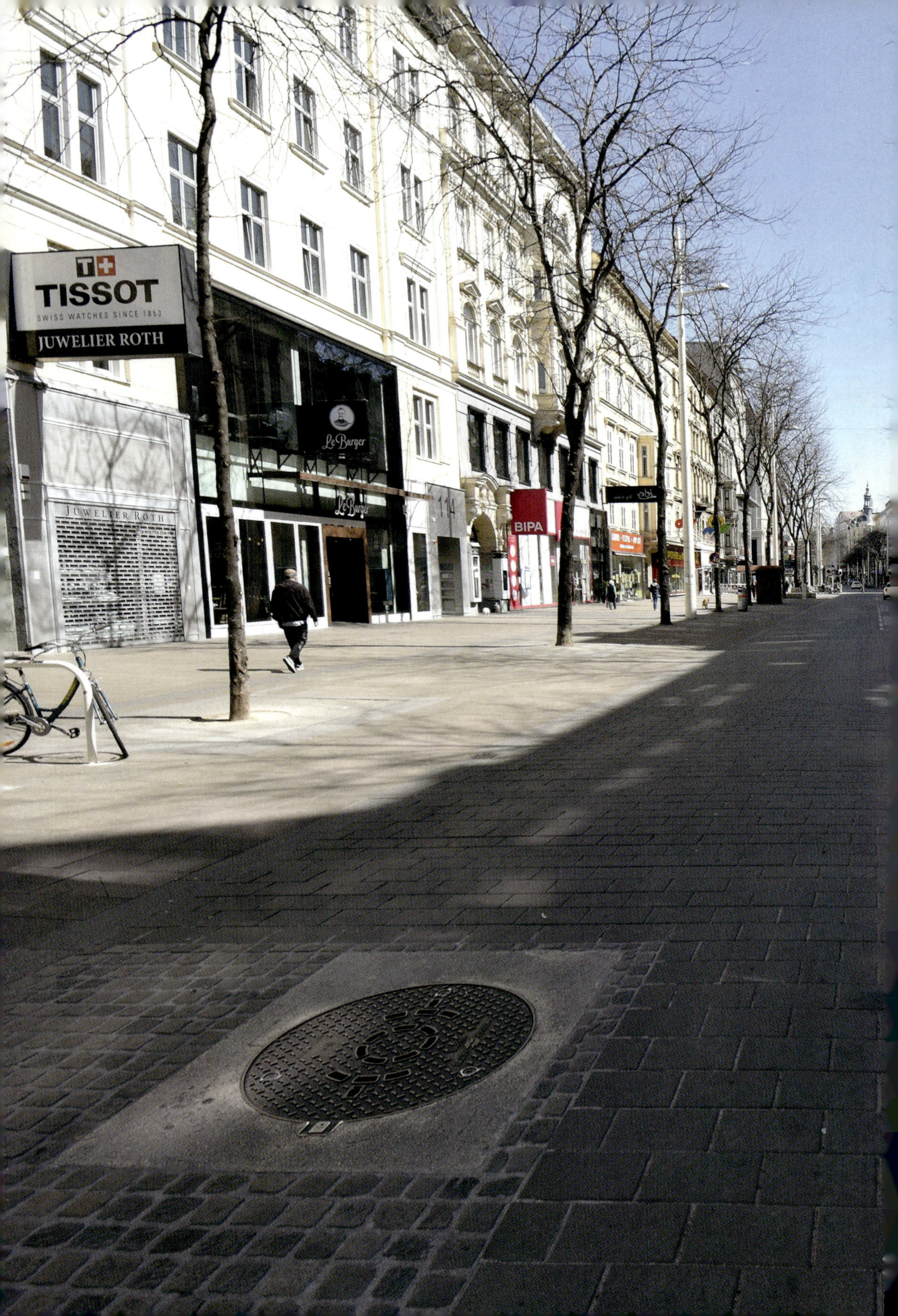

TISSOT
SWISS WATCHES SINCE 1853
JUWELIER ROTH
Le Burger
Le Burger
JUWELIER ROTH
114
BIPA

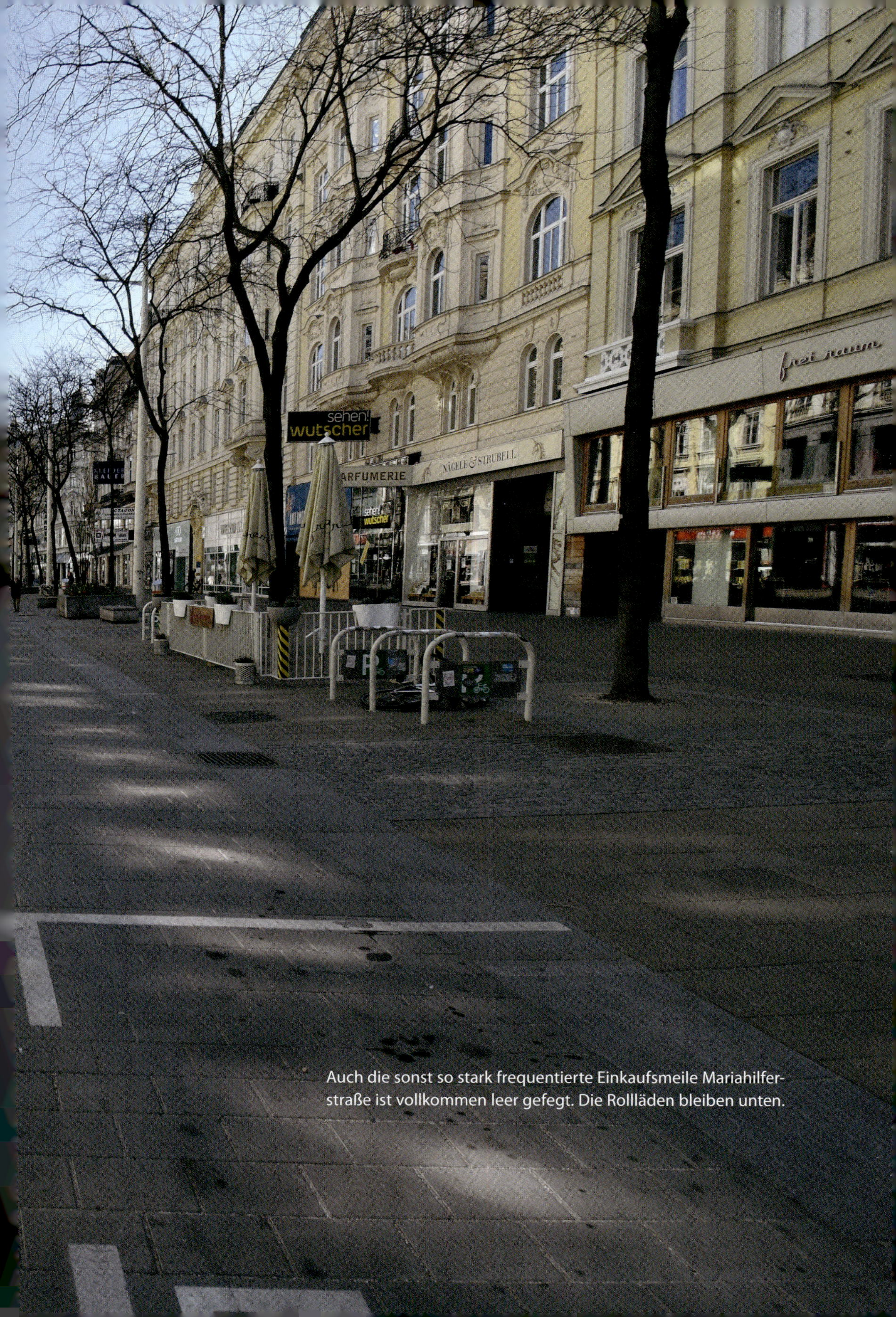

Auch die sonst so stark frequentierte Einkaufsmeile Mariahilferstraße ist vollkommen leer gefegt. Die Rollläden bleiben unten.

Überall in Wien wird das Leben heruntergefahren. Hält man sich nicht in seinen eigenen vier Wänden auf, sondern unternimmt vorsichtig Erkundungstouren, dann kann man viele Plätze ganz neu entdecken. ▸

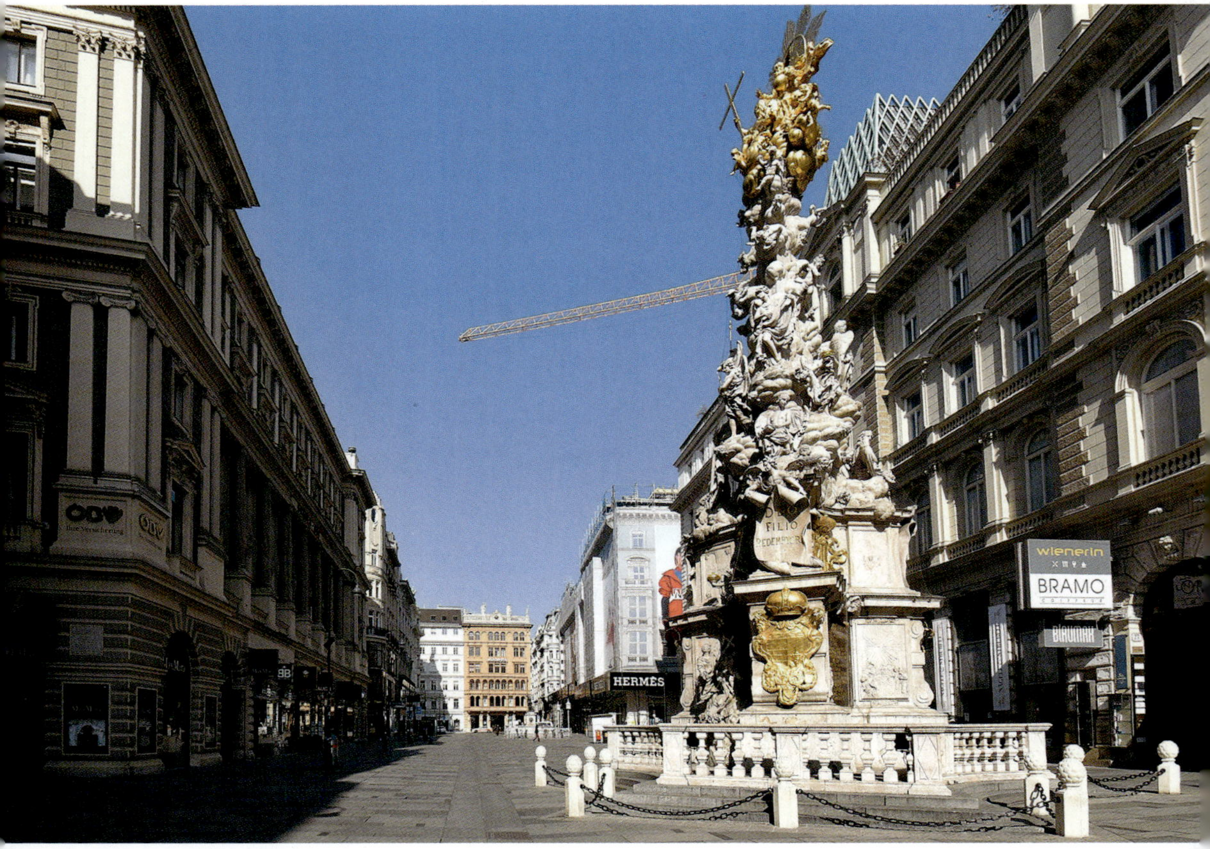

Als die Bundesregierung Mitte März die Schließung der nicht lebensnotwendigen Betriebe anordnete, verwandelte sich der Erste Bezirk schlagartig in eine trostlose Einöde. Gastronomie, Hotels und Einkaufstempel schlossen ihre Pforten. Der Graben war wie ausgestorben.

Stille umrahmt den Platz vor der Karlskirche. Touristische Hotspots sind nun völlig verlassen. ▸

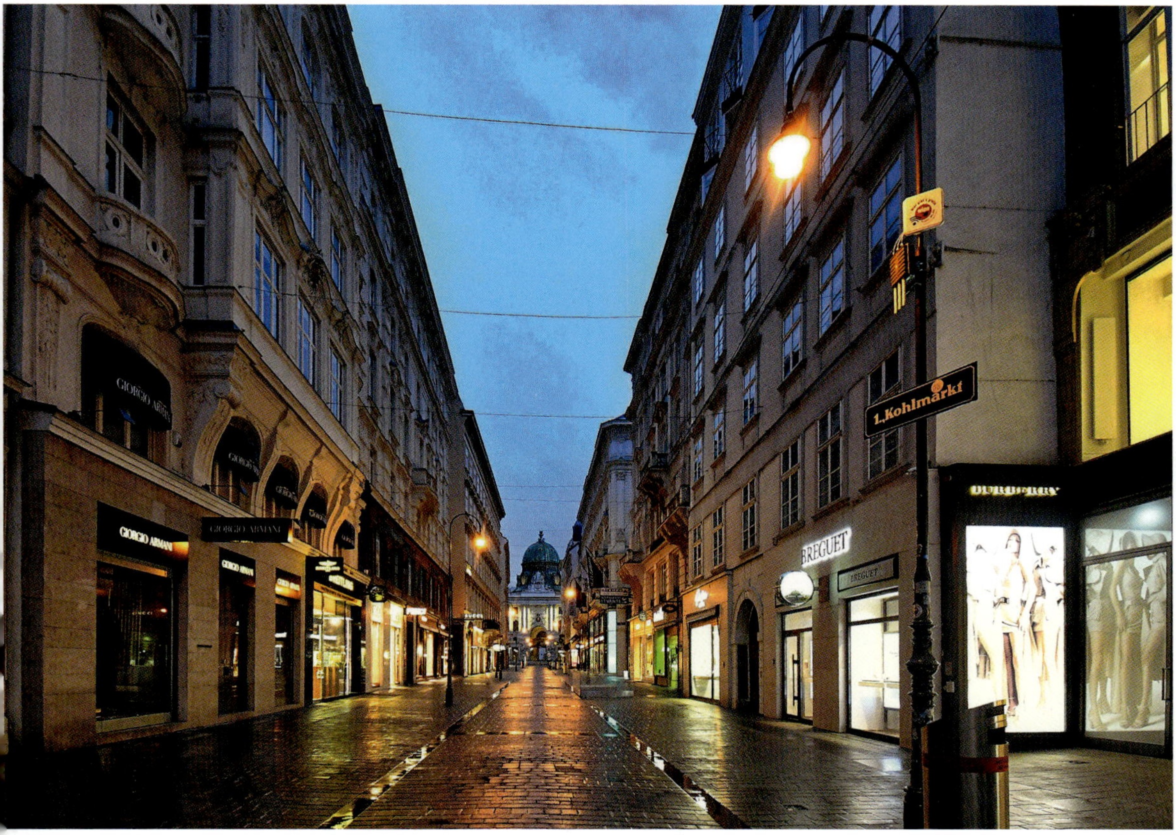
GIORGIO ARMANI
1.,Kohlmarkt
BREGUET

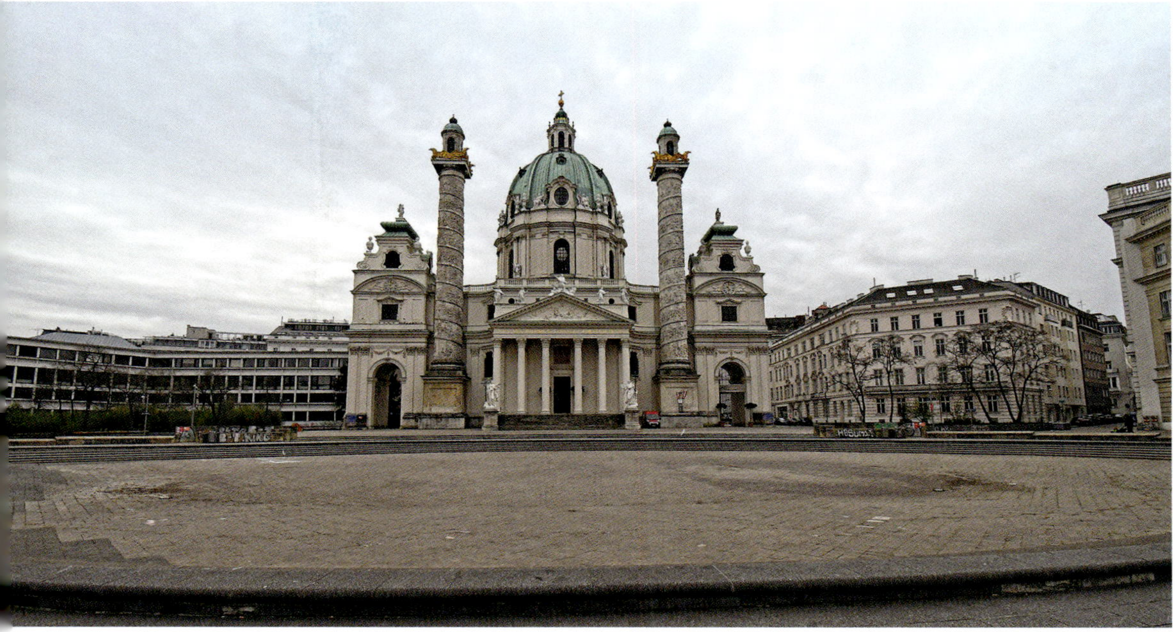

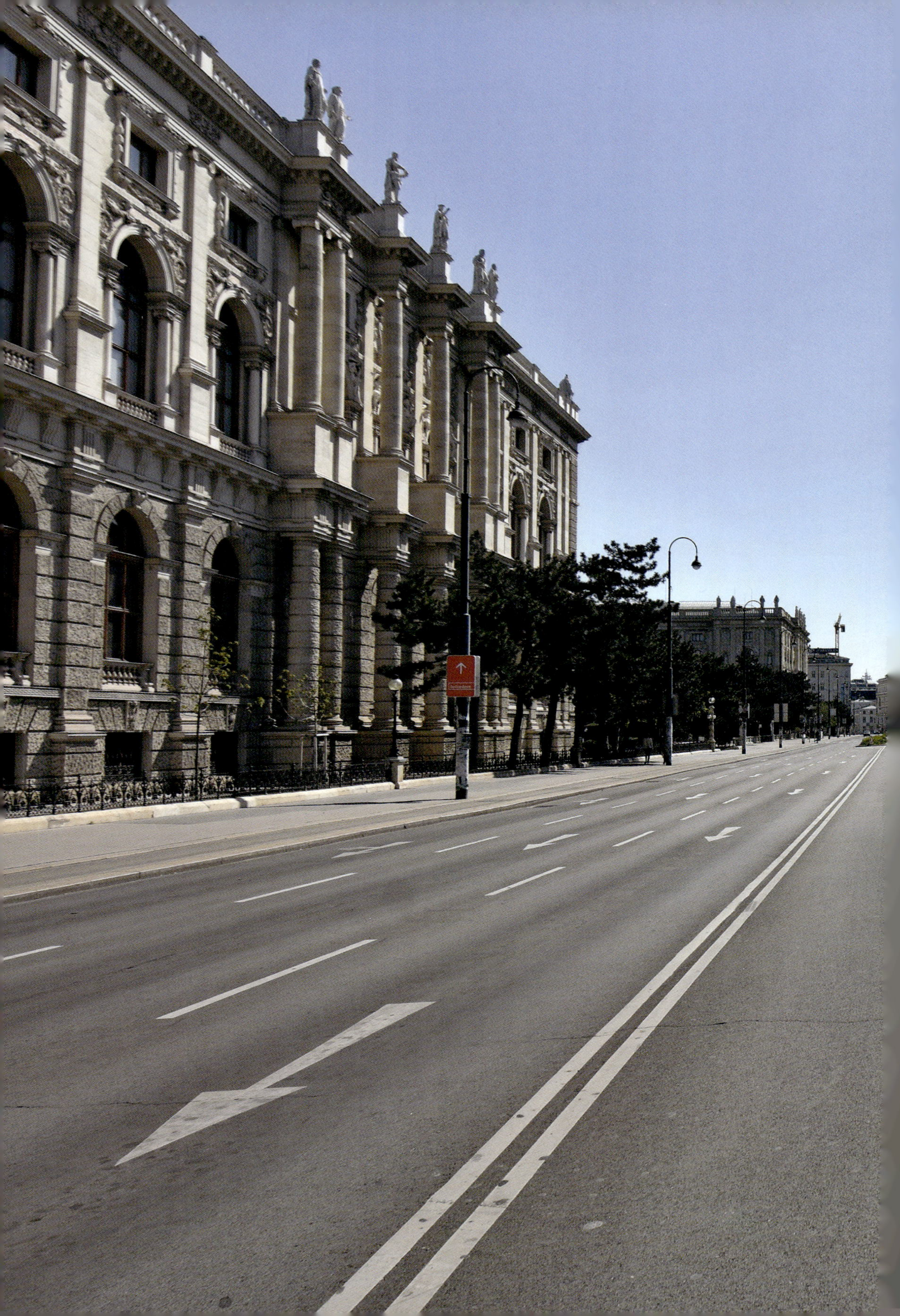

Wochenlang wurde der Verkehr strikt eingeschränkt.

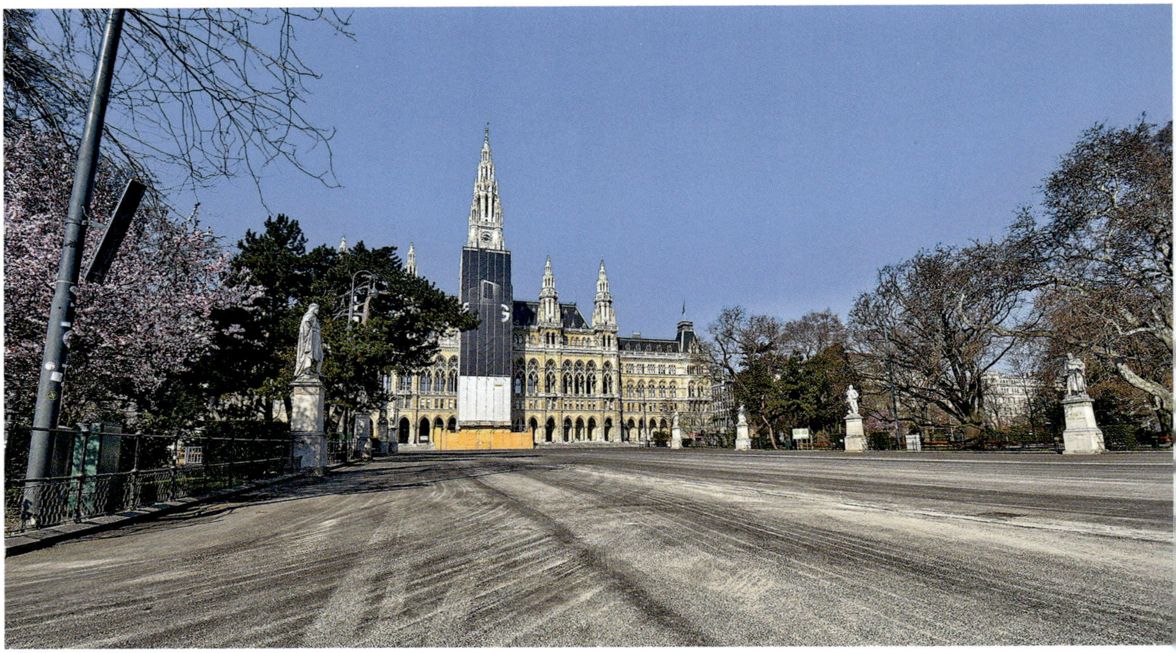

Einöde am Rathausplatz. Es dauert nicht lange und die Grenzen werden geschlossen. Politiker verordnen, Amts ihrer Befugnisse, die ersten Maßnahmen, die unsere Freiheiten einschränken. Unverantwortlich veranstaltete „Corona-Partys" werden von der Polizei aufgelöst.

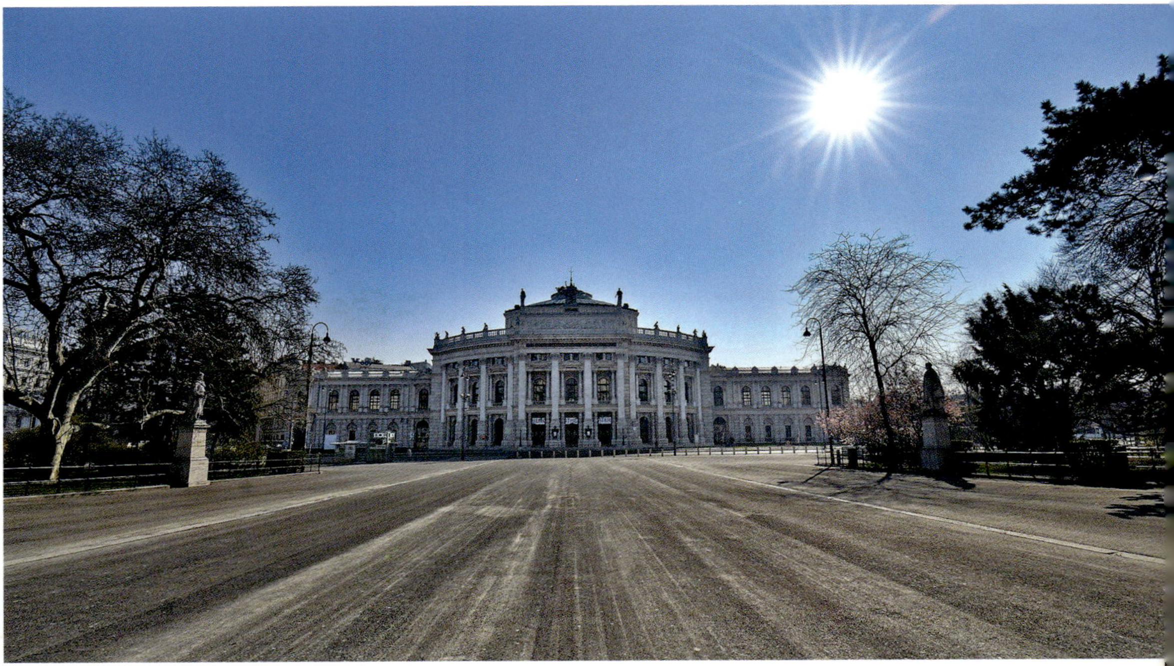

Asphaltwüste vor dem Burgtheater. Nach der Schließung sämtlicher Kulturstätten herrscht eine seltsame Atmosphäre auf den menschenleeren Plätzen.

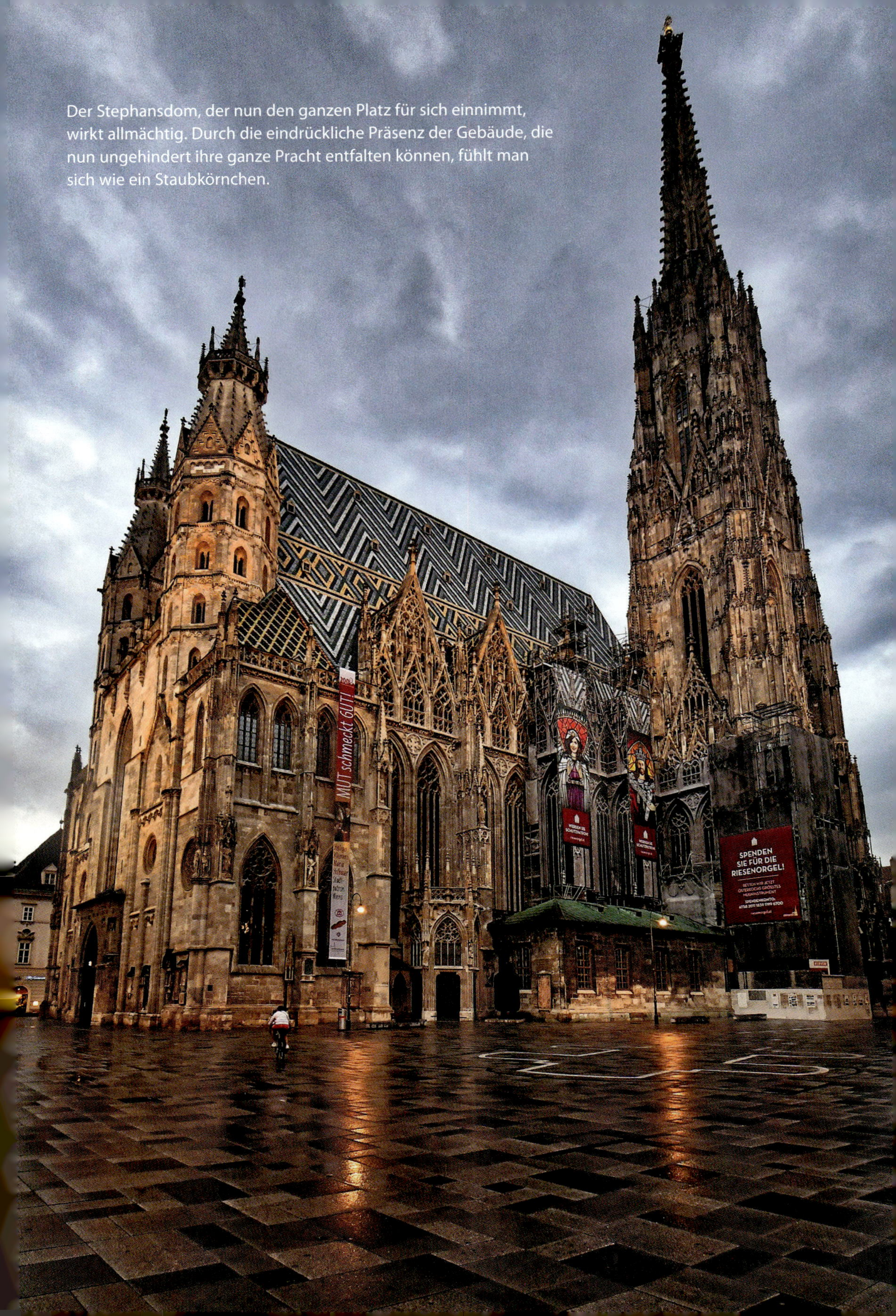

Der Stephansdom, der nun den ganzen Platz für sich einnimmt, wirkt allmächtig. Durch die eindrückliche Präsenz der Gebäude, die nun ungehindert ihre ganze Pracht entfalten können, fühlt man sich wie ein Staubkörnchen.

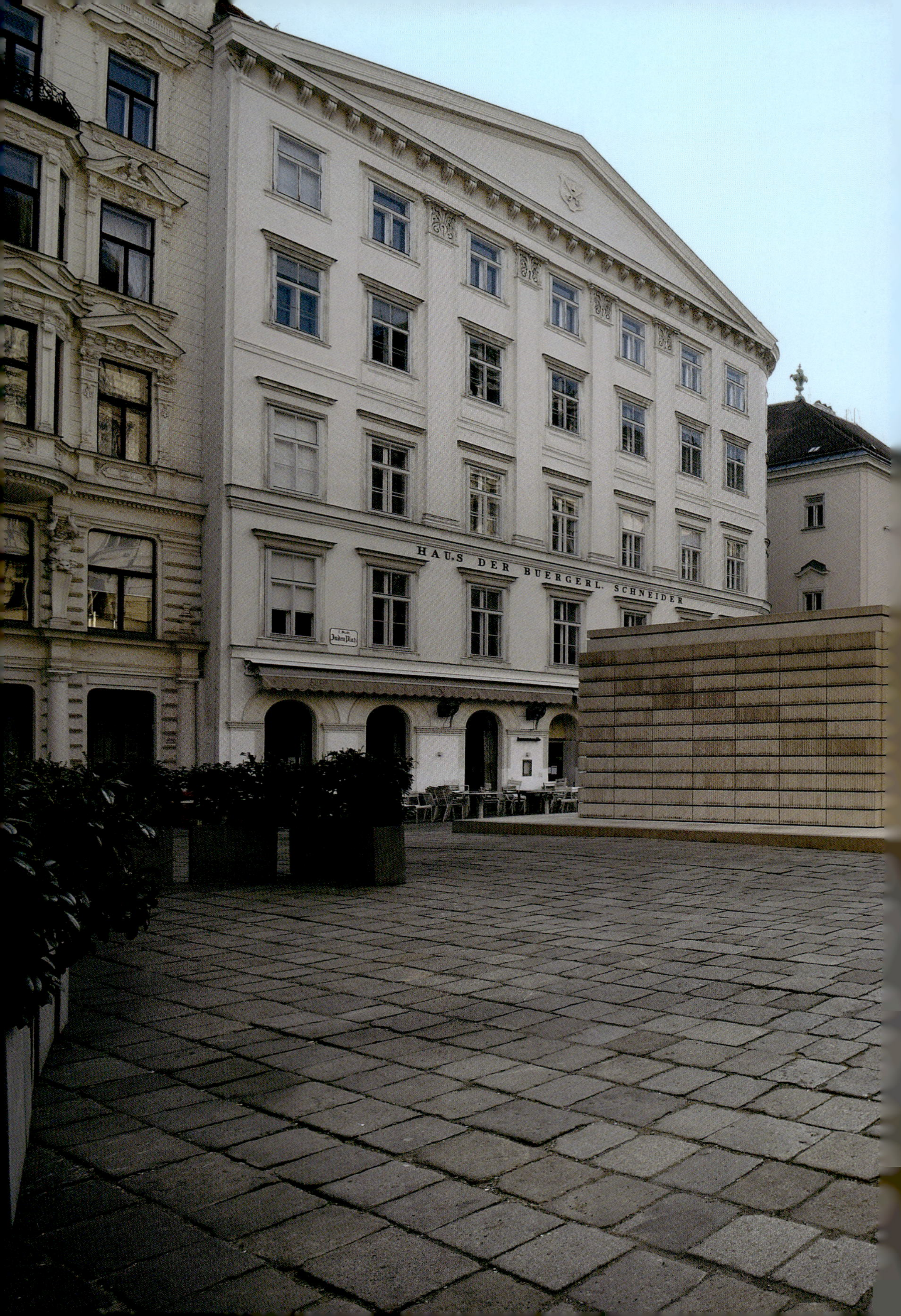
HAUS DER BUERGERL. SCHNEIDER

Das Klopfsteinpflaster wirkt wie ein Kettenhemd, das sich um die Stadt legt. Am Judenplatz herrscht betretenes Schweigen.

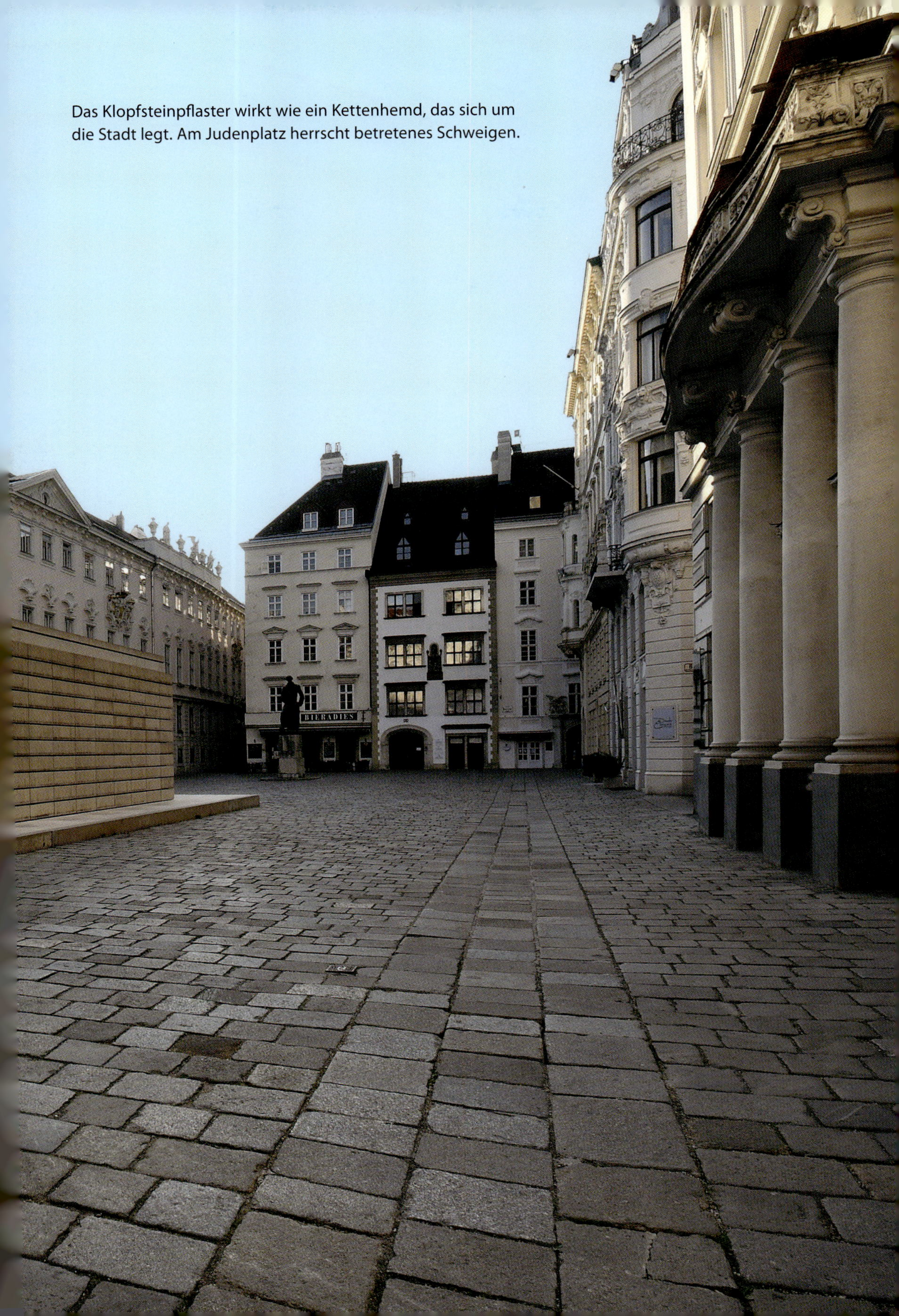

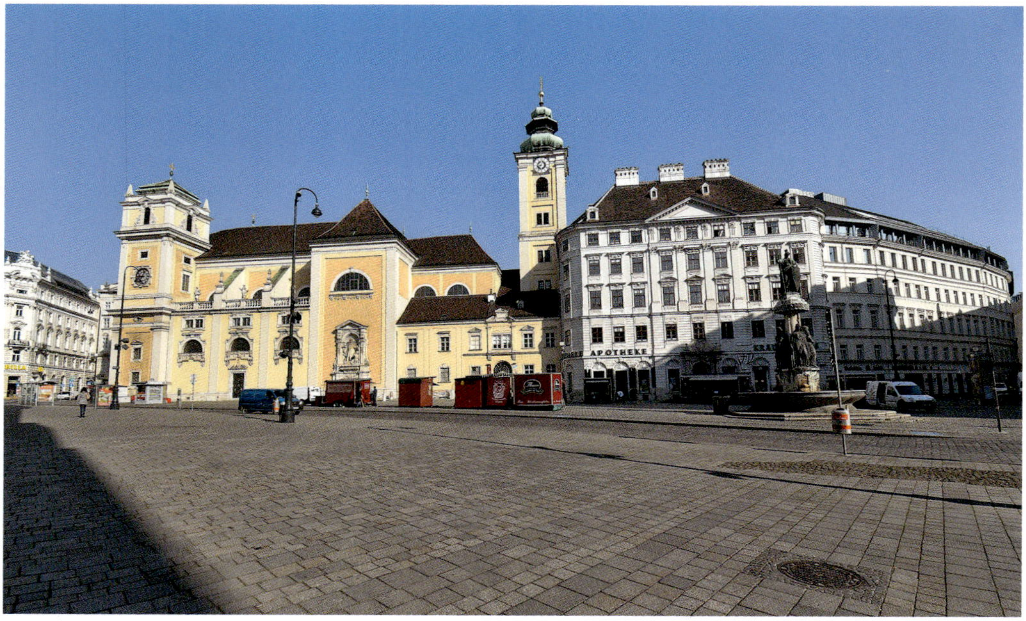

Der Platz vor der Freyung. Die Regierung, die den radikalen Lockdown besiegelt, spricht von einem „Nationalen Schulterschluss". Das kulturelle, wirtschaftliche und soziale Leben ist aber mit einem Schlag erloschen.

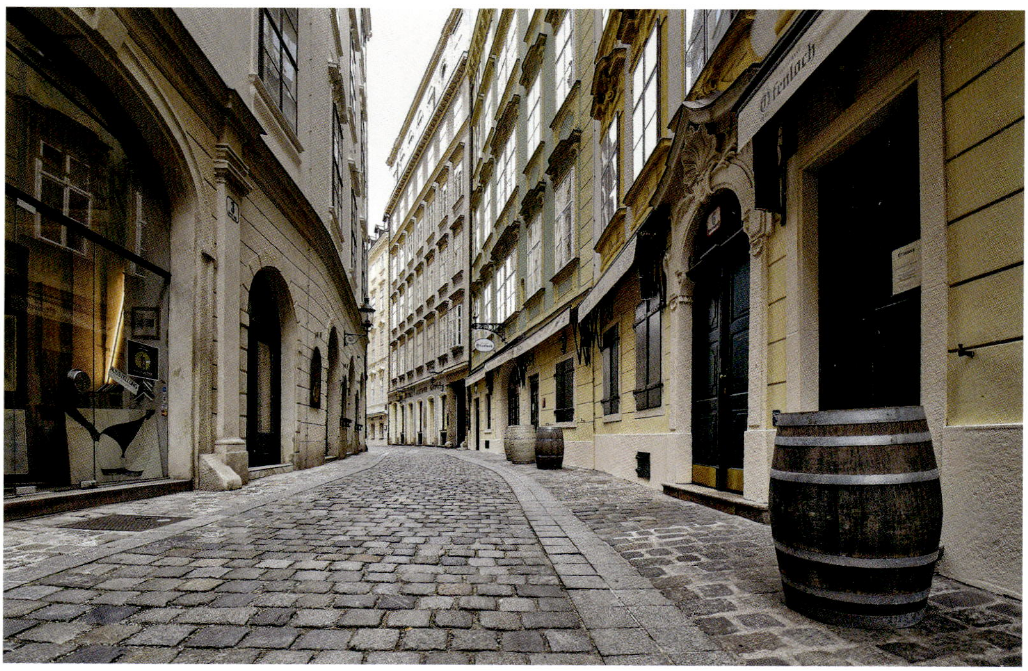

Enge Gasse ohne Touristen und Einheimische. Noch weiß niemand, wann eine Lockerung der verhängten Maßnahmen und eine schrittweise Öffnung der Geschäfte den Stillstand beenden wird. Für etwa zwei Monate verharrt die Stadt in diesem Dämmerzustand.

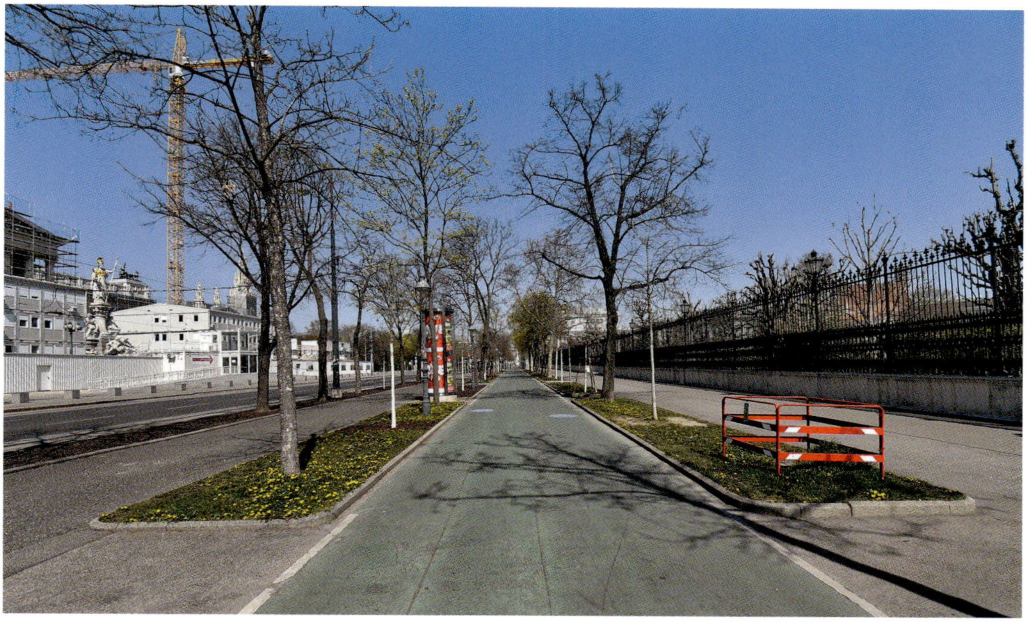

Vereinsamter Radweg auf der Ringstraße. Viele Städter satteln in der Corona-Zeit auf einen Drahtesel um, allerdings nur zögerlich.

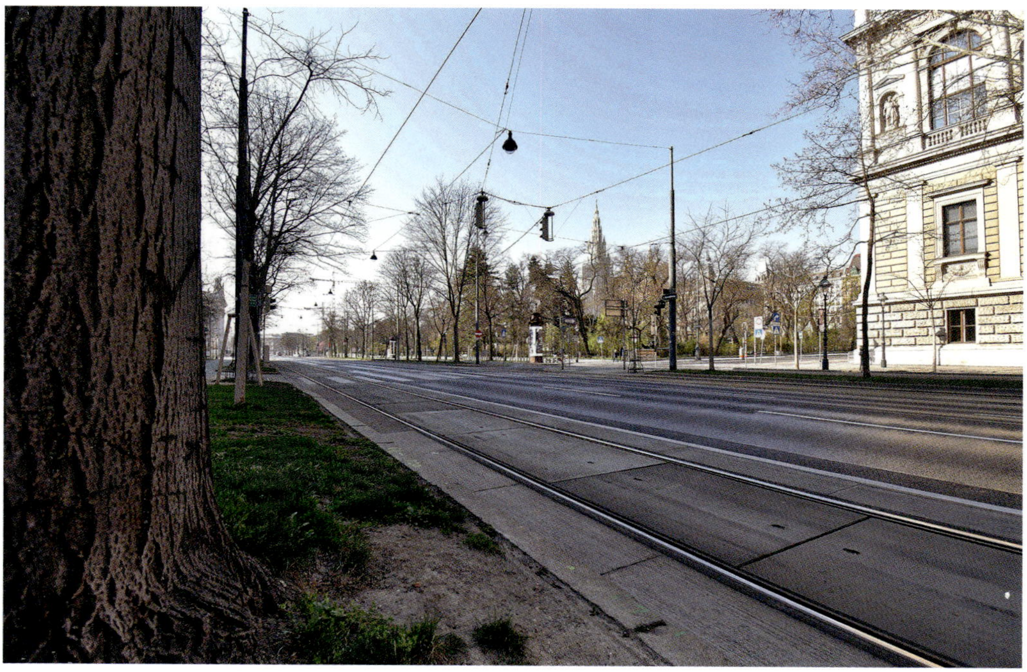

Kein öffentlicher Verkehr auf der Lebensader Ringstraße.

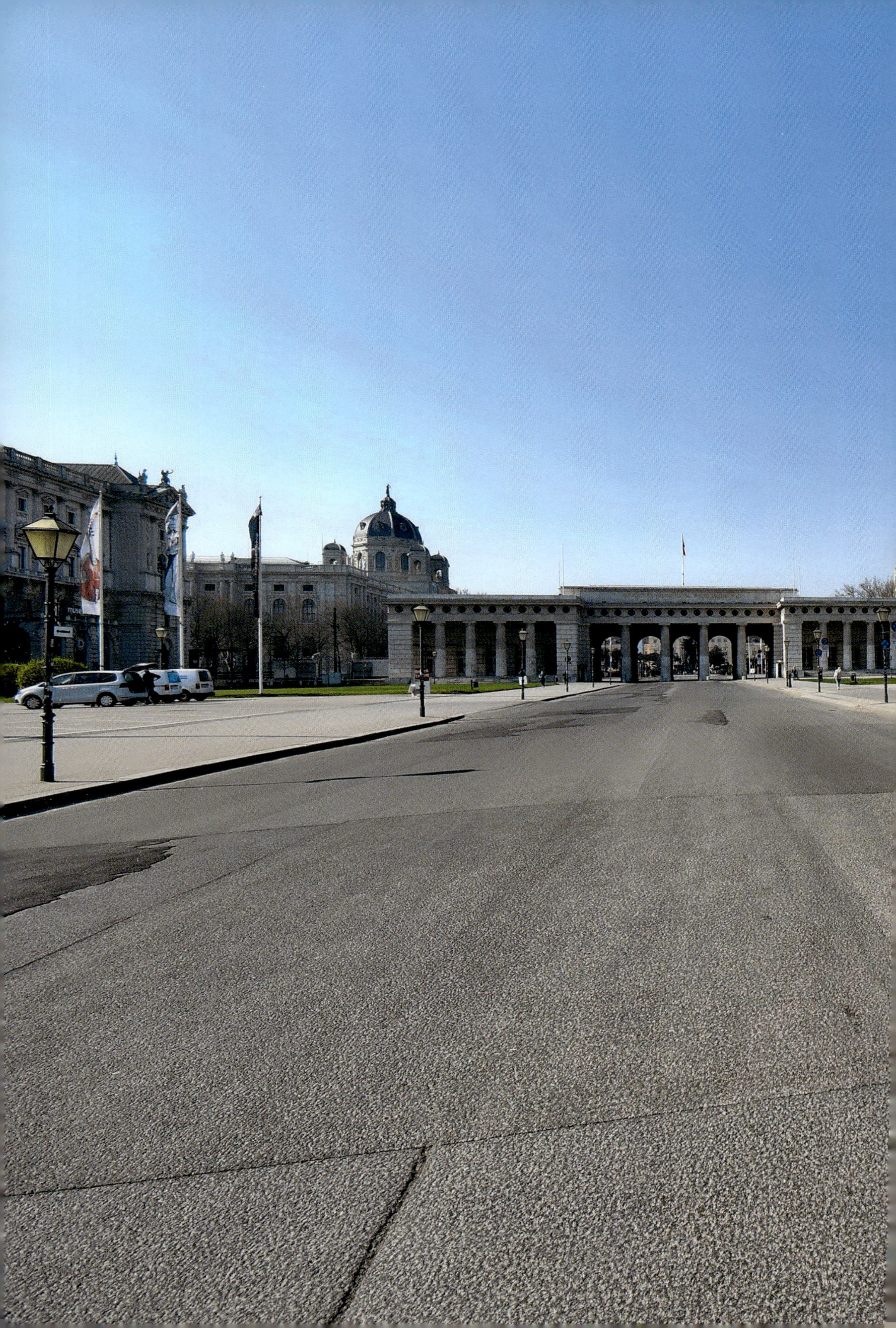

Der leere Heldenplatz im Frühjahr 2020. Viele Menschen beobachten auf den Bildschirmen zu Hause die täglichen Kurvenbewegungen, auf denen die exponentielle Steigung oder Abflachung der Infizierungsraten abzulesen sind. Stetig wird der Replikationsfaktor auf Diagrammen verfolgt. „Flatten The Curve" wird zum Mantra aller.

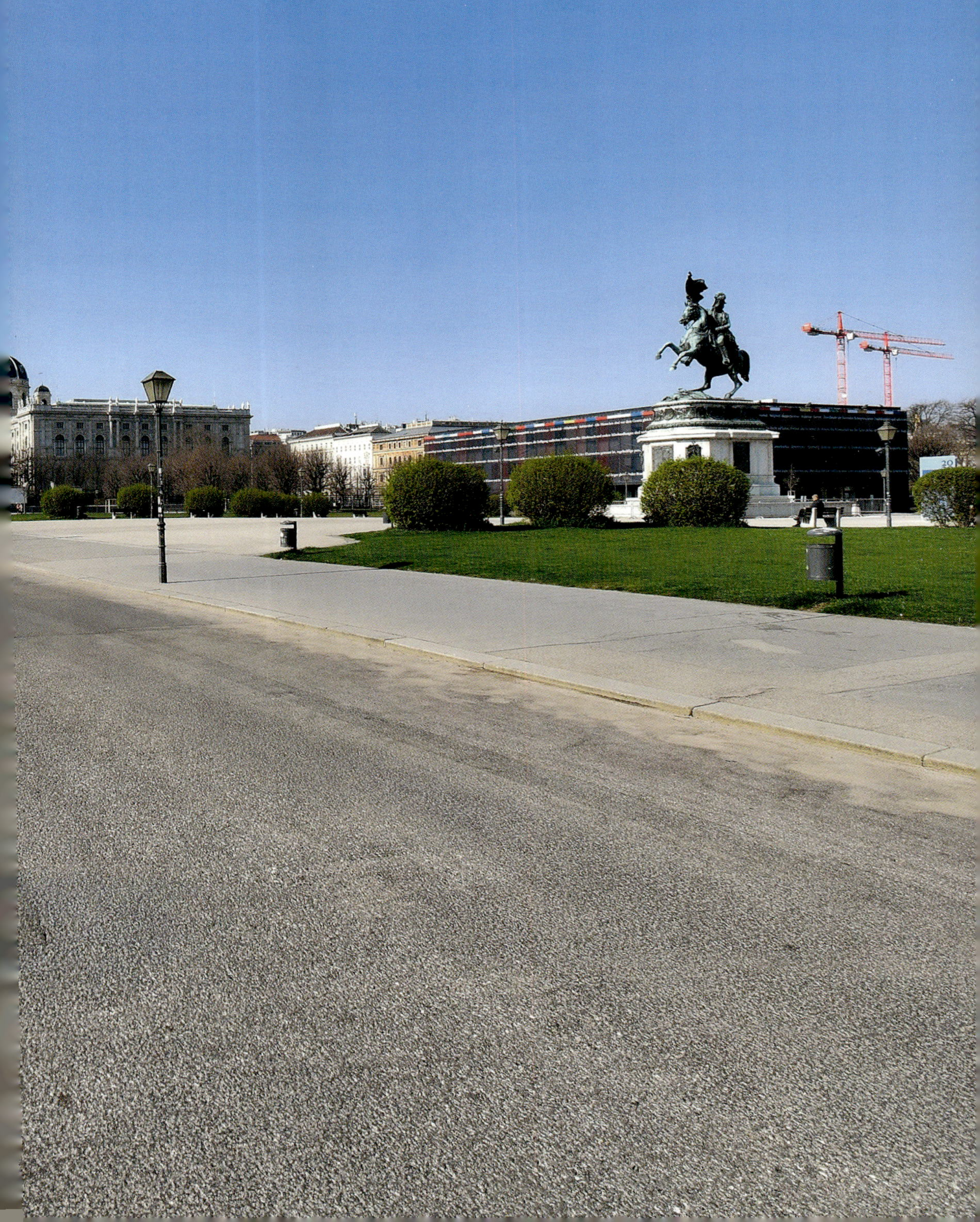

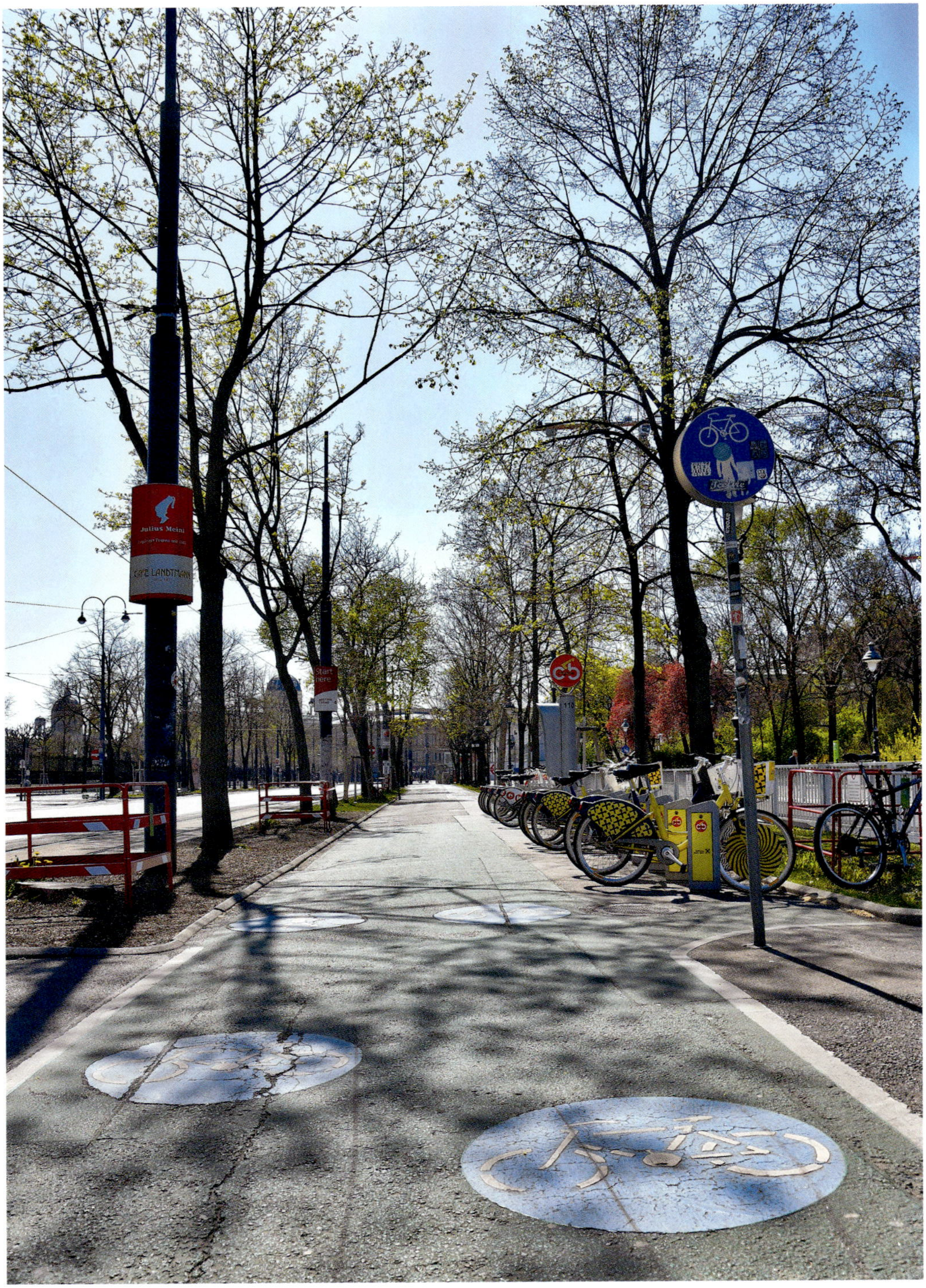

Wohin die Reise führt, kann sich noch niemand ausmalen.

2

Vom menschenleeren Prater

Auf dem sonst so belebten Wiener Wurstelprater machte sich im Frühjahr 2020 eine bedrückende Totenstimmung breit. All die Karusselle, Ringelspiele, Hochschaubahnen, Autodrome lagen eingemottet in einem Dornröschenschlaf. Überall in der Stadt boten sich während des Lockdowns ungewöhnliche Ansichten, doch in dem „toten" Vergnügungspark konnten wir besonders verstörende Motive einfangen.

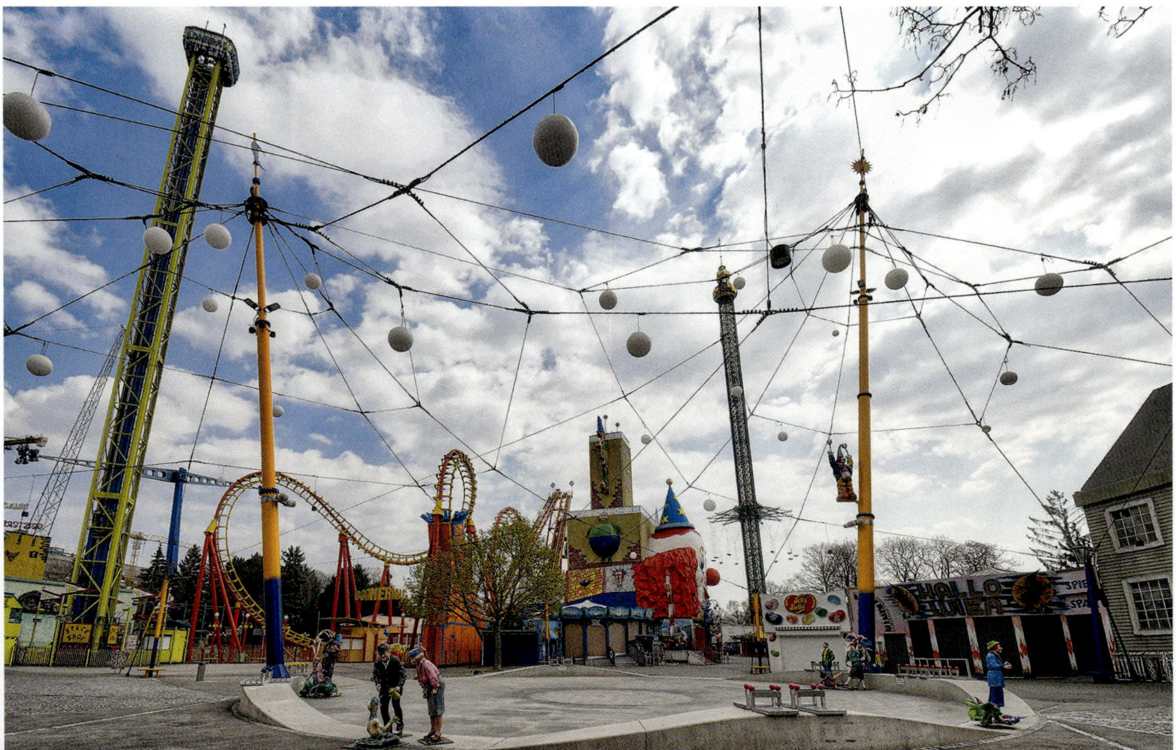

Calafati, Fortuna, Boomerang, Break Dance, Wilde Maus, Schwarze Mamba, Calypso und Konsorten verharren regungslos.

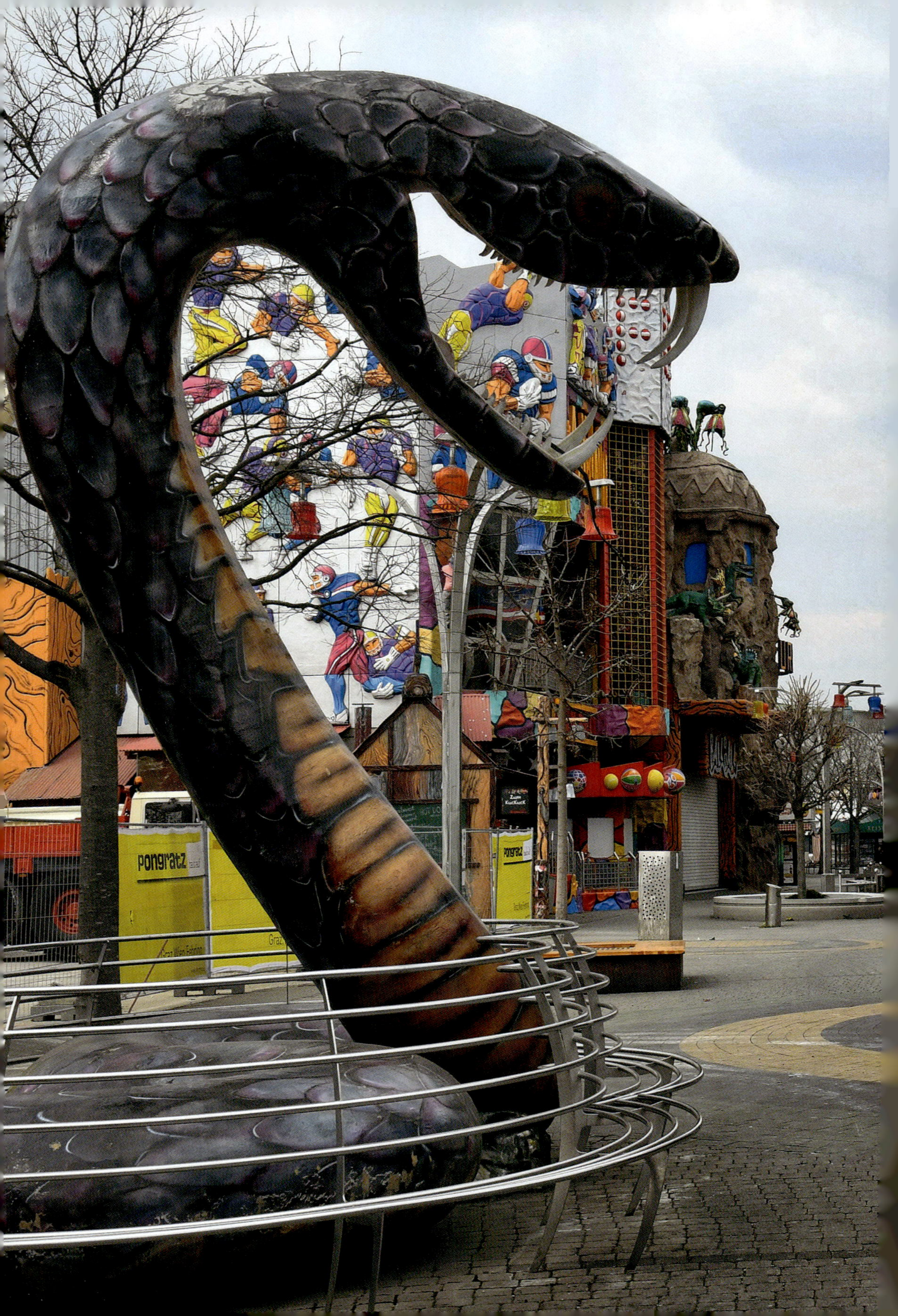
pongratz

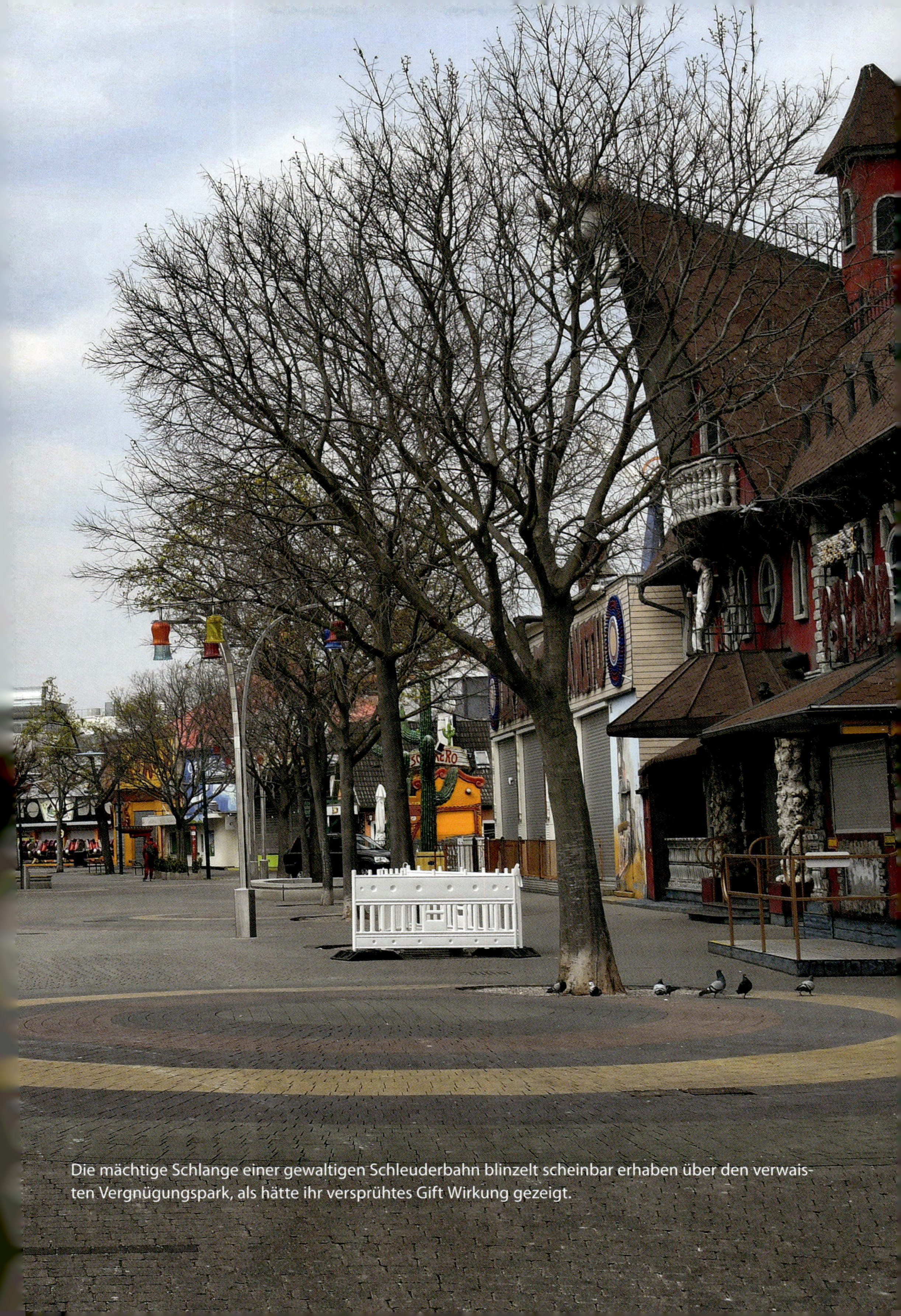

Die mächtige Schlange einer gewaltigen Schleuderbahn blinzelt scheinbar erhaben über den verwaisten Vergnügungspark, als hätte ihr versprühtes Gift Wirkung gezeigt.

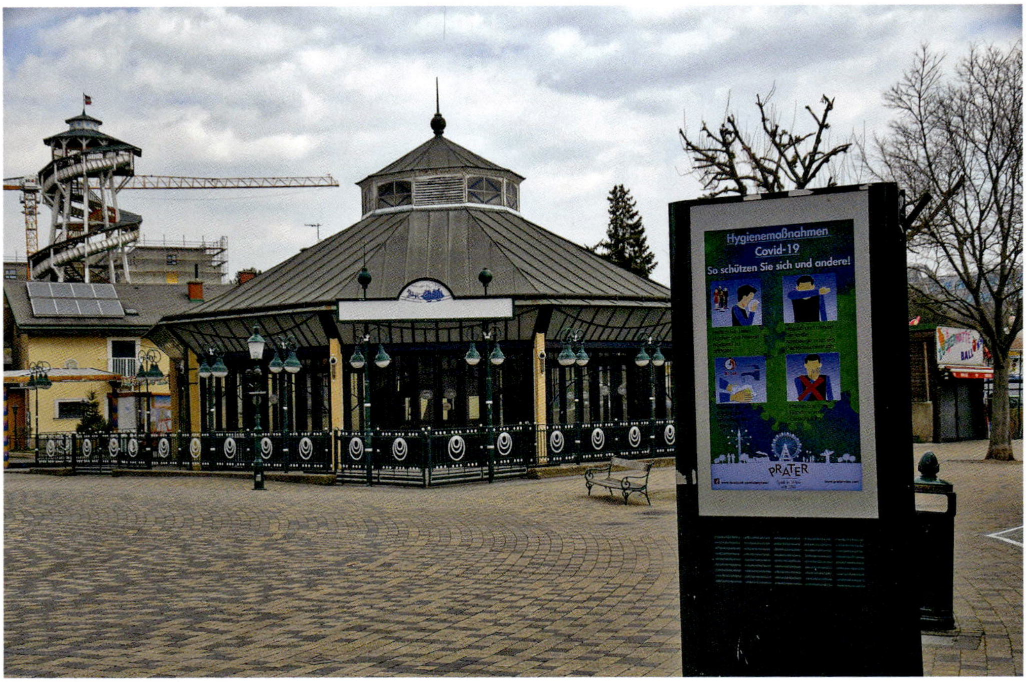

Überall bieten sich surrealistische und verstörende Motive.

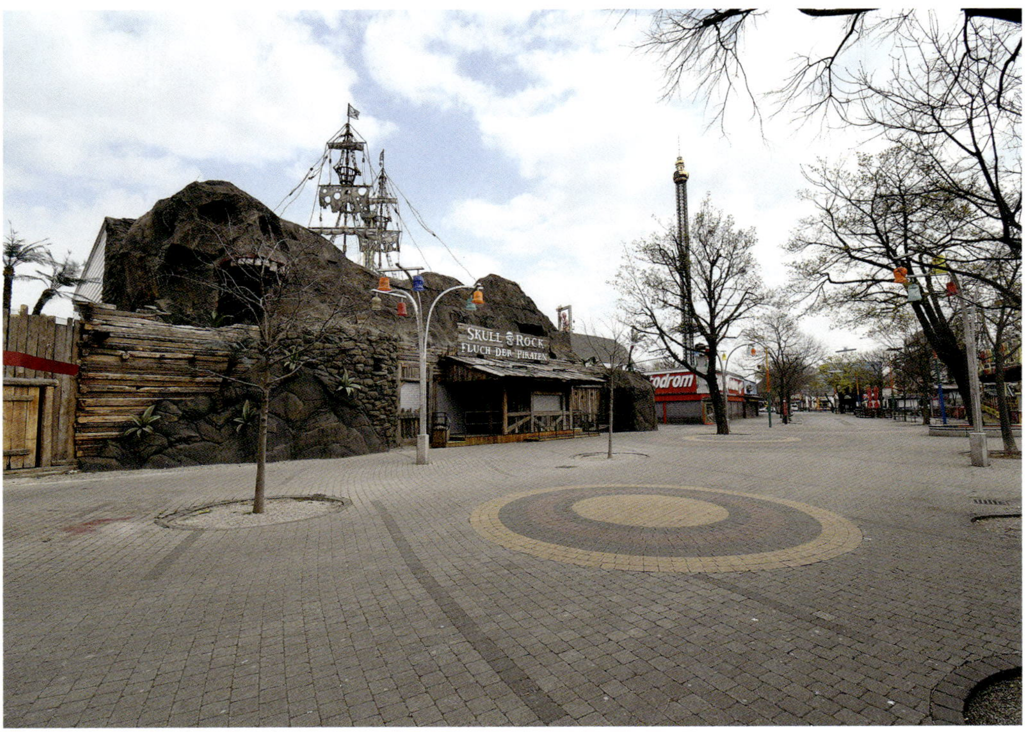

Eine Atempause in der Pratergeschichte.

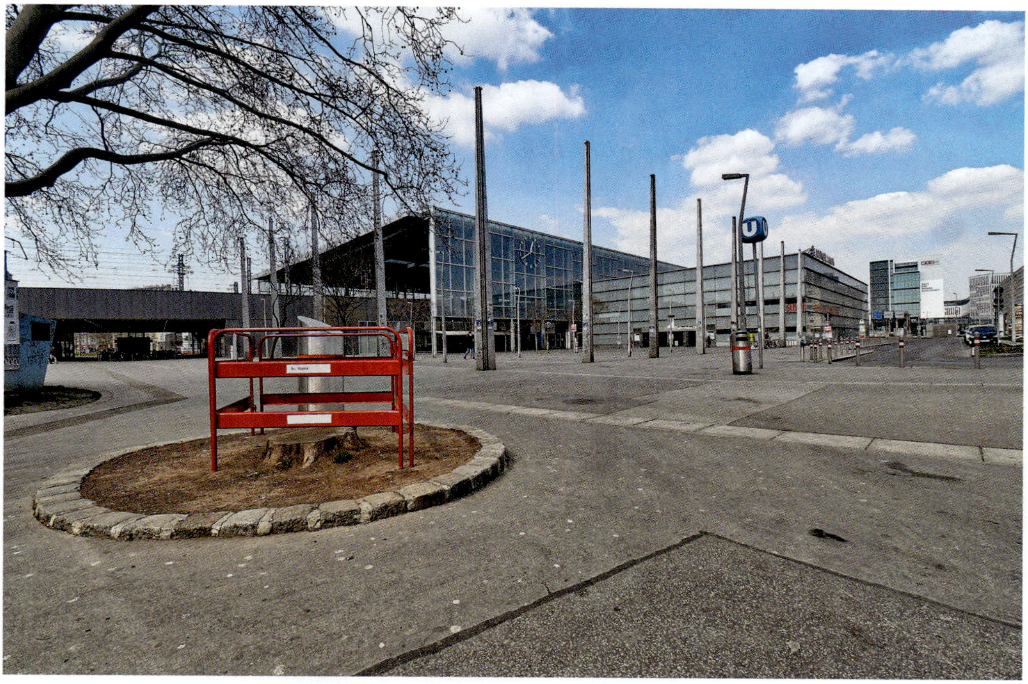

Wo normalerweise Touristenströme das Bild prägen, herrscht nun Leere.

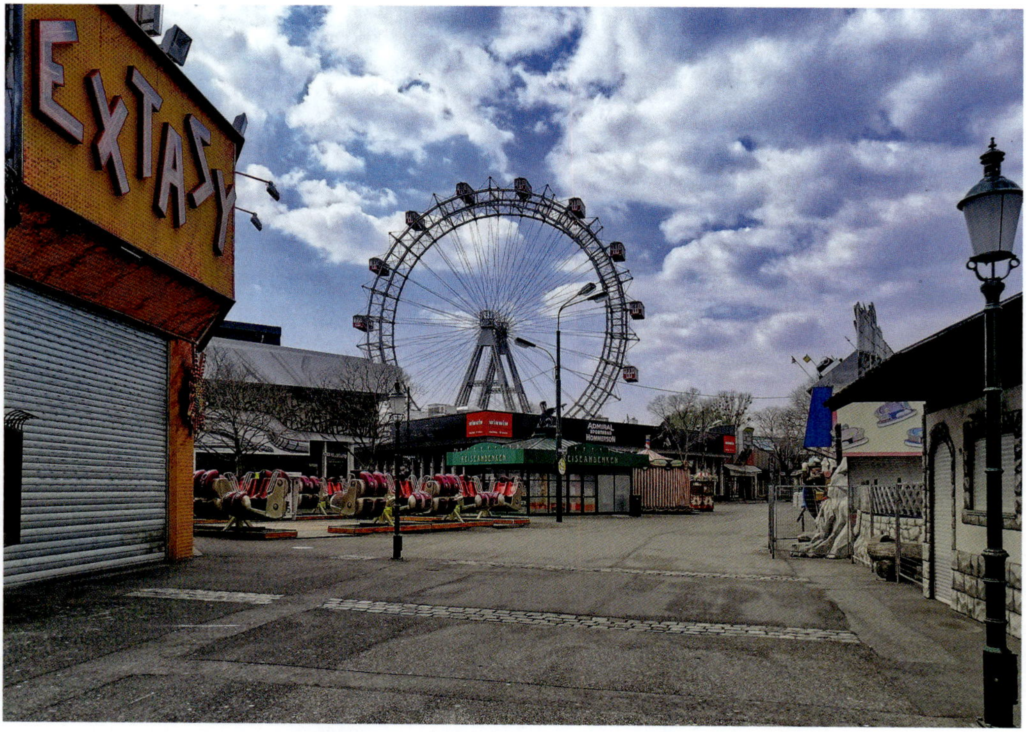

Die Wiener, die den traditionellen Vergnügungspark lieben, meinen, „den Wurstel kann keiner erschlagen".

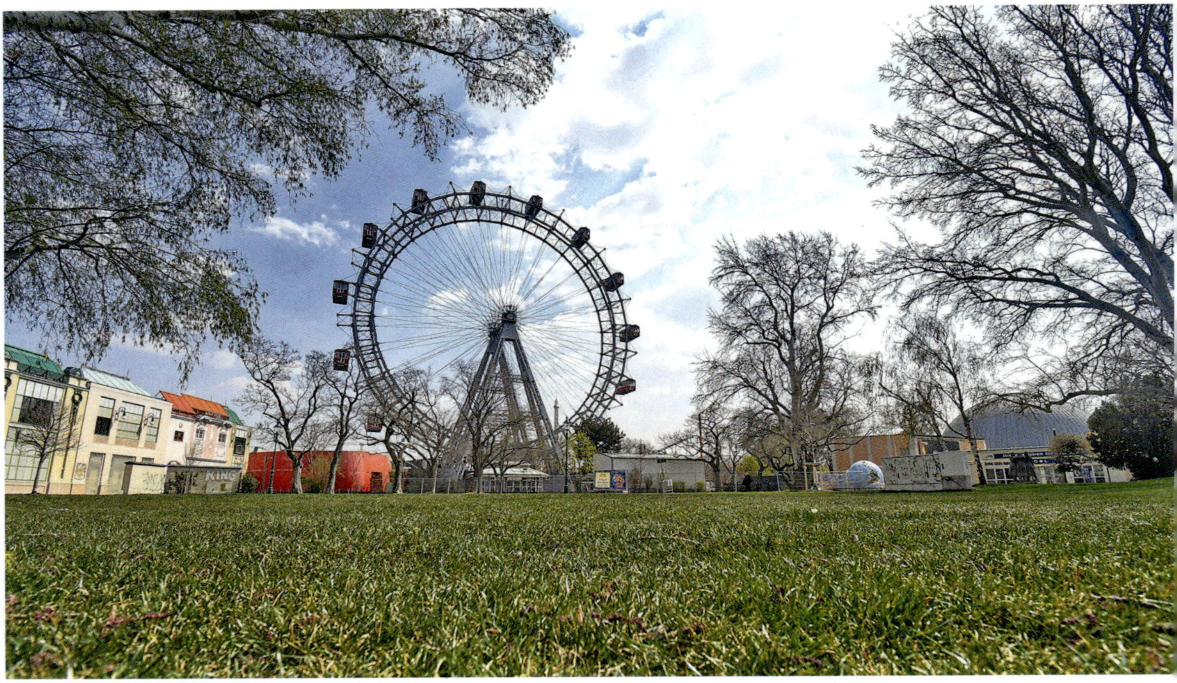

Auch das Riesenrad, ein Wahrzeichen und Gradmesser der Lebensfreude, steht still.

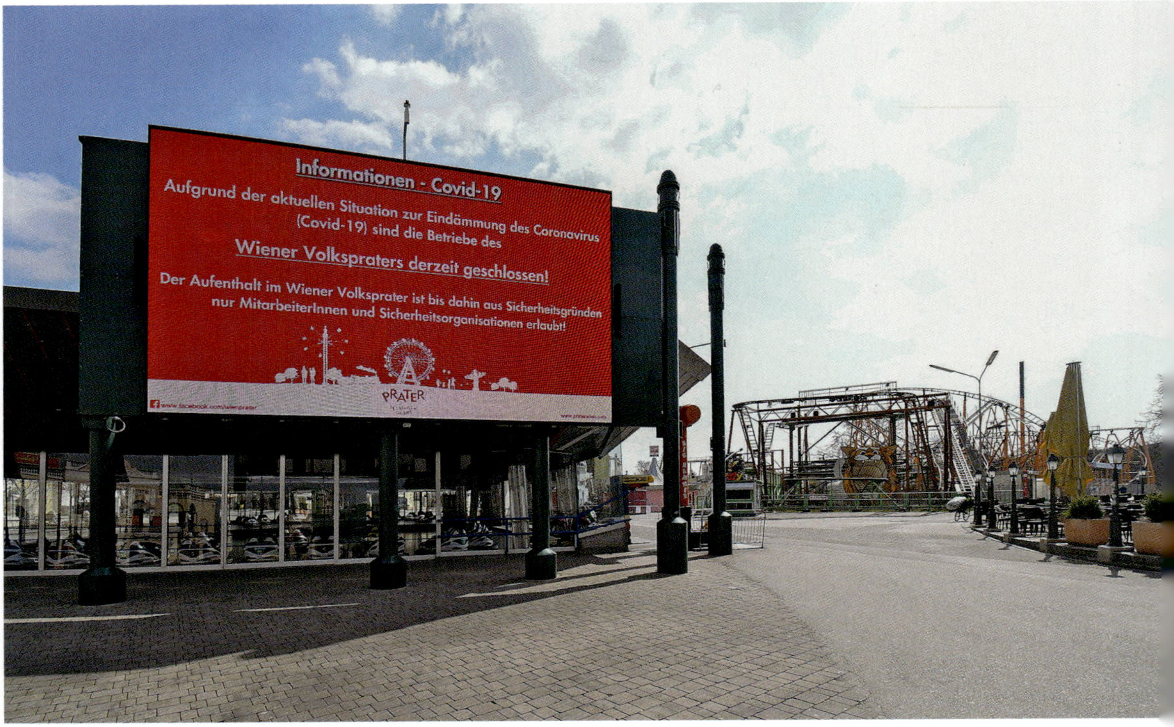

Touristen und Einheimische werden die Ankündigungen kaum lesen, es ist niemand hier.

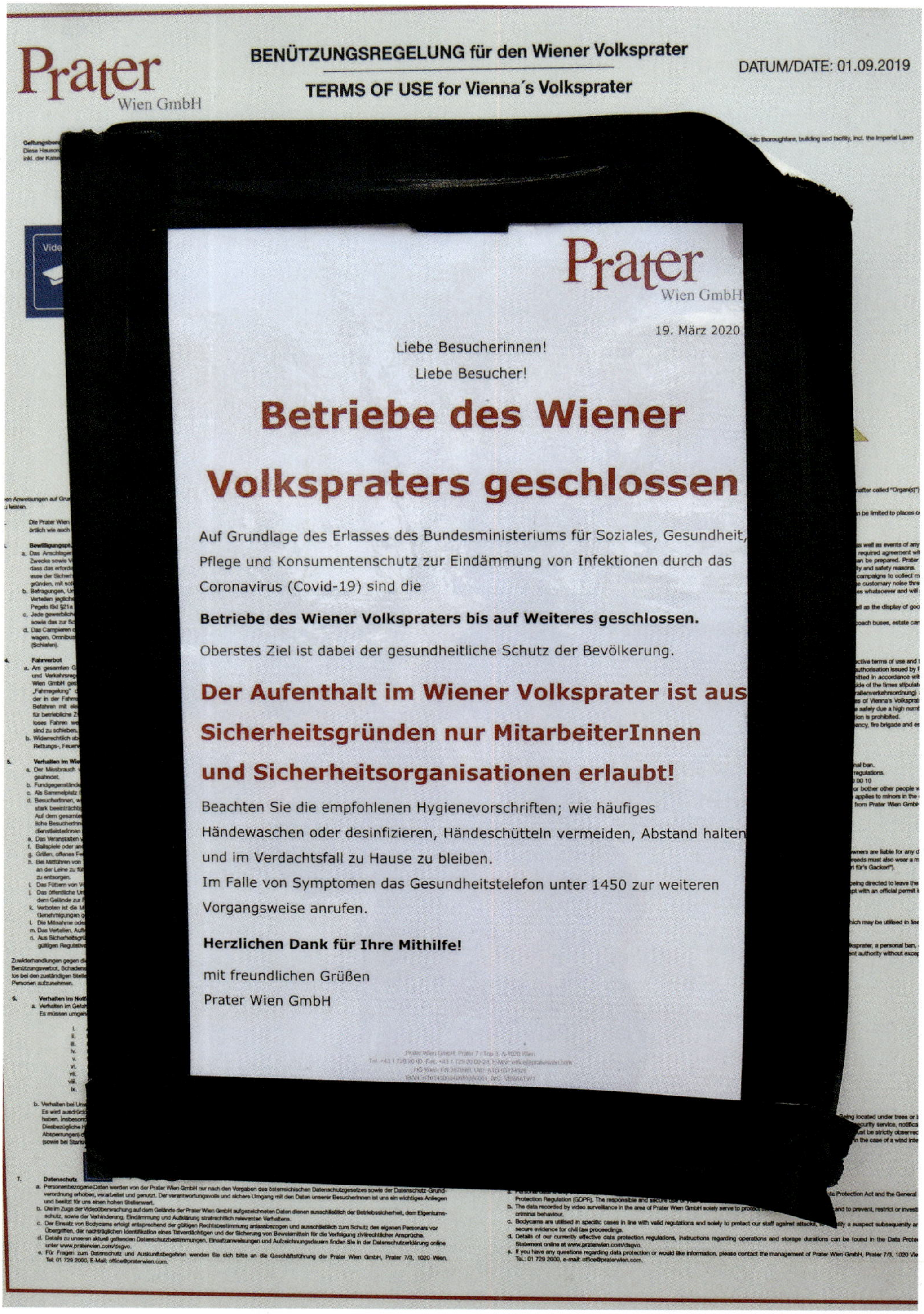

Informationstafel verkünden nichts Gutes.

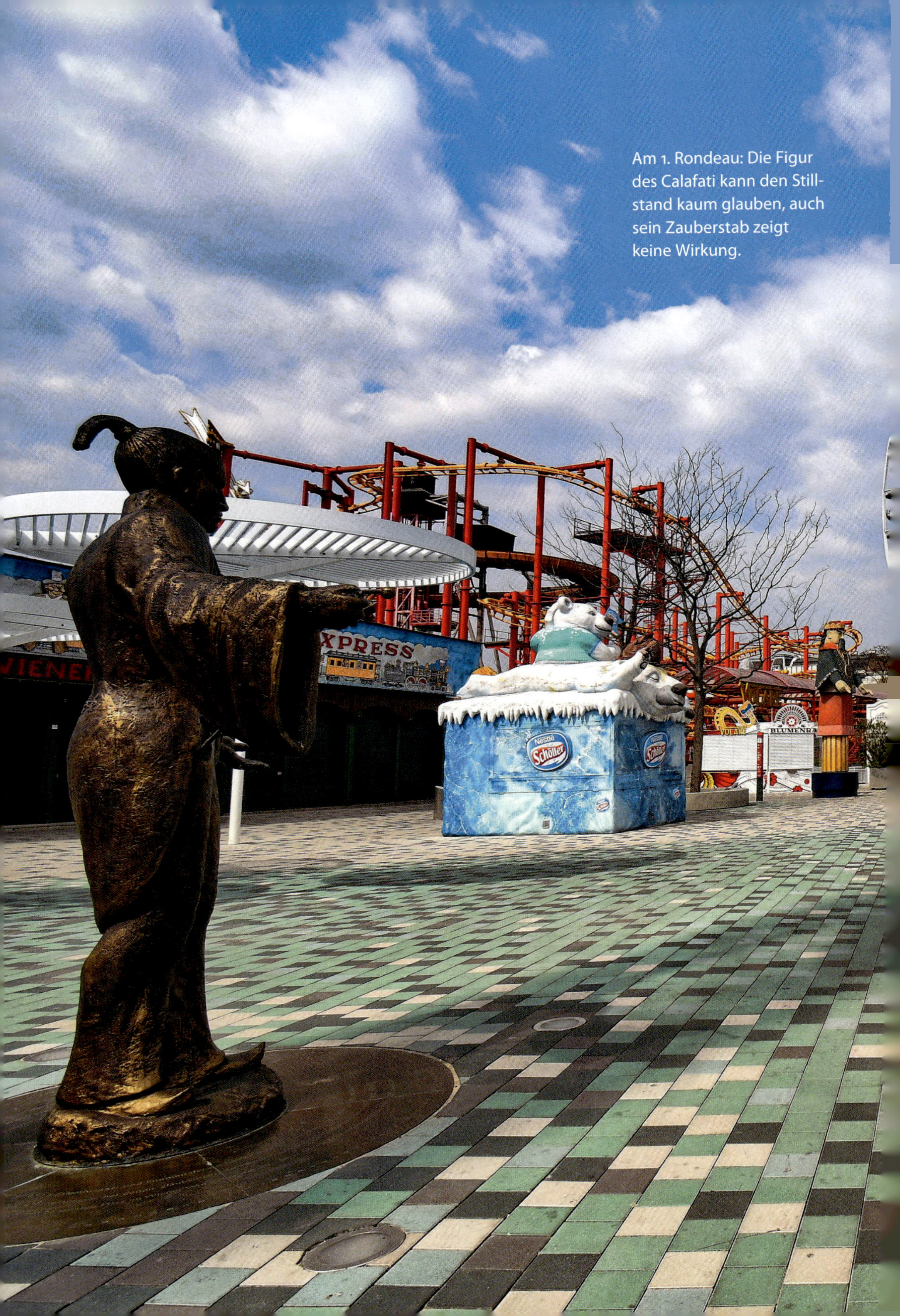

Am 1. Rondeau: Die Figur des Calafati kann den Stillstand kaum glauben, auch sein Zauberstab zeigt keine Wirkung.

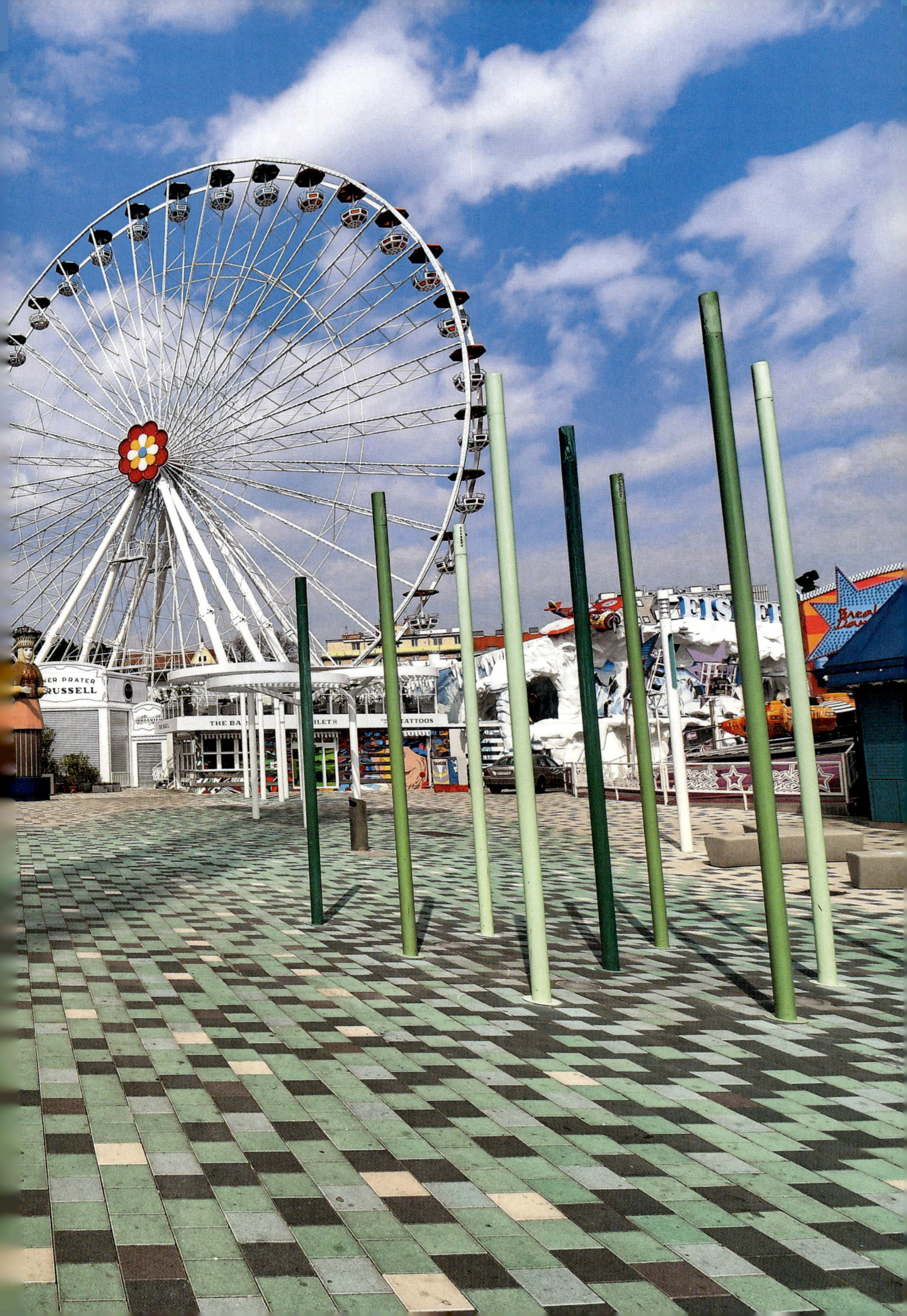

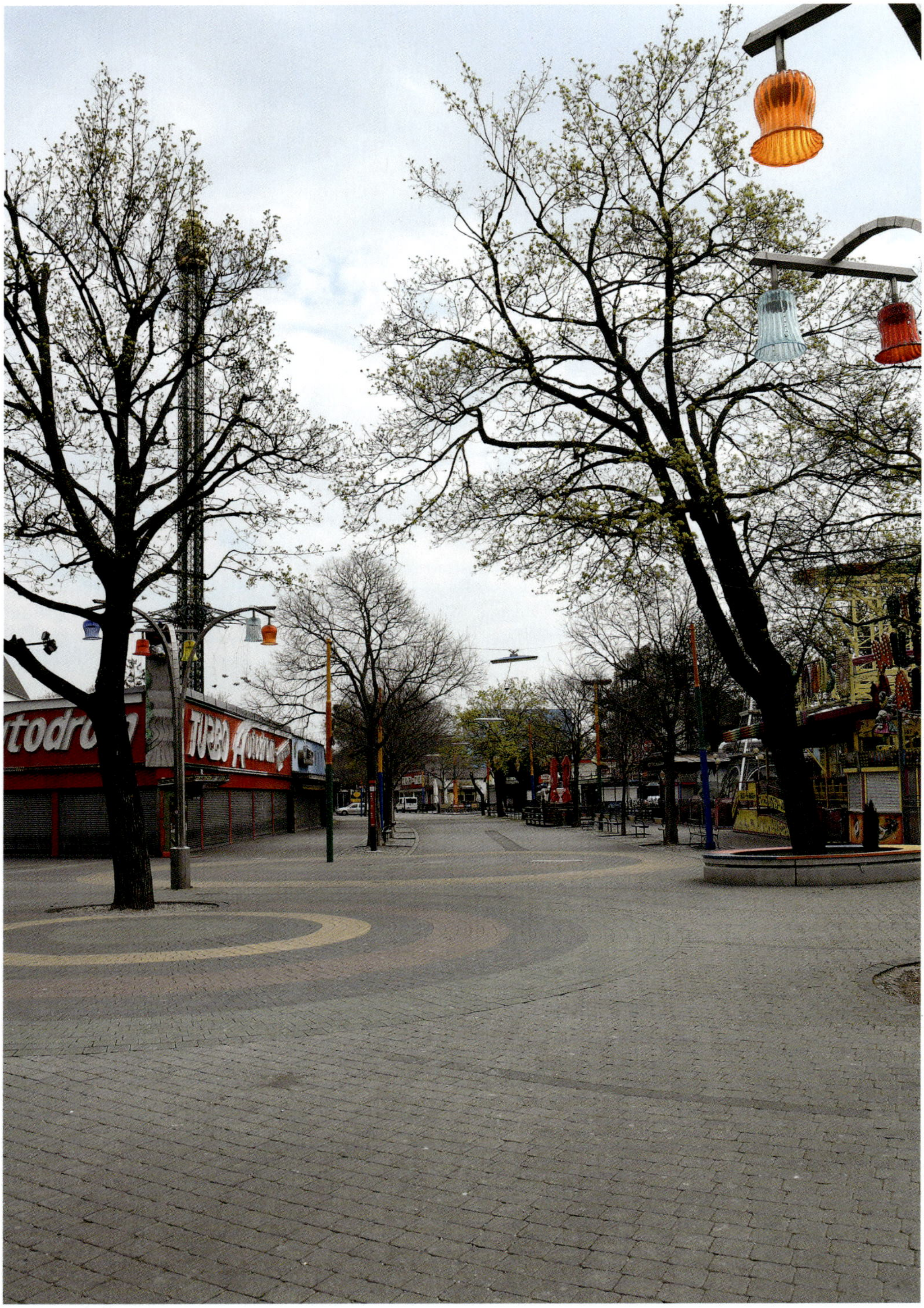

„Im Prater blühen wieder die Bäume". Auch dieses Klischeebild entfacht im Frühjahr 2020 keine Freude.

3

Gähnende Leere im öffentlichen Verkehr

Der öffentliche Verkehr, die U- und Straßenbahnen sowie Autobusse konnten trotz der Ausgangsbeschränkungen nicht komplett eingestellt werden. Unbeirrt fuhren die Garnituren der U-Bahnen ihre Strecken ab. Die Züge waren am Anfang der Corona-Pandemie leer und passierten leere Stationen.

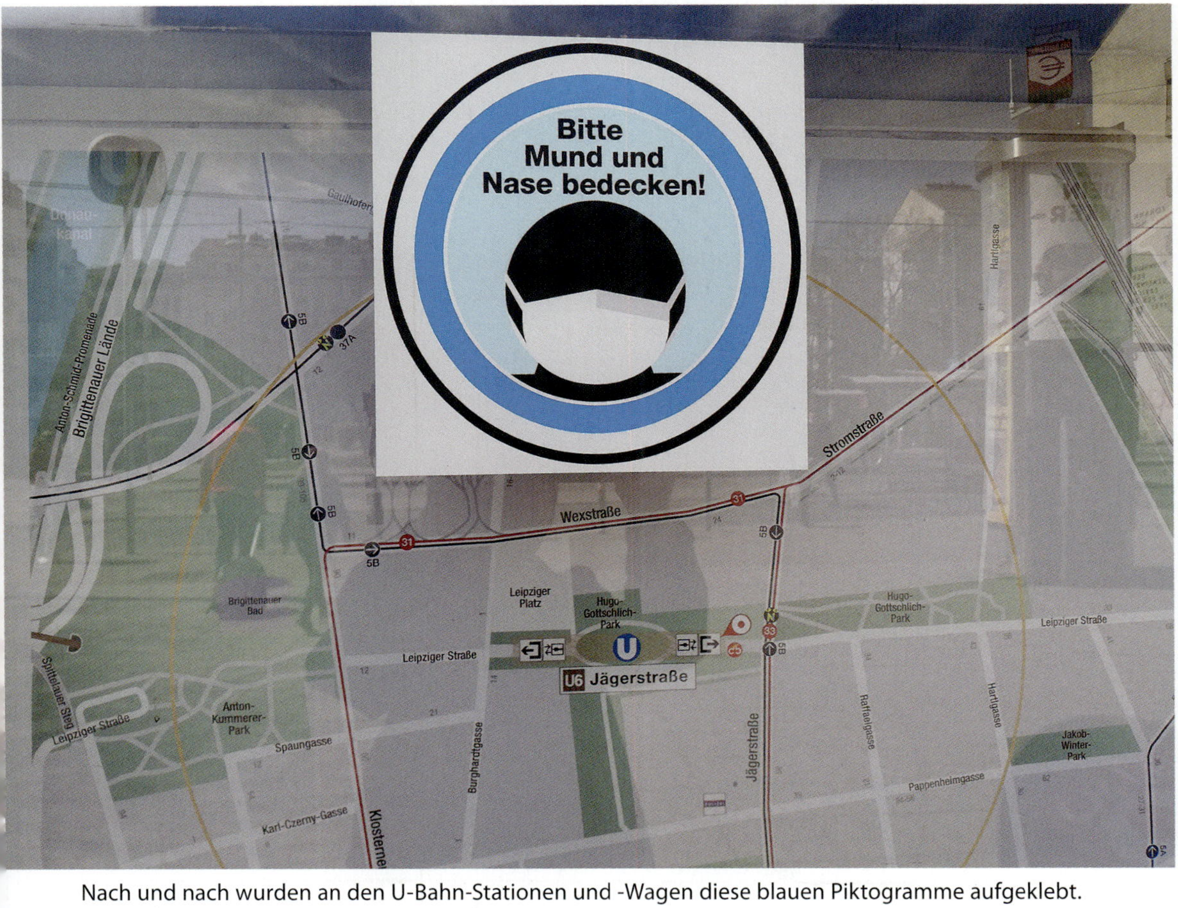

Nach und nach wurden an den U-Bahn-Stationen und -Wagen diese blauen Piktogramme aufgeklebt. Auch die Straßenbahnen und Autobusse wurden mit diesen Icons ausgestattet. Man durfte nicht mehr vorne einsteigen, damit auch der Fahrer in seinem Refugium sicher war.

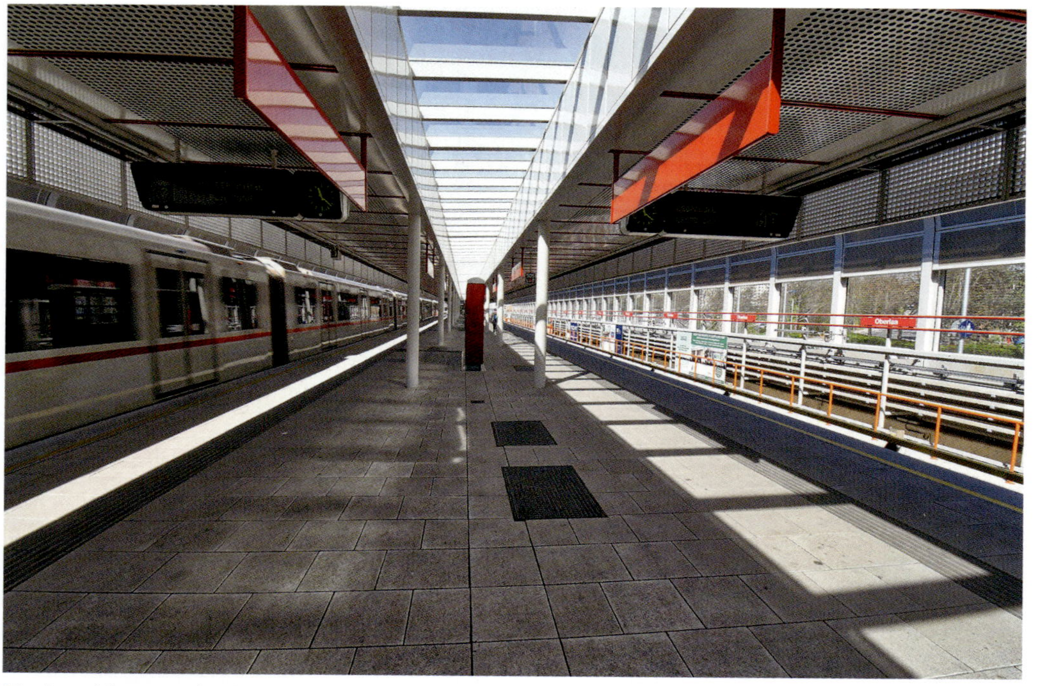

Die Auswirkungen der Corona-Krise: Der Anblick der leeren Bahnsteige hat auch seinen optischen Reiz, da dadurch die Schönheit der Zweck-Architektur umso deutlicher zur Geltung kommt.

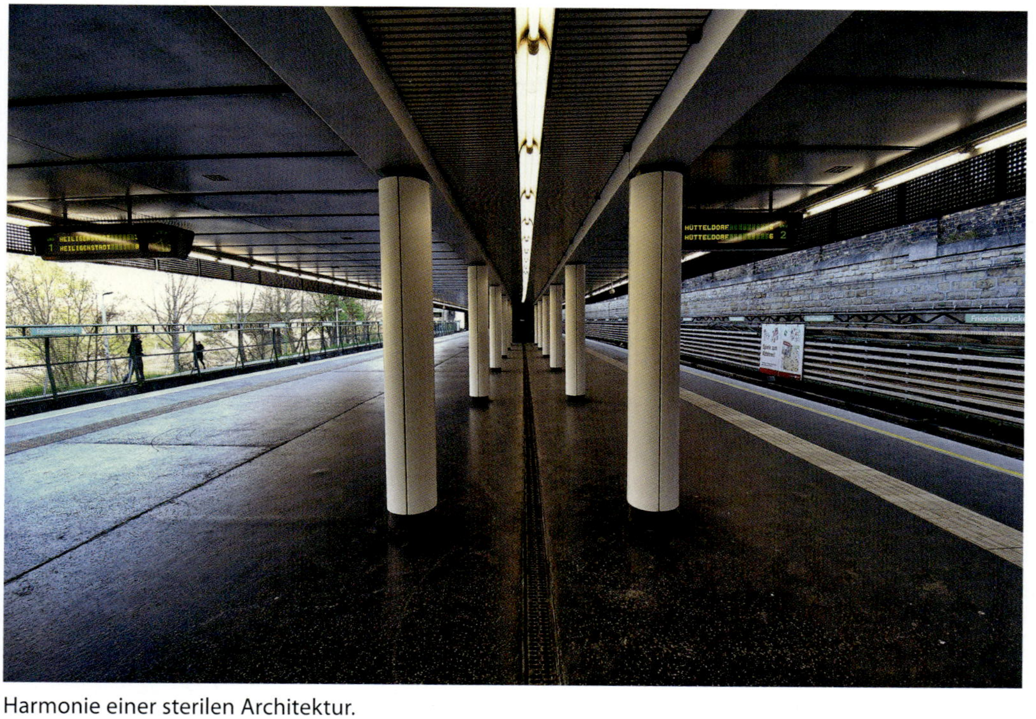

Harmonie einer sterilen Architektur.

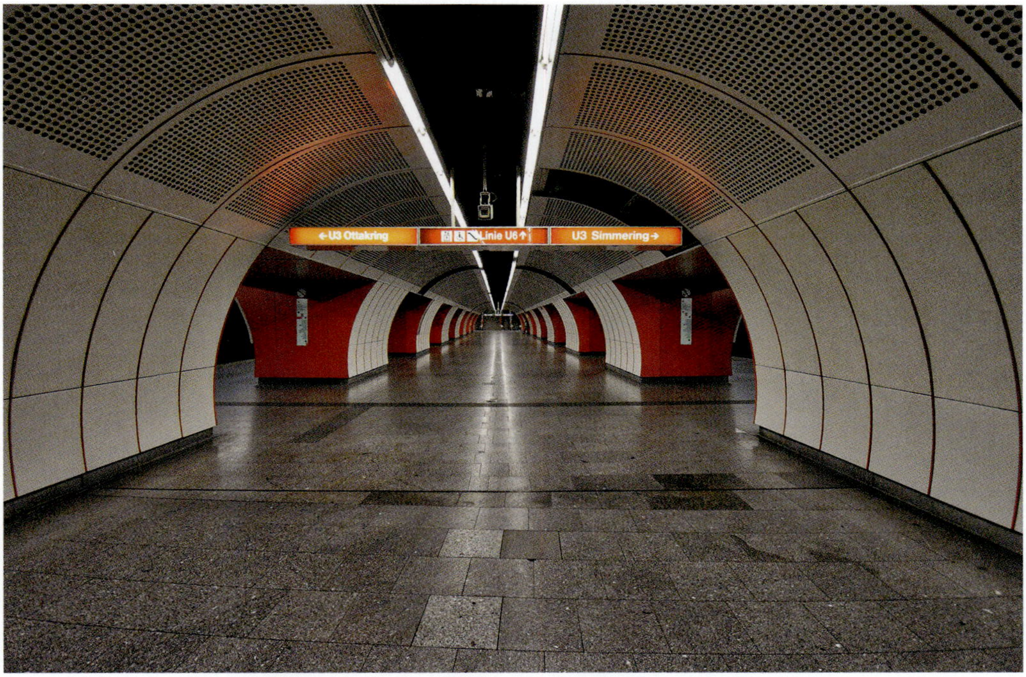

Jede Station hat ihre eigene, aber universelle Formensprache.

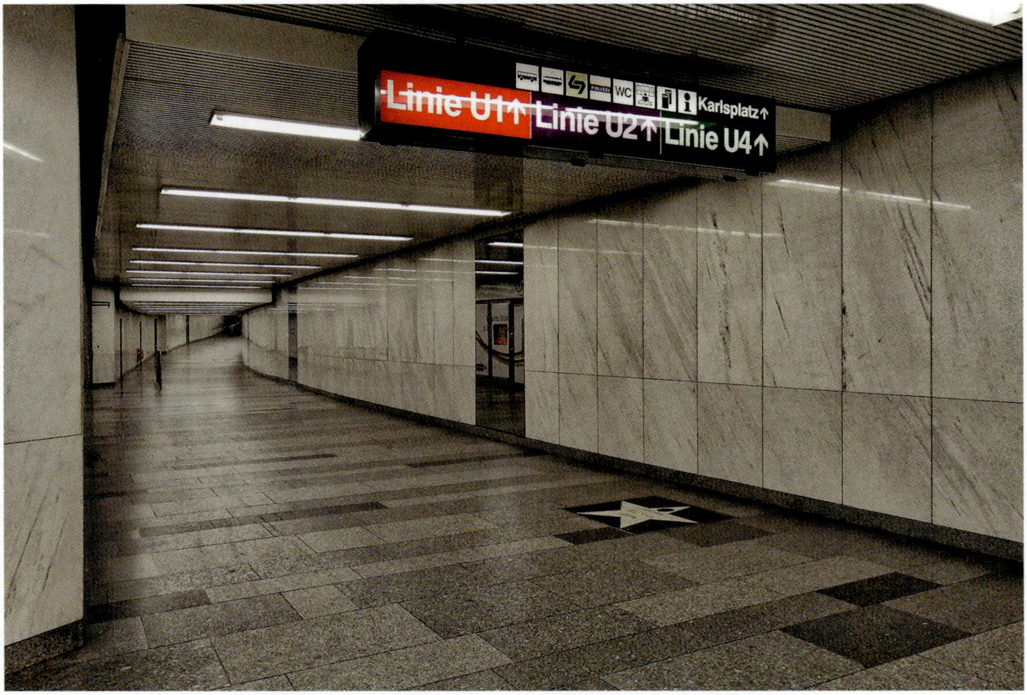

Eine Passage einer unterirdischen Lebensader. Momentan ist hier der Fluss des Lebens gestoppt.

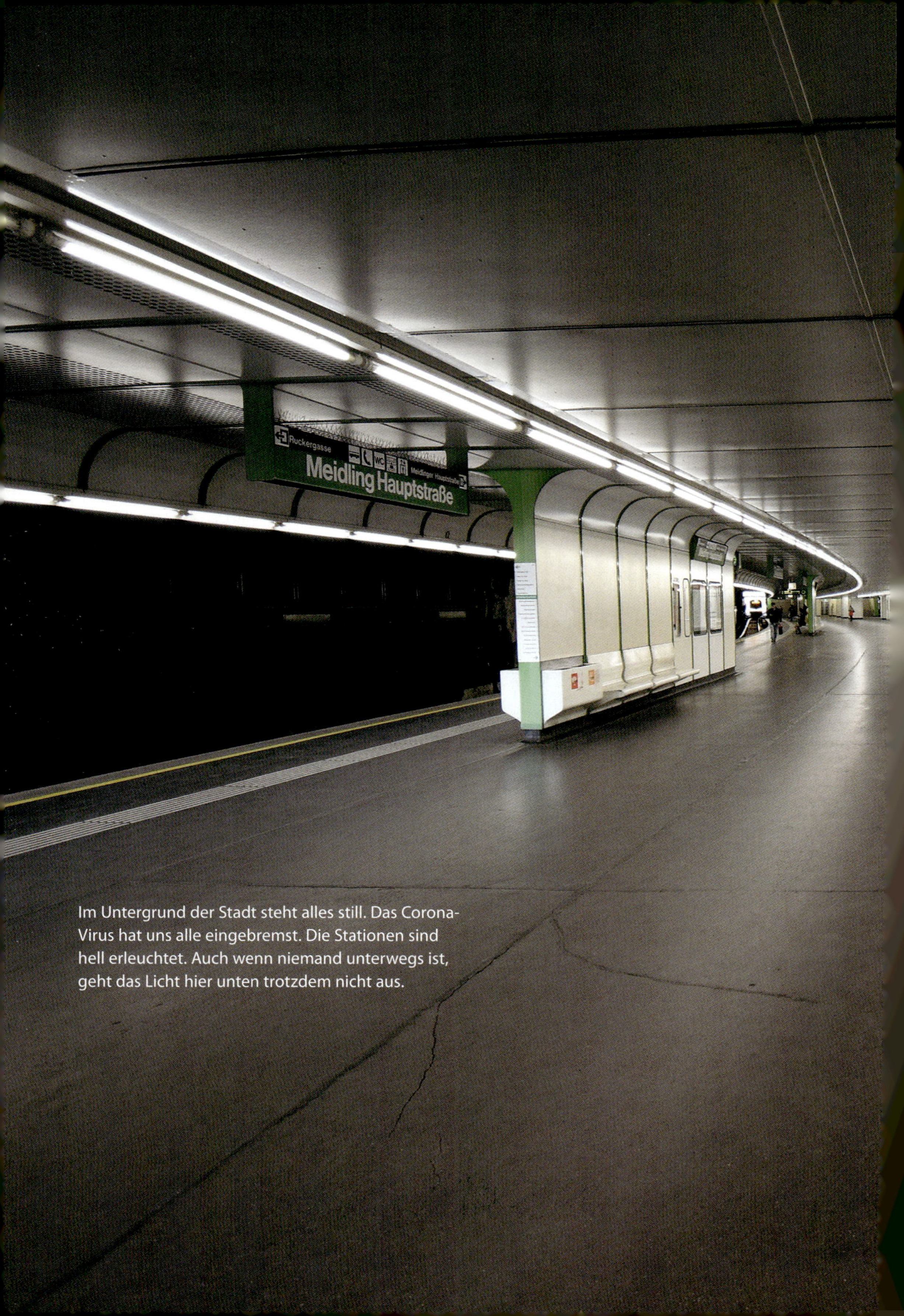

Im Untergrund der Stadt steht alles still. Das Corona-Virus hat uns alle eingebremst. Die Stationen sind hell erleuchtet. Auch wenn niemand unterwegs ist, geht das Licht hier unten trotzdem nicht aus.

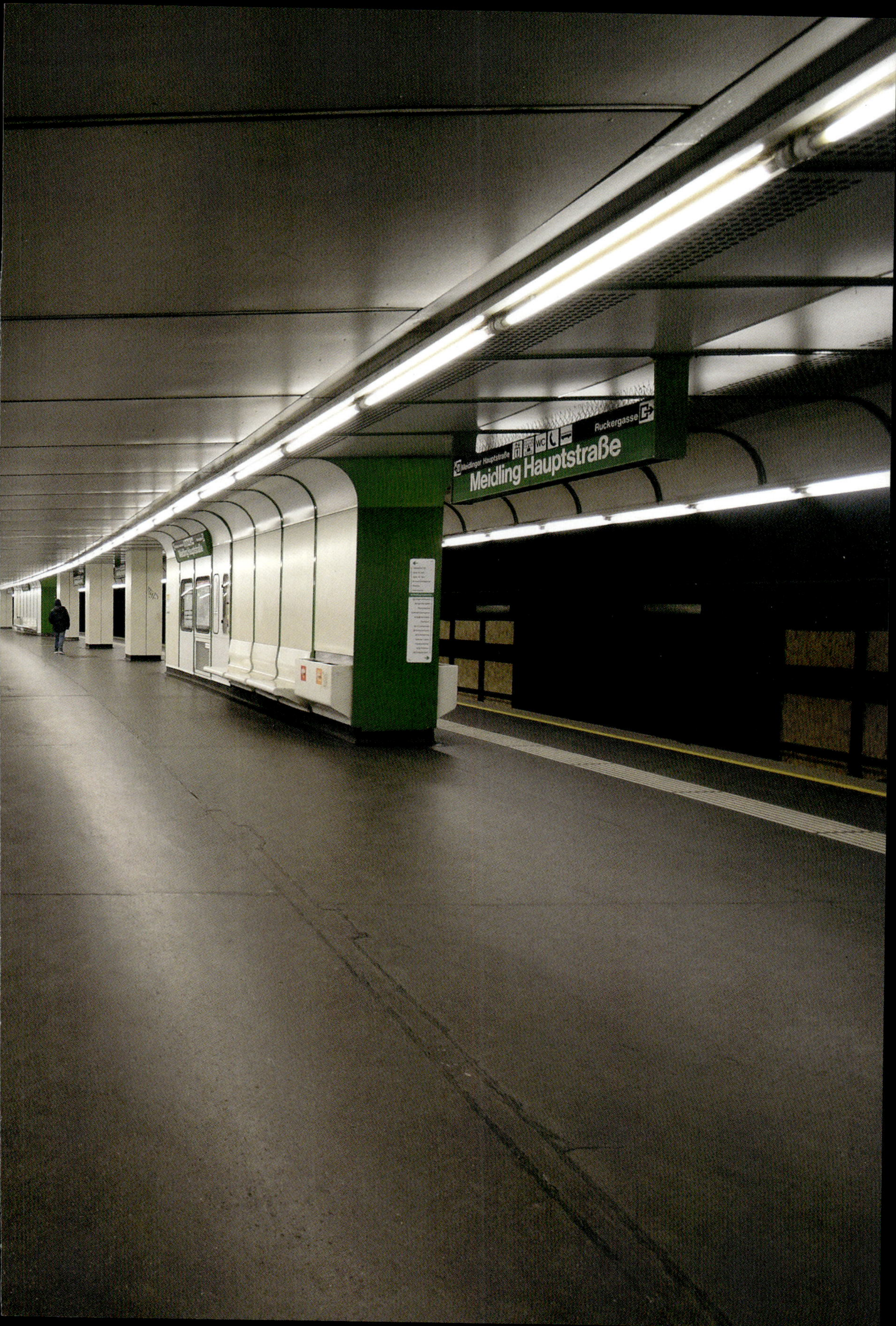
Meidlinger Hauptstraße
WC
Ruckergasse
Meidling Hauptstraße

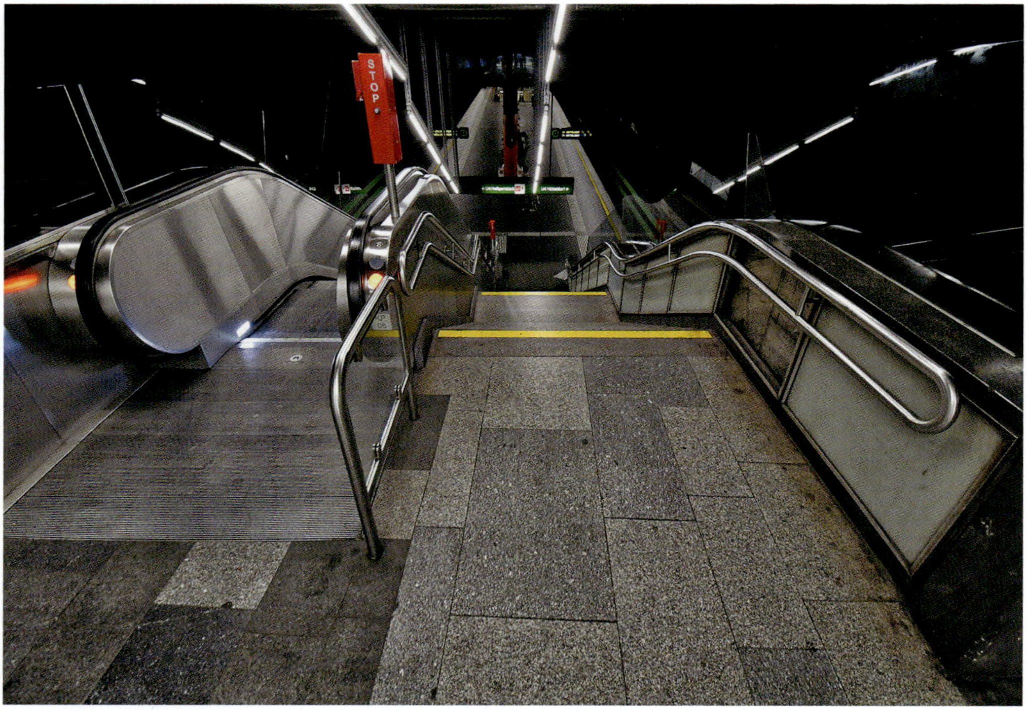

Wir alle wissen nicht, wohin diese Reise führen wird.

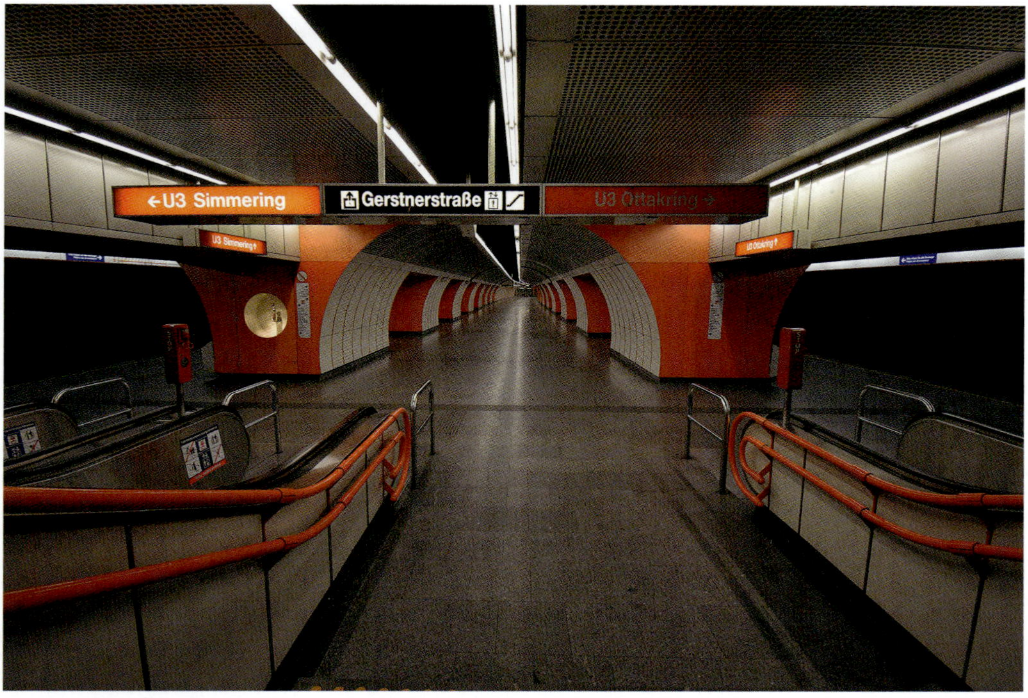

Das leuchtende Farbleitsystem (rot-grün-orange) versprüht Optimismus.

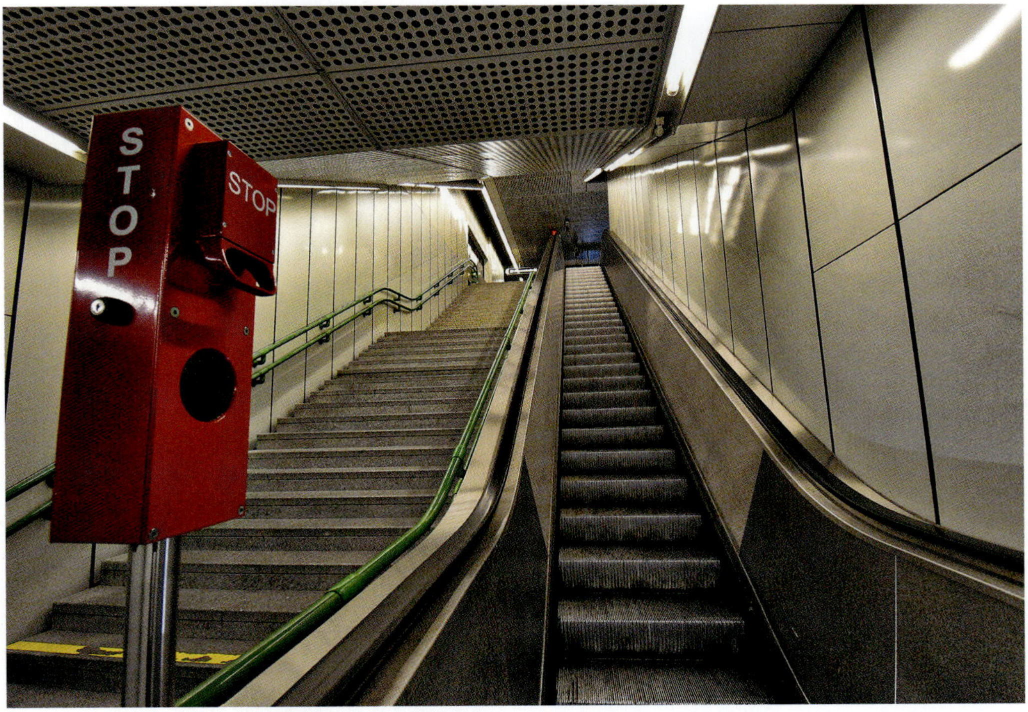

Blitzendes Chrom und sterile Wände sind die Begleiter in dem Labyrinth, in dem wir uns verlieren können.

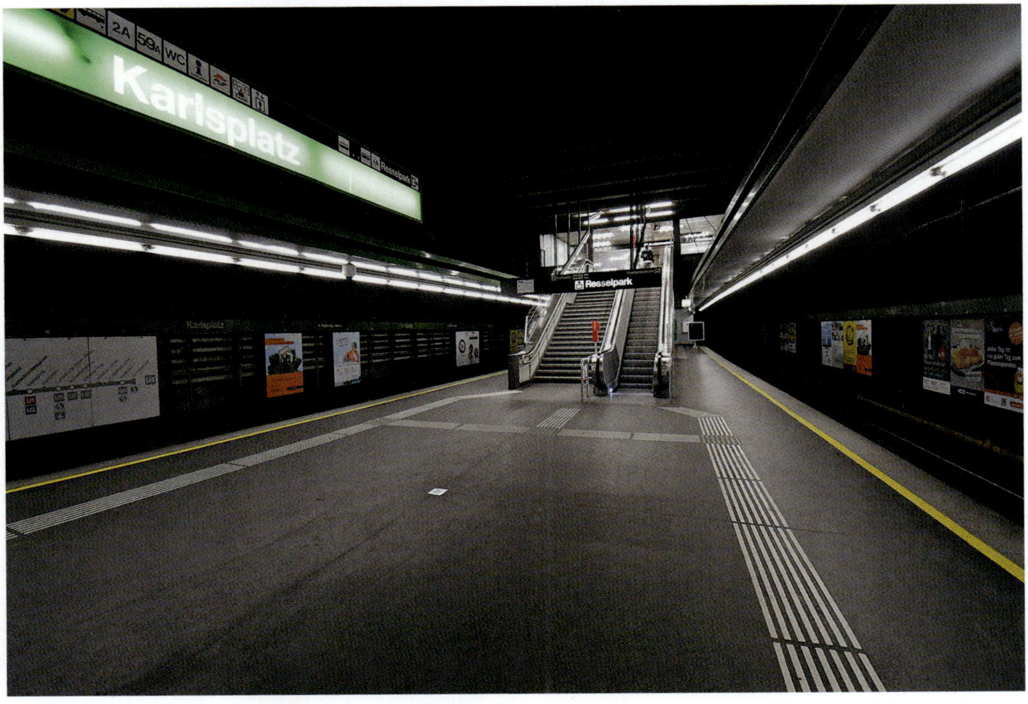

Perrons – eine lupenreine Kulisse für ästhetische Fotos.

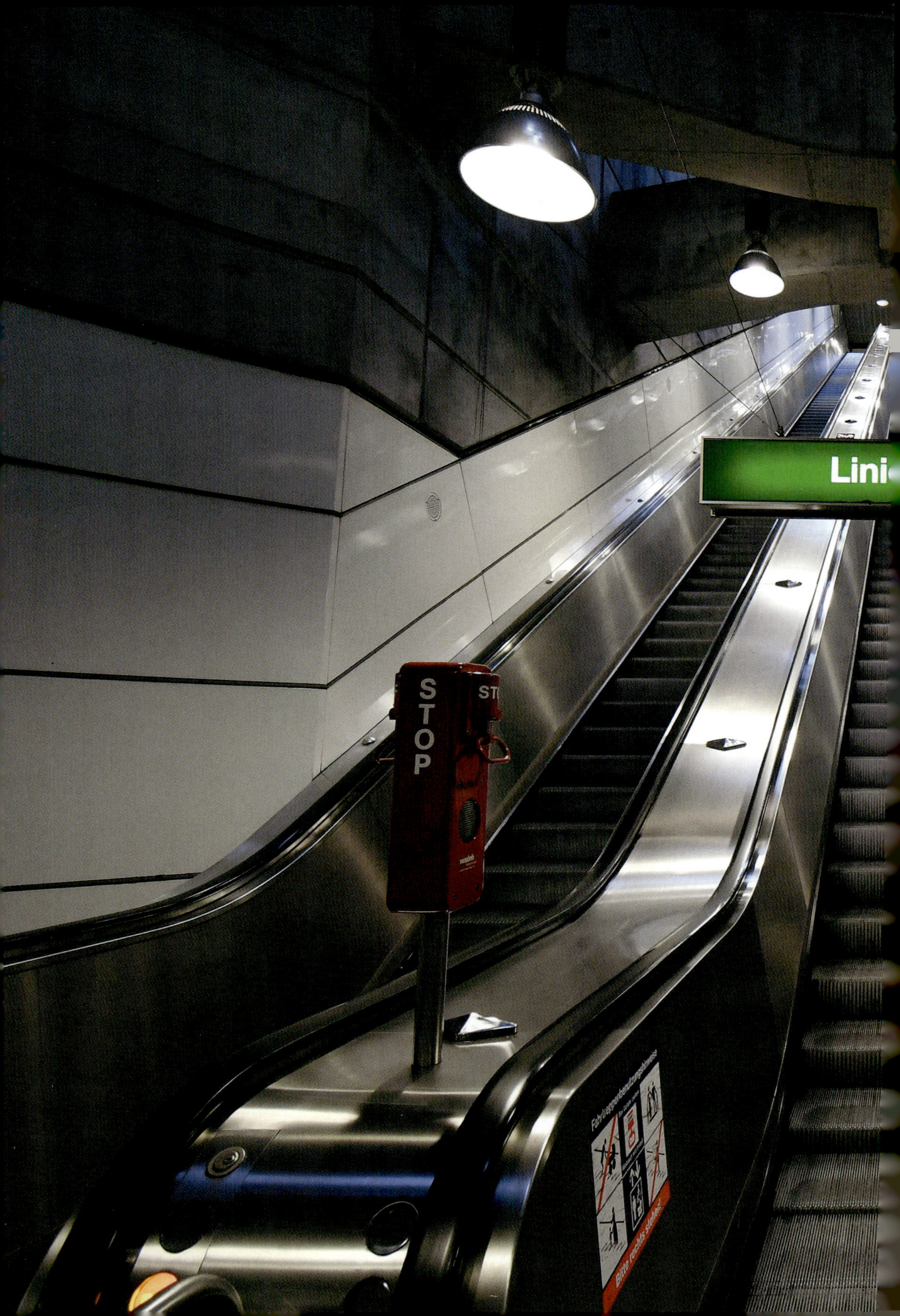
Lini
STOP

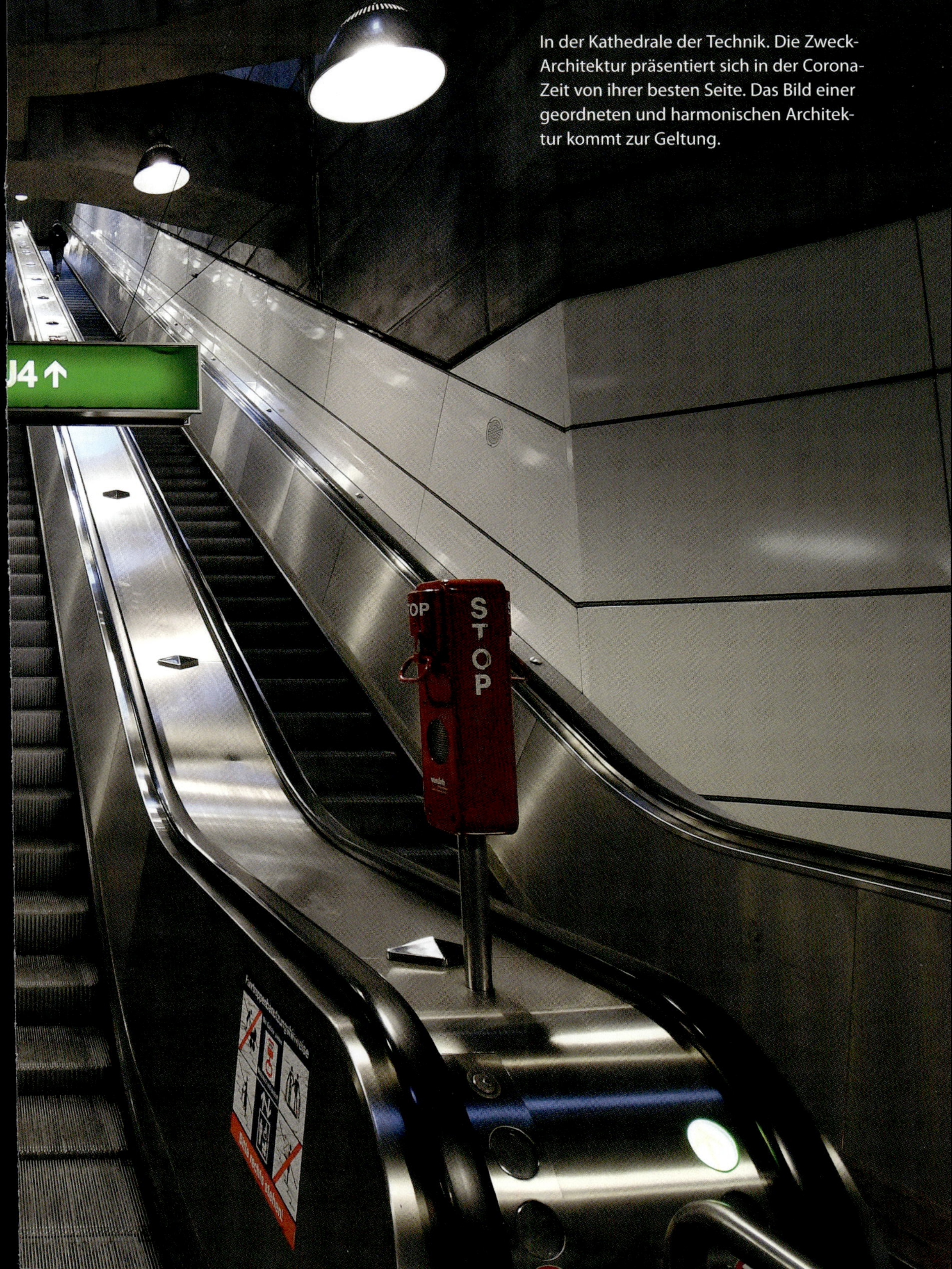

In der Kathedrale der Technik. Die Zweck-Architektur präsentiert sich in der Corona-Zeit von ihrer besten Seite. Das Bild einer geordneten und harmonischen Architektur kommt zur Geltung.

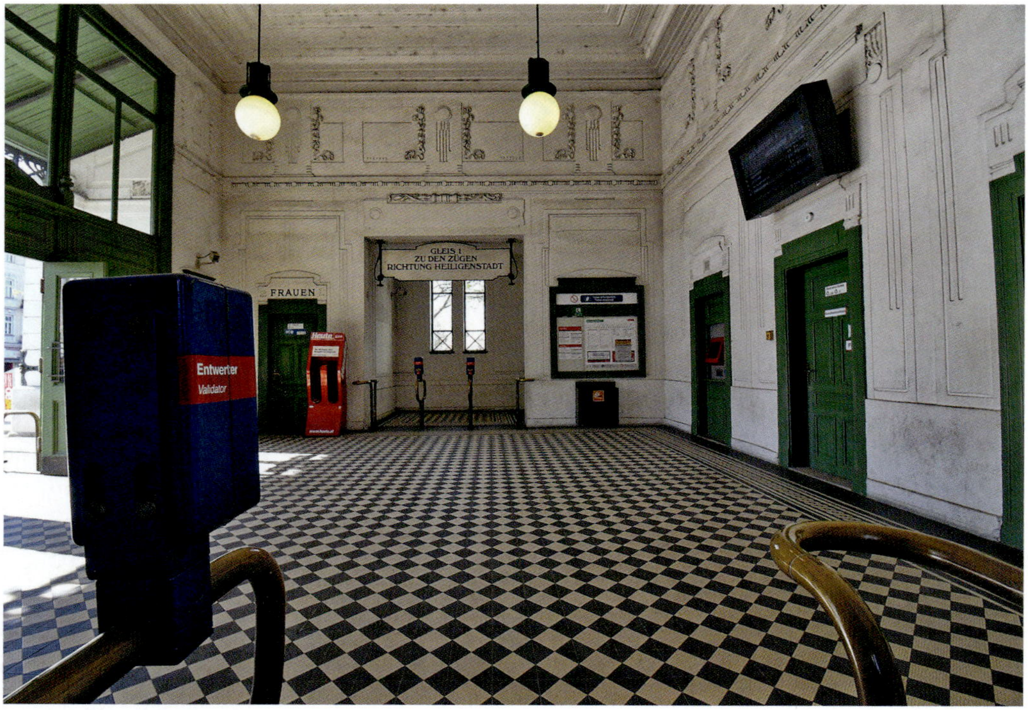

In dieser U4-Station überstrahlt die imperiale Pracht der k.u.k.-Epoche das Ungemach der Gegenwart.

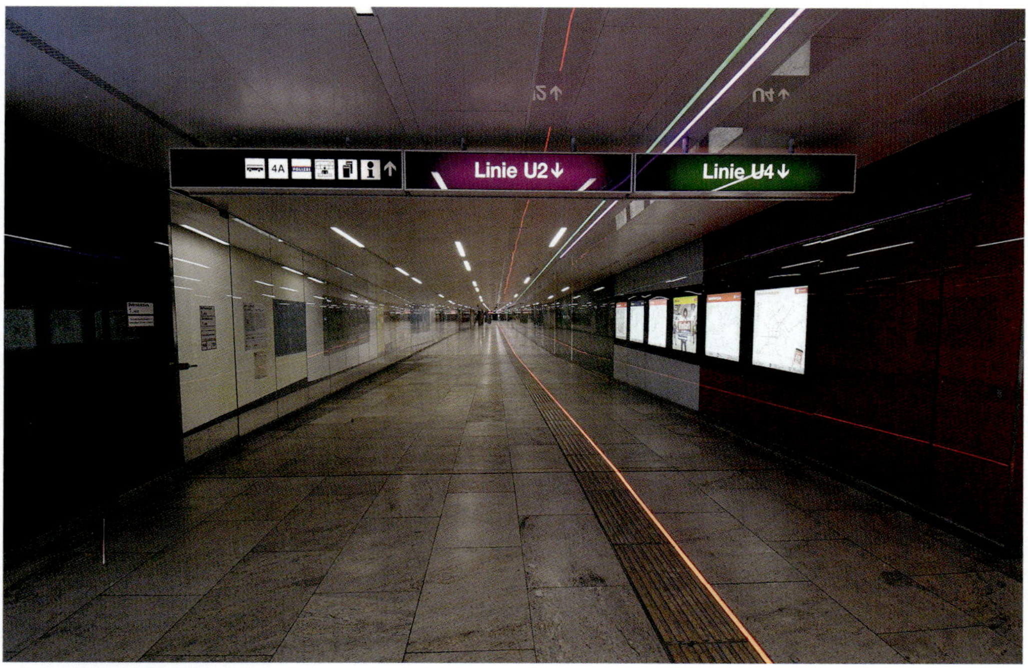

Weit und breit ist niemand zu sehen.

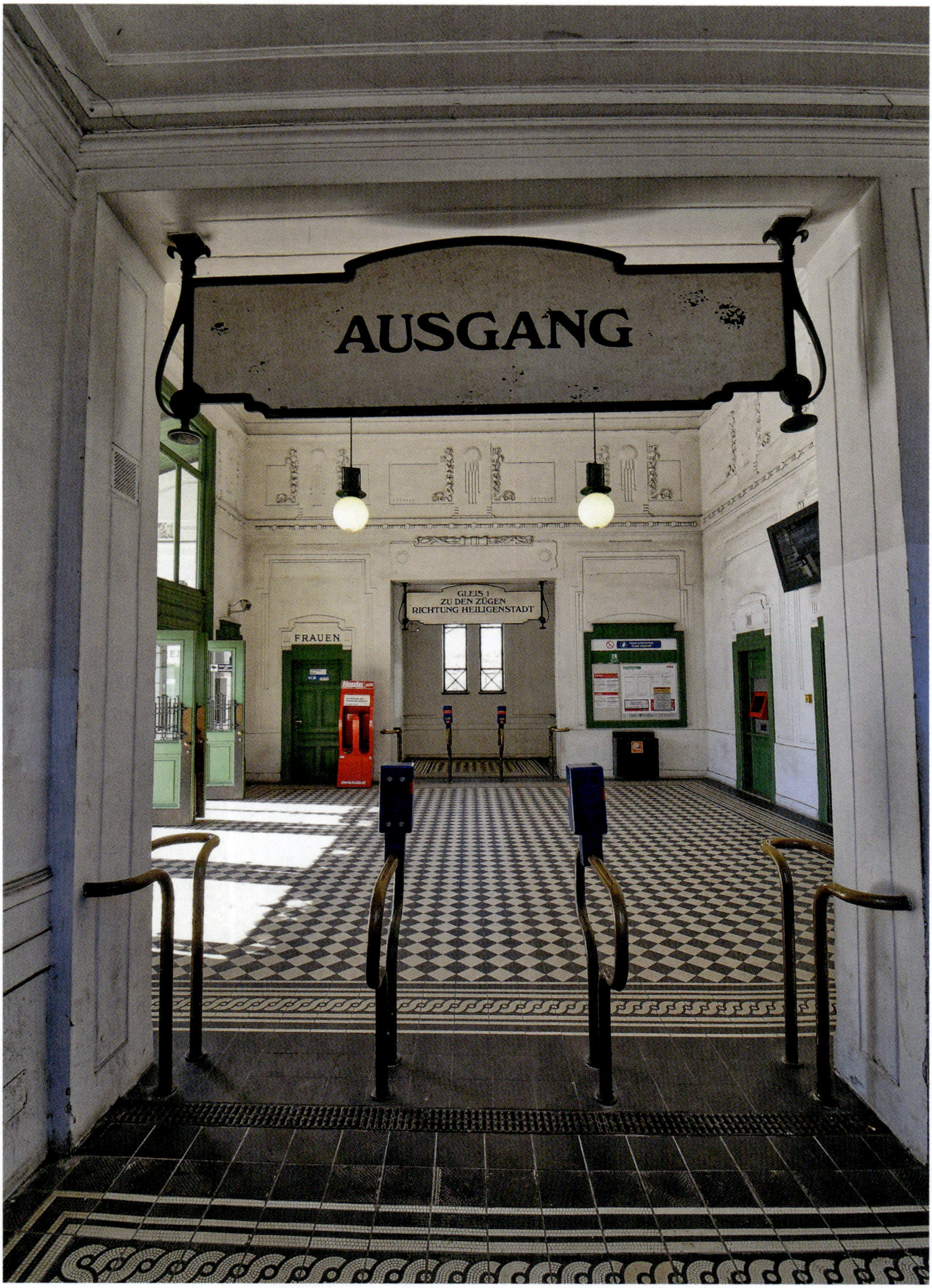

Viele U-Bahn-Stationen verwandeln sich in diesen Tagen zu Lost Places. Doch die Hoffnung hängt in der Luft, dass die Menschen bald zurückkommen.

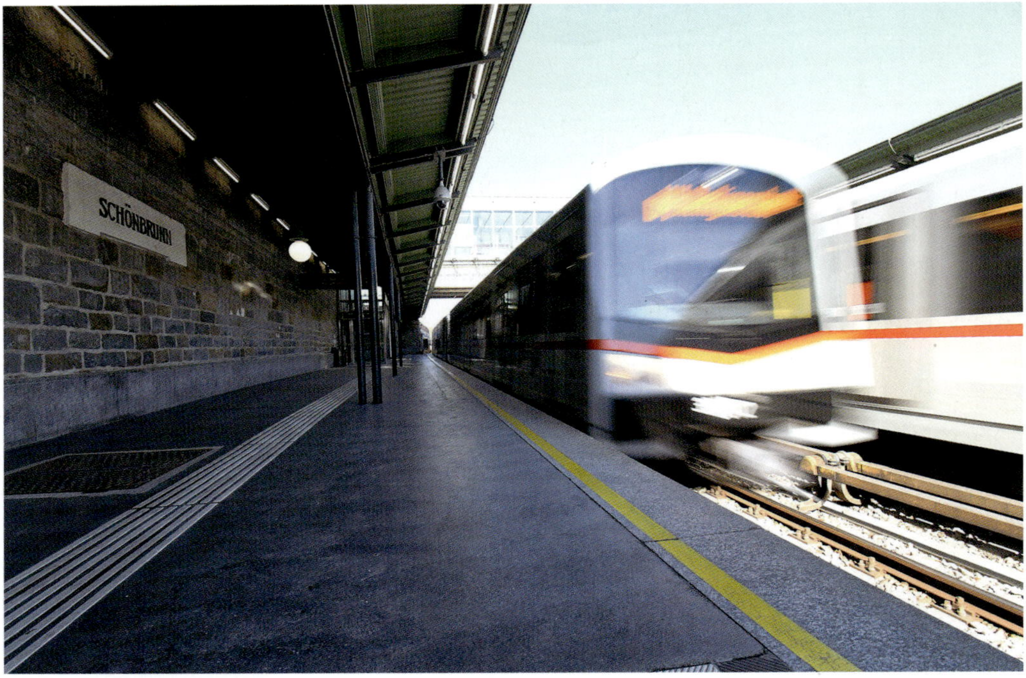

Ein menschenleerer Zug passiert eine menschenleere Station.

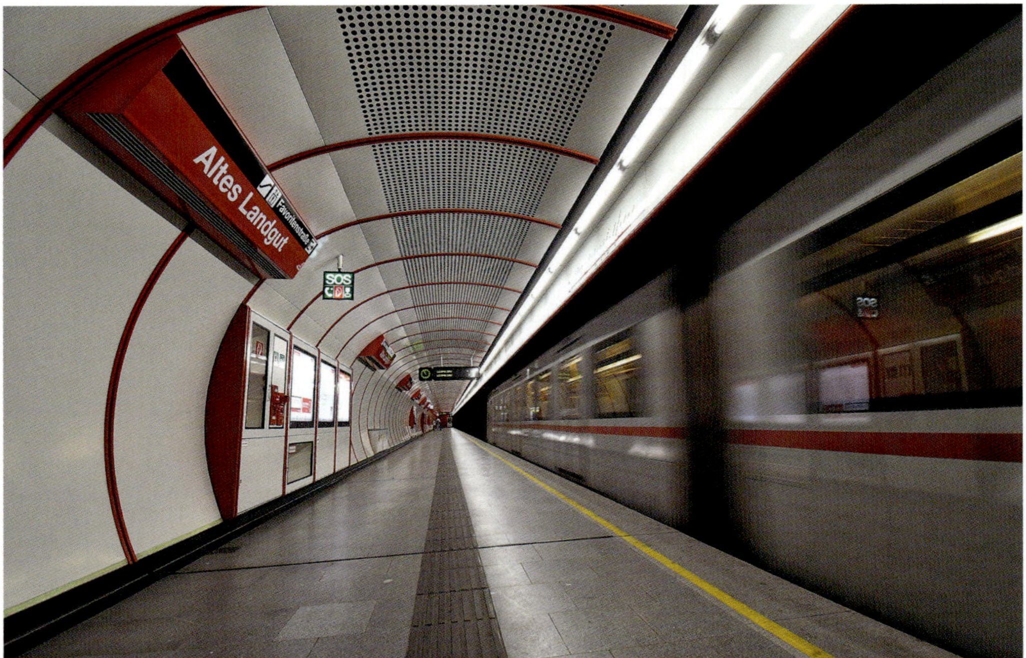

Die elegante Zuggarnitur rattert durch die Stationen, bleibt wie gewohnt stehen und fährt doch ohne Fracht weiter. Es entstehen Bilder, die den Stillstand und zugleich den ewigen Fortgang dokumentieren.

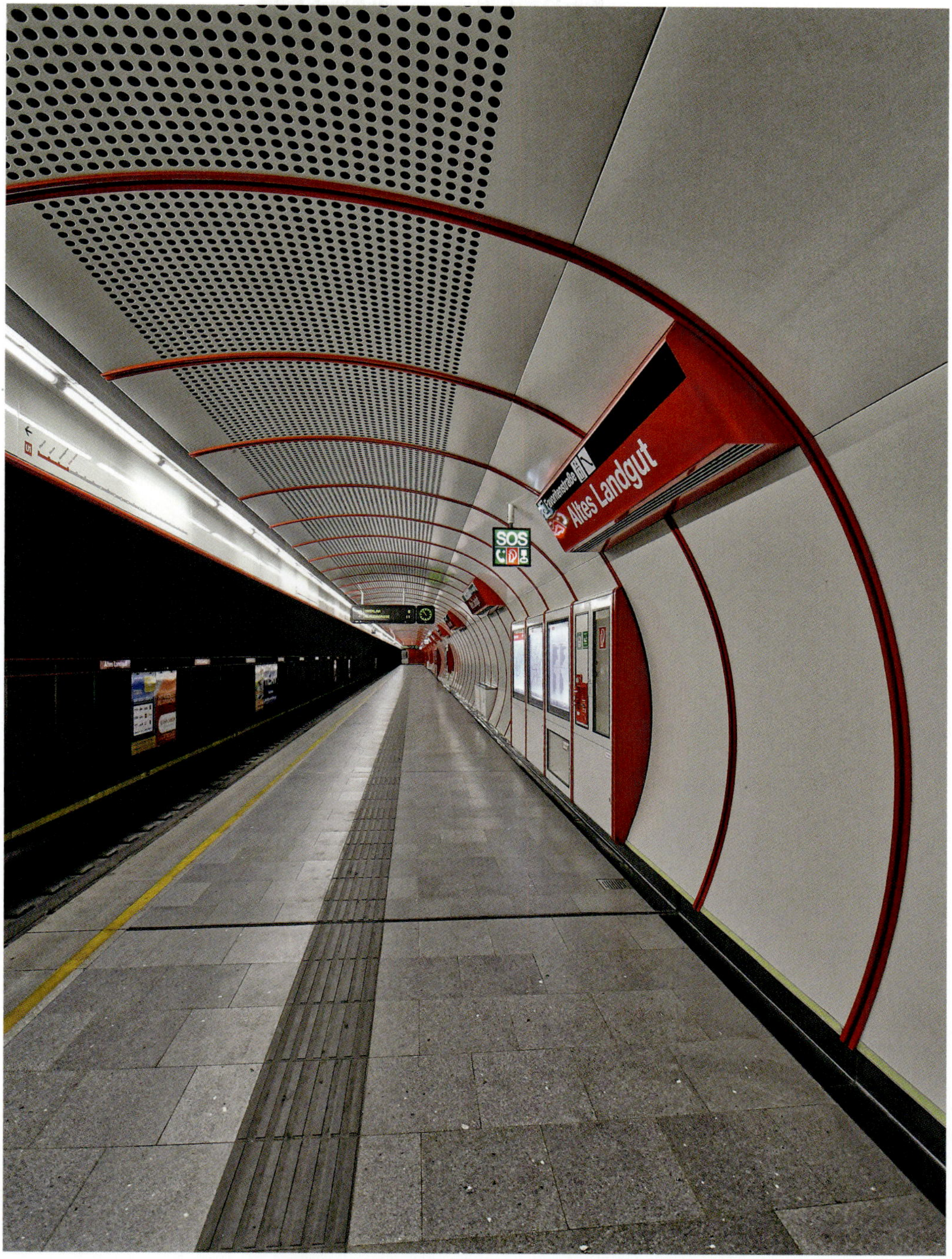

Wenn die leeren U-Bahnen durch die mit Neonlicht hell beleuchteten Stationen und in die finsteren Tunnel fahren, dann formieren sich monoton ablaufende Leerläufe. Es ist wie ein Flimmern, erzeugt durch eine permanent laufende Filmspule, die stets mit denselben Bildsequenzen Neustarten will, aber aufgrund der bremsenden Corona-Bestimmungen nicht kann.

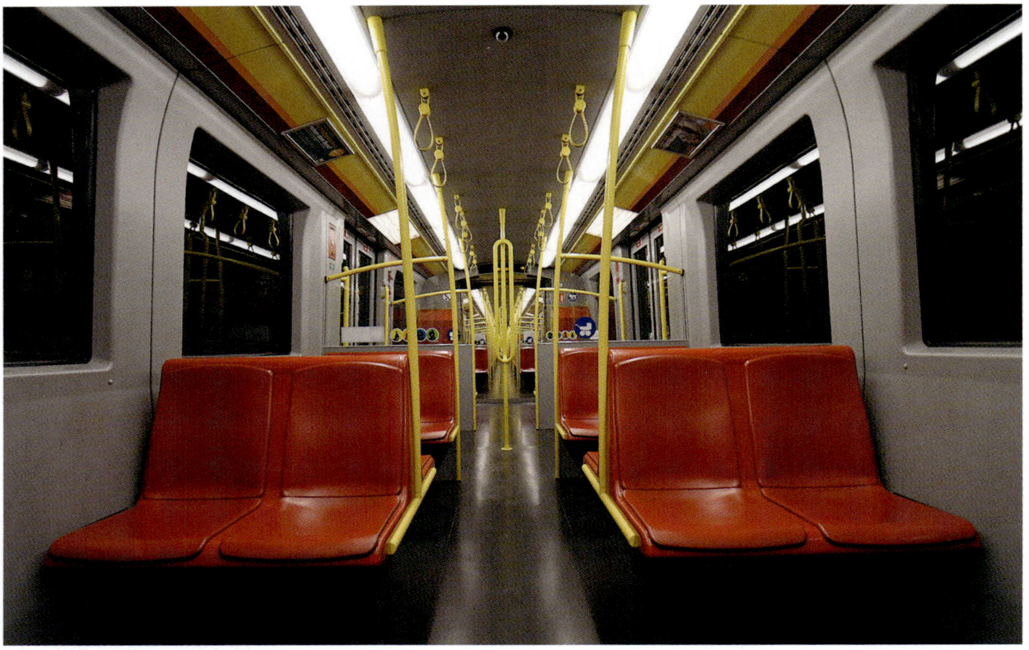

Leere Sitze. In den ersten Wochen der Corona-Krise verkriechen sich die Wiener in ihren eigenen vier Wänden.

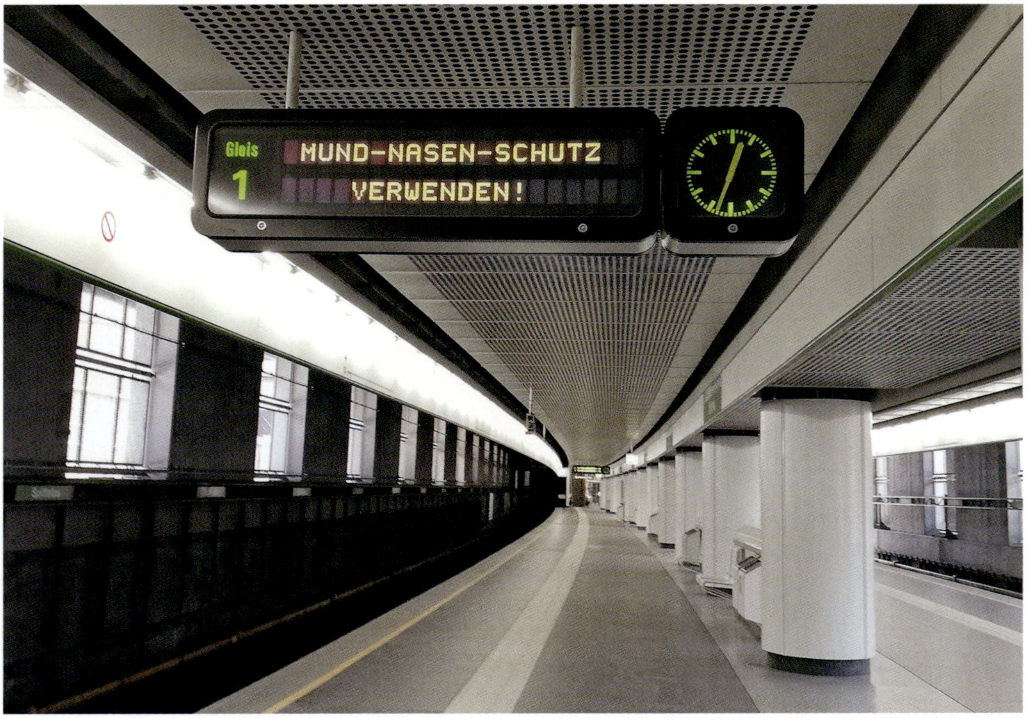

Auf der Anzeigetafel ist zu lesen: „Mund-Nasen-Schutz verwenden!"

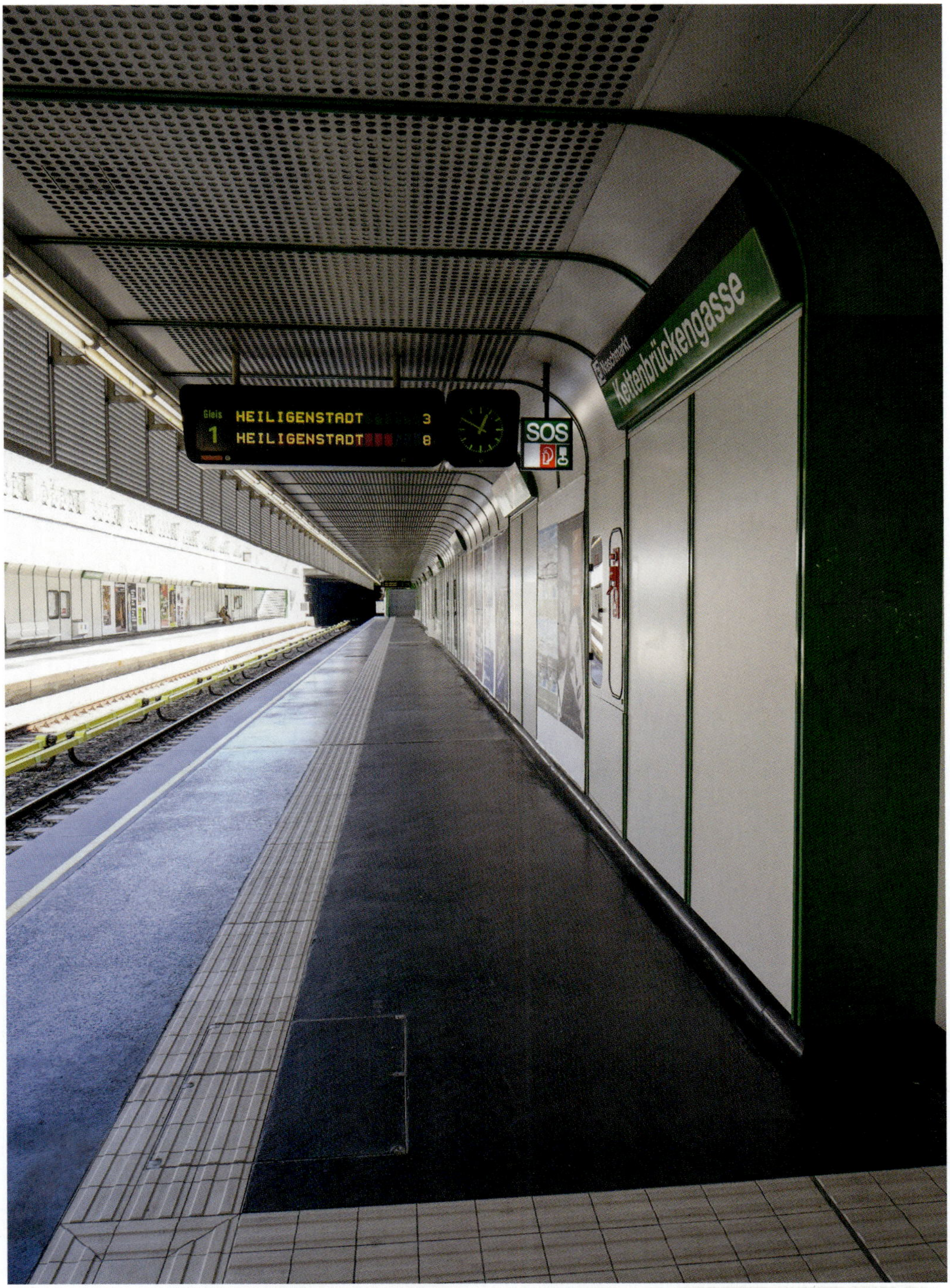

Als die Menschmassen nach und nach zurückkommen und die entrückten Plätze beleben, kehren die wunderbaren Fata-Morgana-Welten in die Wirklichkeit zurück und auch die Geisterbahnhöfe und U-Bahn-Stationen werden wieder zu realtechnischen Einrichtungen.

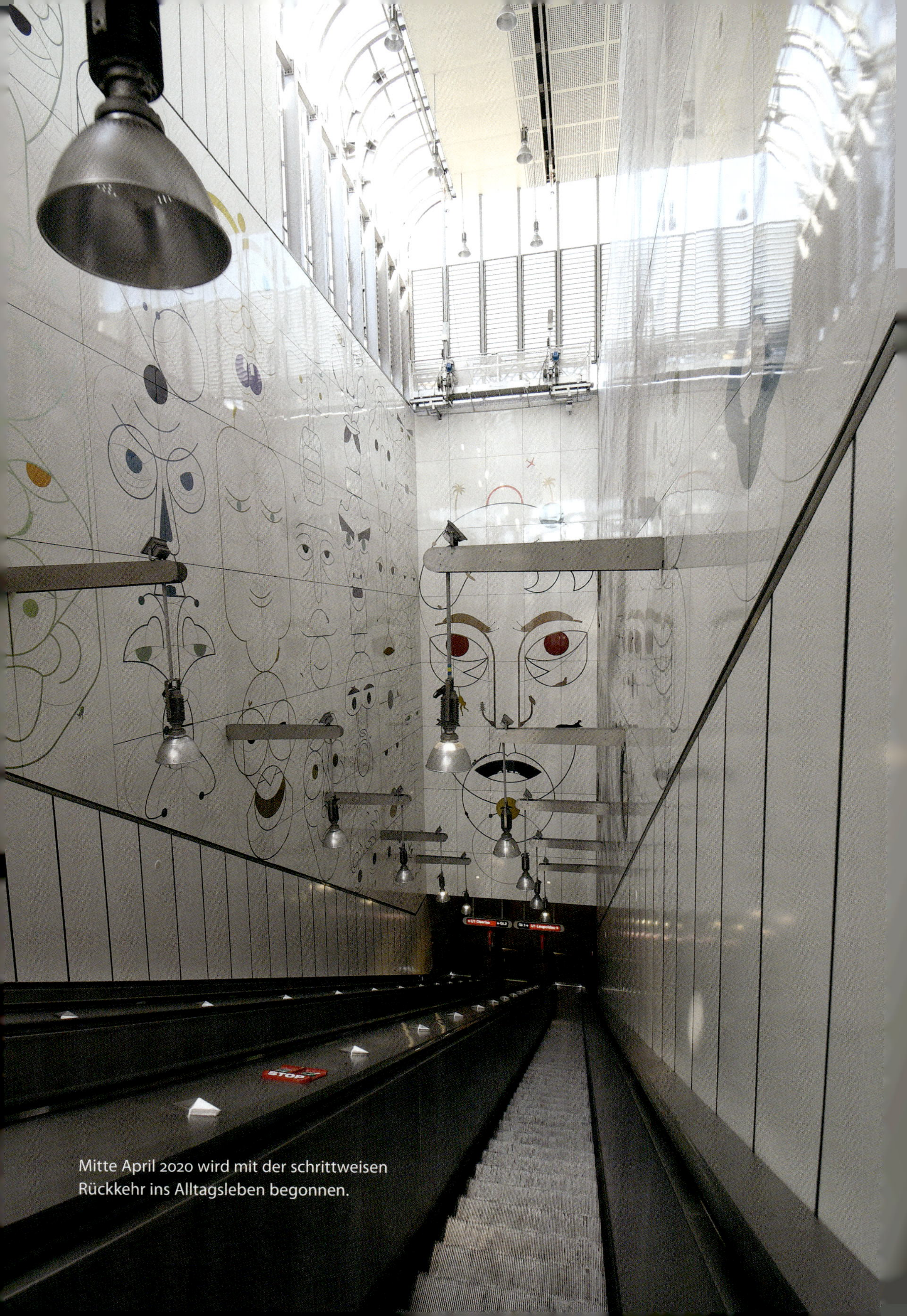

Mitte April 2020 wird mit der schrittweisen Rückkehr ins Alltagsleben begonnen.

4

Verwaiste Parks und Spielplätze

Plötzlich hingen die rot-weißen Absperrbänder vor den Spielplätzen. Es war verboten, zu schaukeln, zu rutschen oder Fitnessgeräte zu benutzen. Die Parks wurden zu No-Go-Areas. Überall waren gelbe Warntafeln angebracht. Diese Bilder werden ebenfalls im kollektiven Gedächtnis der Stadtgeschichte haften bleiben.

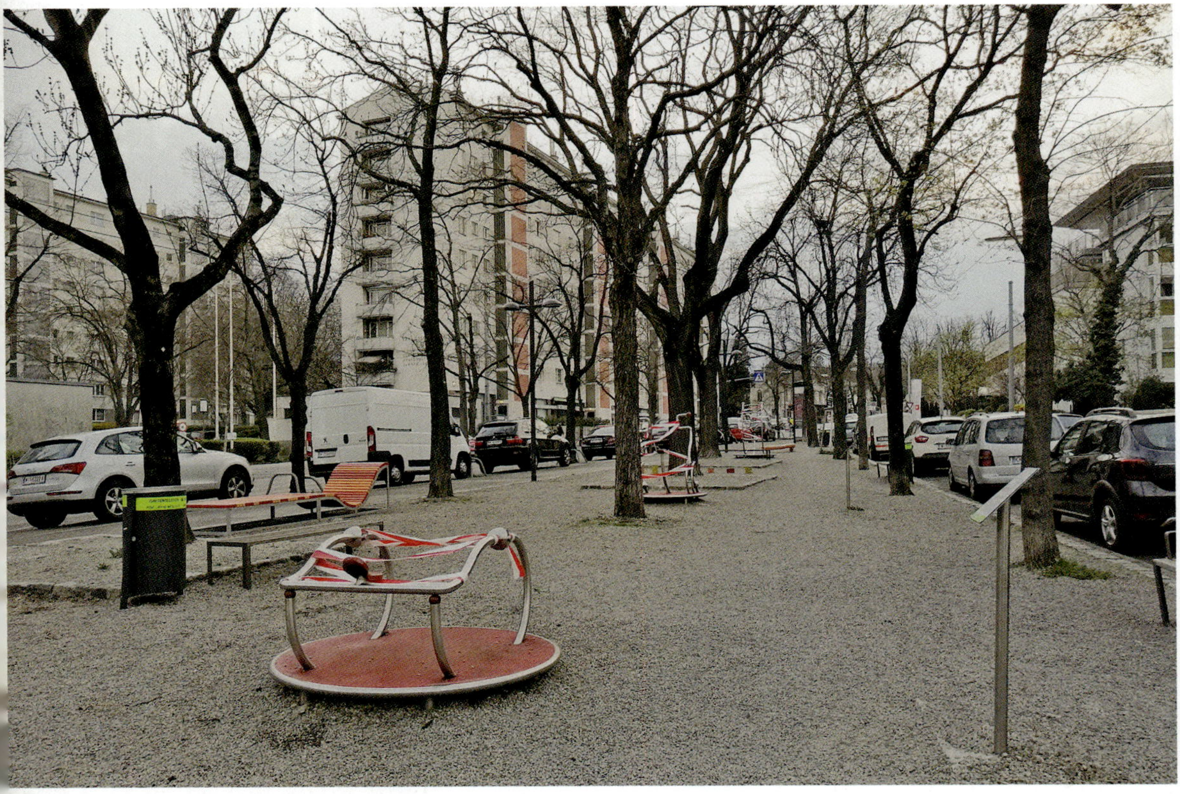

Keine Bewegung, keine Freiheit.

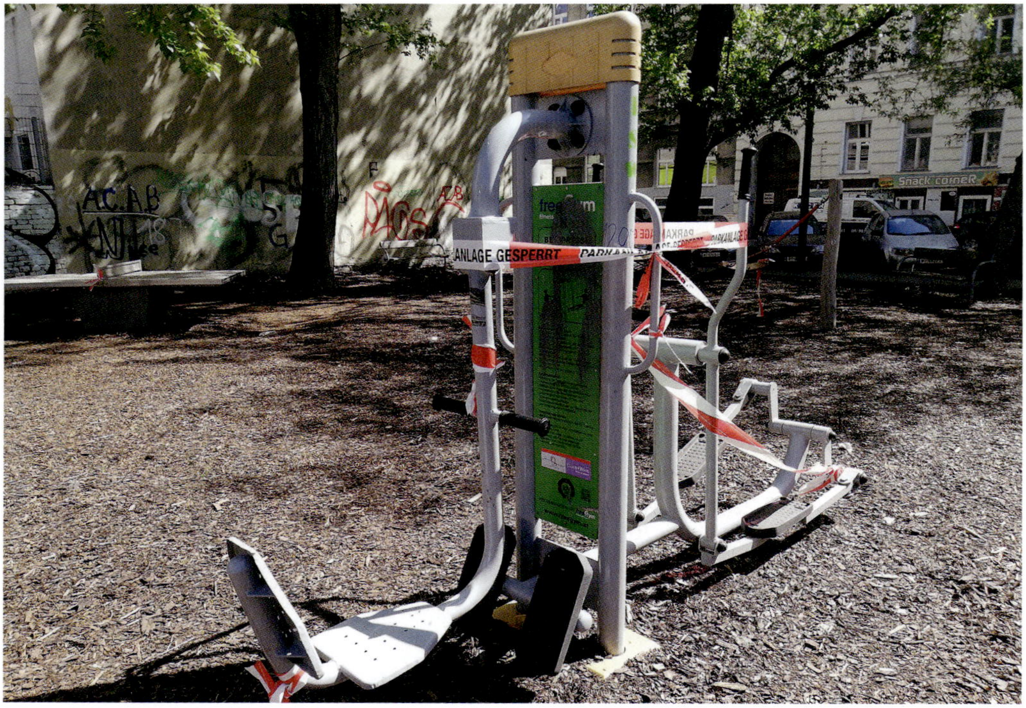

So wurde ein Benutzen der Geräte verhindert. ▲

Wir wurden zum Stillstand gezwungen. ▼

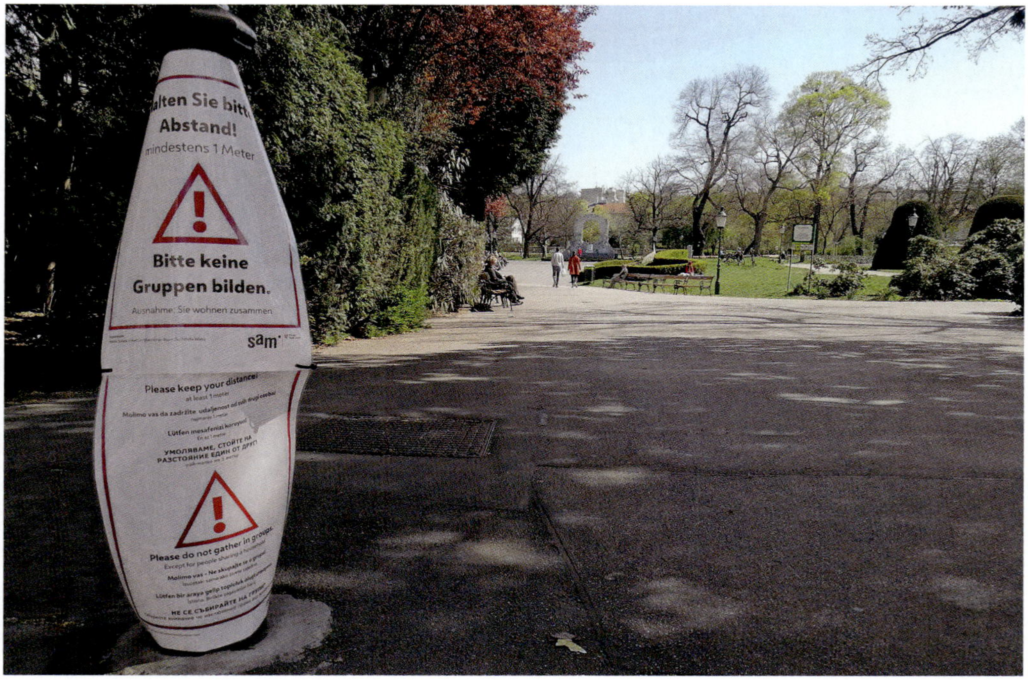

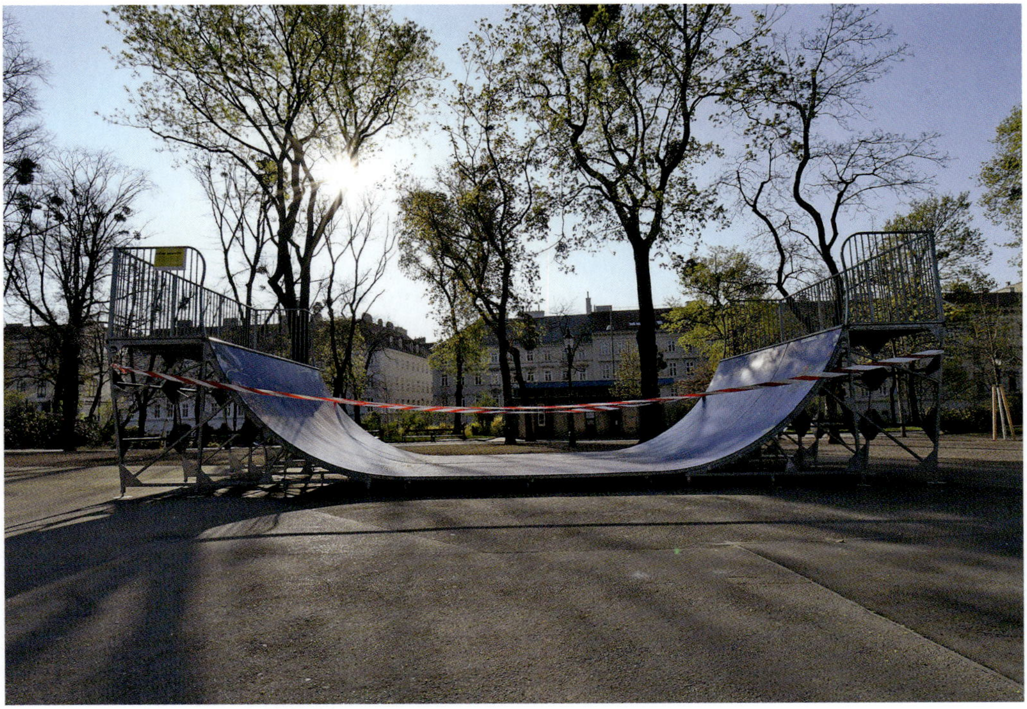

Gewohnte Anblicke während der Corona-Zeit.

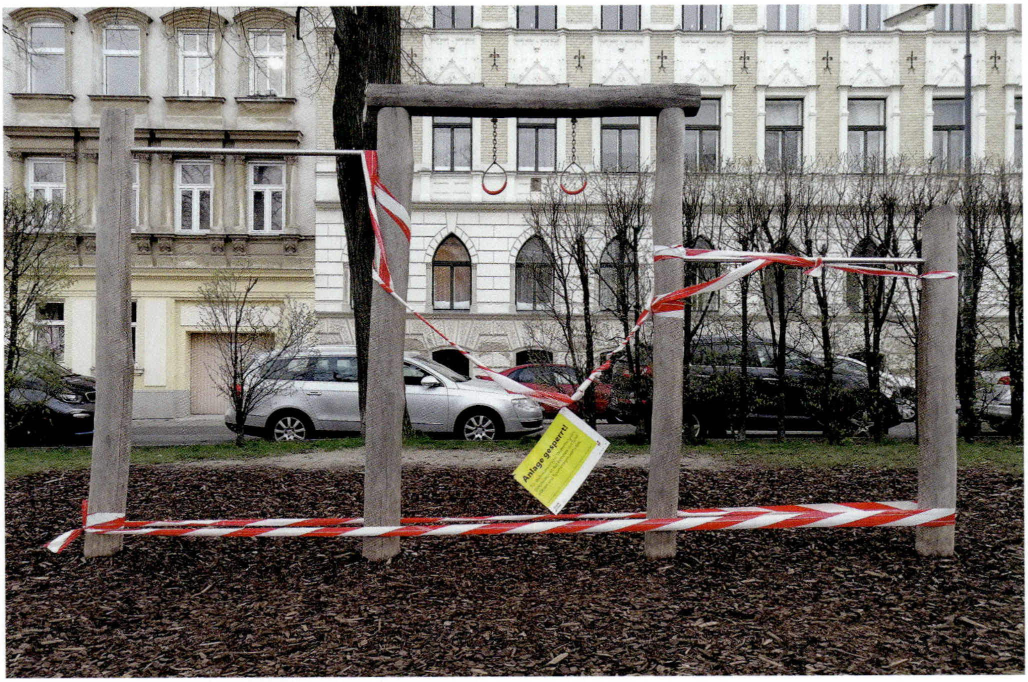

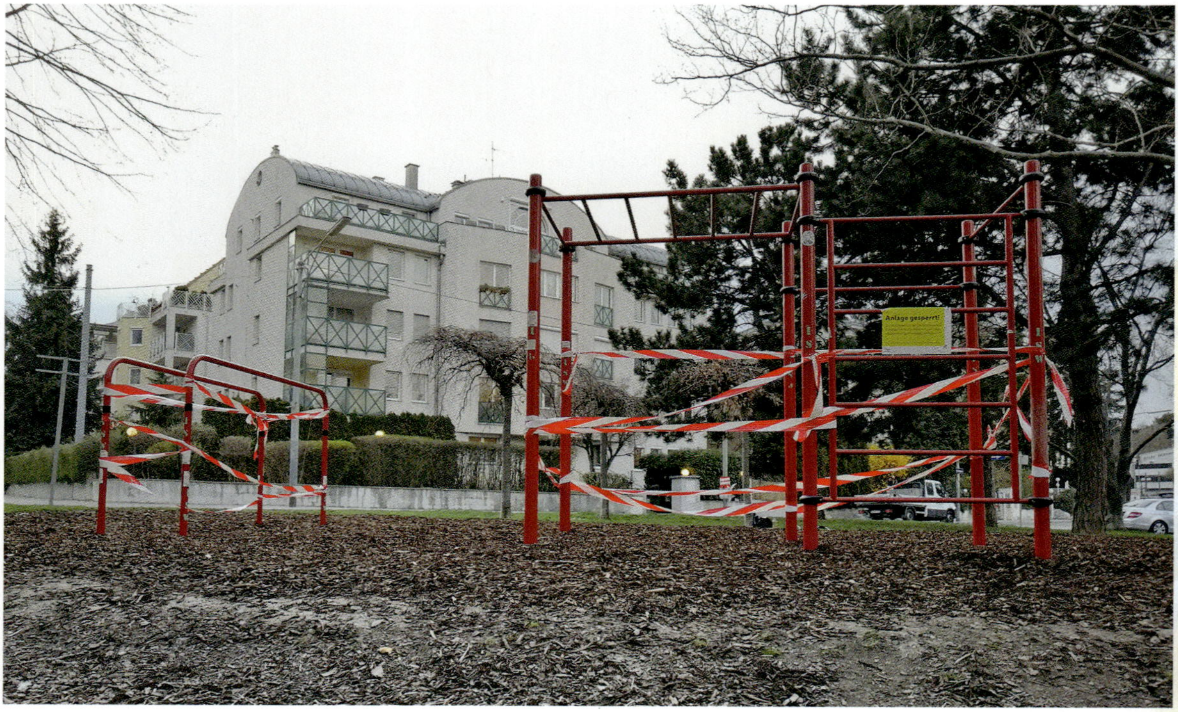

Rund 50 Tage lang konnten Kinder ihren Bewegungsdrang nicht ausleben. Wer weiß, welche psychischen Schäden davon zurückbleiben.

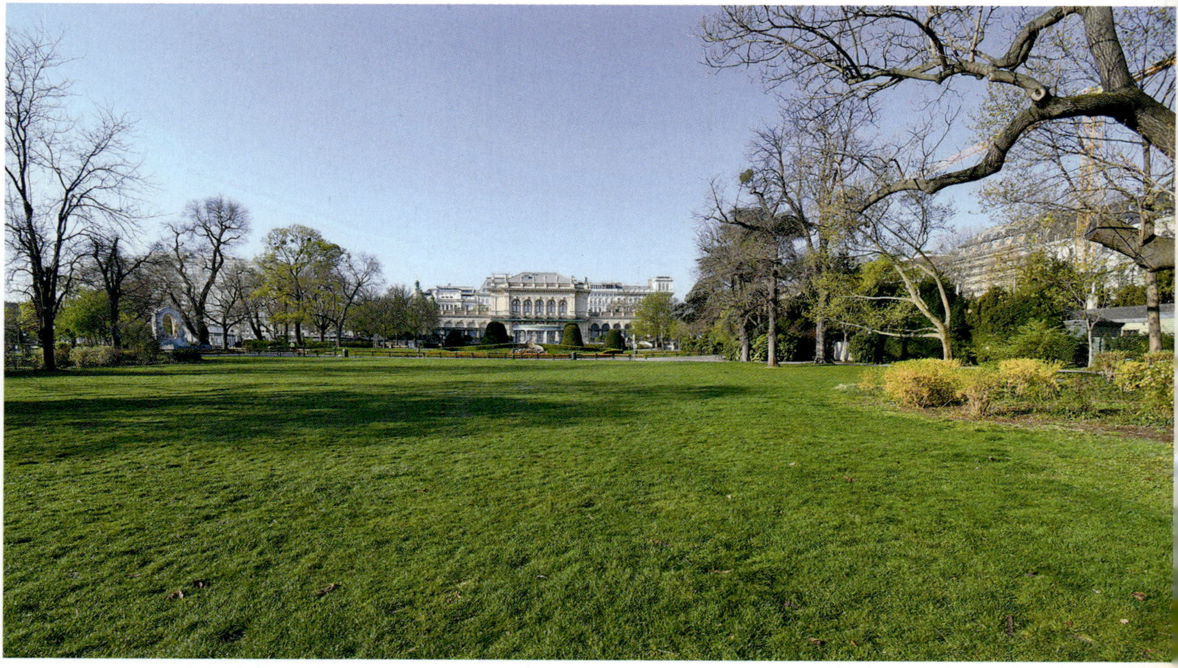

Die freien Grünflächen laden förmlich zum Spielen und Toben ein …

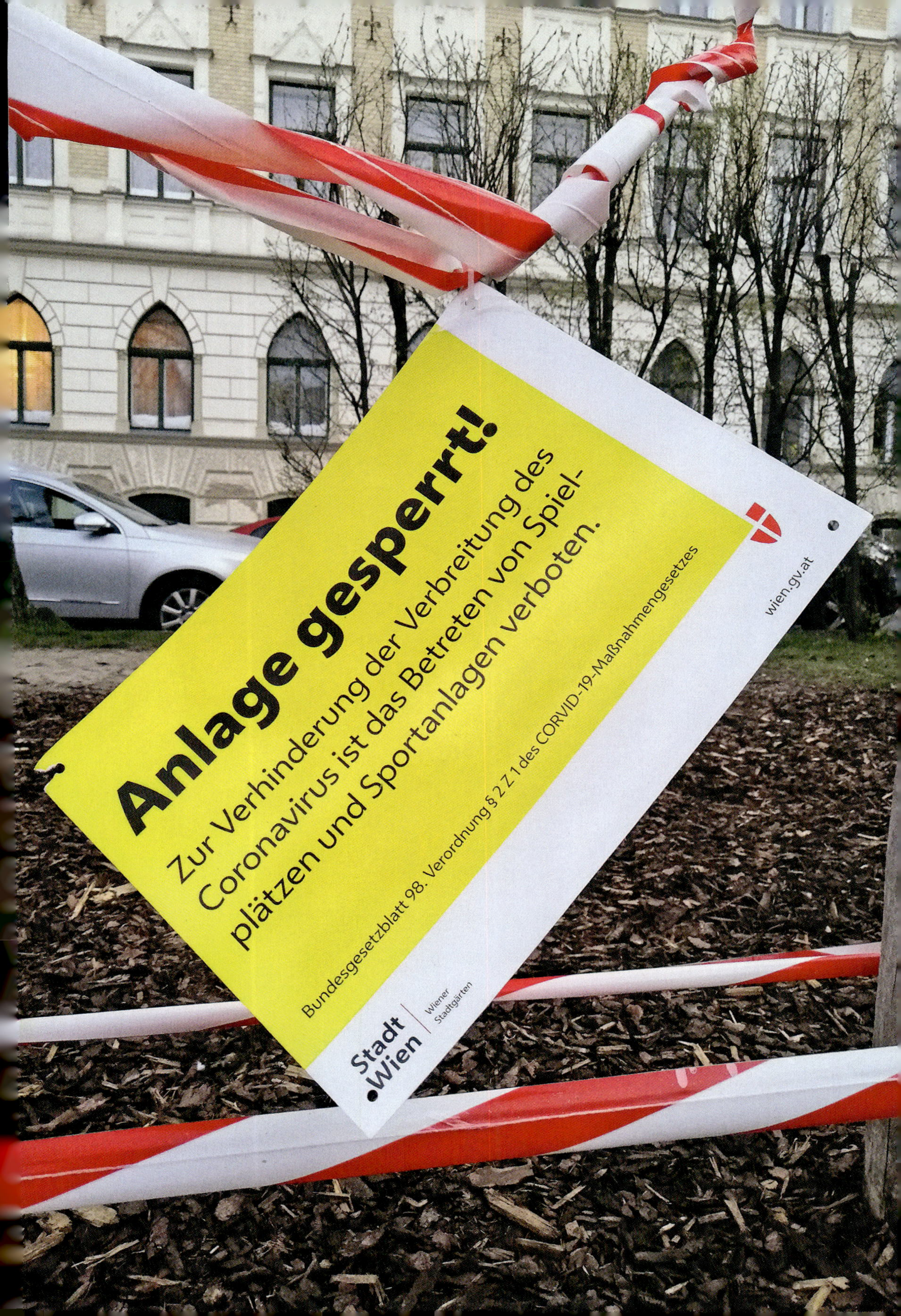
Anlage gesperrt!
Zur Verhinderung der Verbreitung des
Coronavirus ist das Betreten von Spiel-
plätzen und Sportanlagen verboten.
Bundesgesetzblatt 98. Verordnung § 2 Z 1 des CORVID-19-Maßnahmengesetzes
wien.gv.at
Stadt Wien
Wiener Stadtgärten

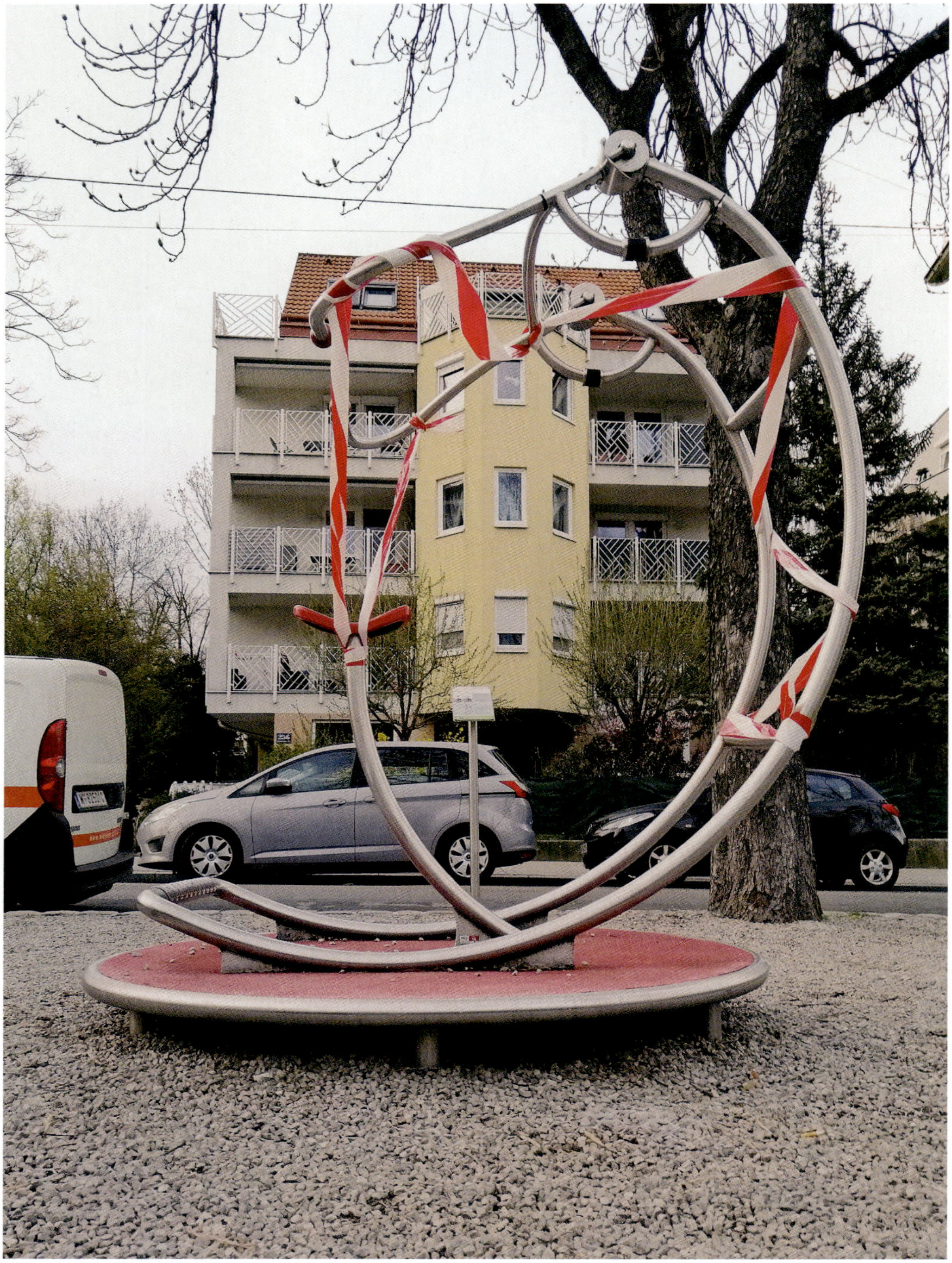

„Social Distancing" ist eine der strapazierten Phrasen dieser ungewöhnlichen Zeit. Während des Lockdowns bleiben viele Arbeitnehmer zu Hause und versuchen, Arbeit und Kinderbetreuung unter einen Hut zu bringen.

5

Verordnungen und Reglements

Als uns die ersten Bilder aus dem Ausland erreichten – die gewöhnungsbedürftigen Fotos von den Tiermärkten in China, die Bilder von isolierten Kreuzfahrtschiffen, auf denen Passagiere in Quarantäne gefangen waren, und von den überfüllten Leichenhäusern in Norditalien – bekamen wir ein mulmiges Gefühl.

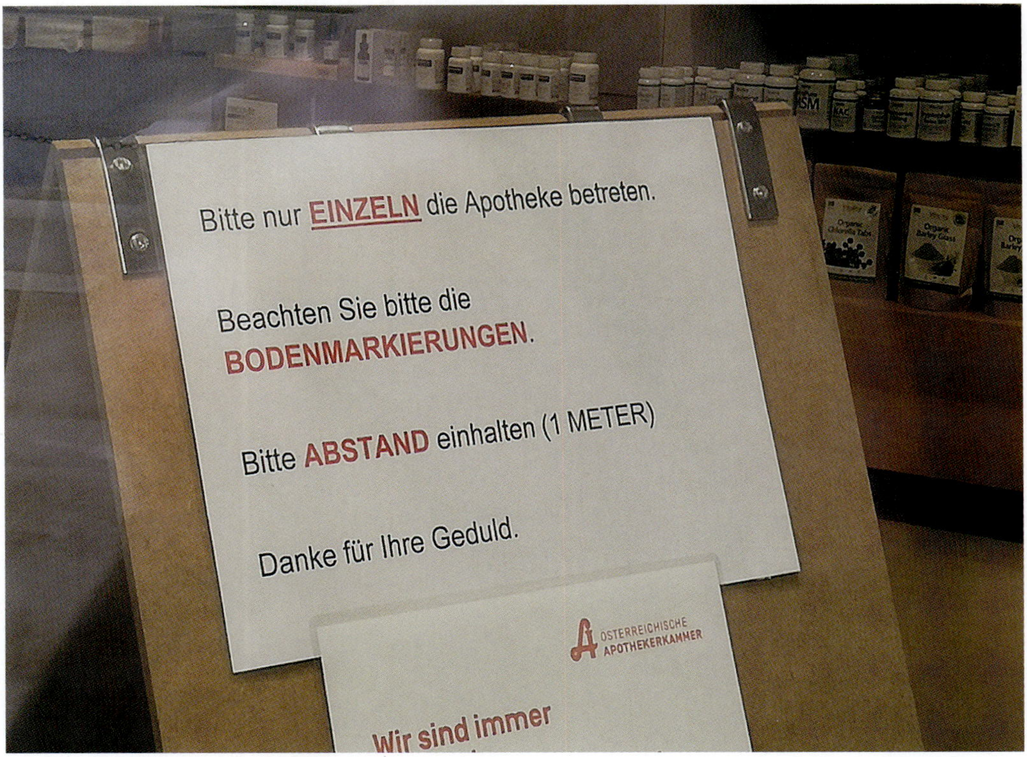

Täglich stieg die Zahl der Erkrankten und Toten. In dieser Katstrophenspirale waren zunächst vor allem Italien, später Spanien, Frankreich und England gefangen. Bald schlitterte Amerika in eine prekäre Situation. Angesichts der Bilder, die täglich über die Bildschirme flimmerten, blieben die Österreicher brav zu Hause.

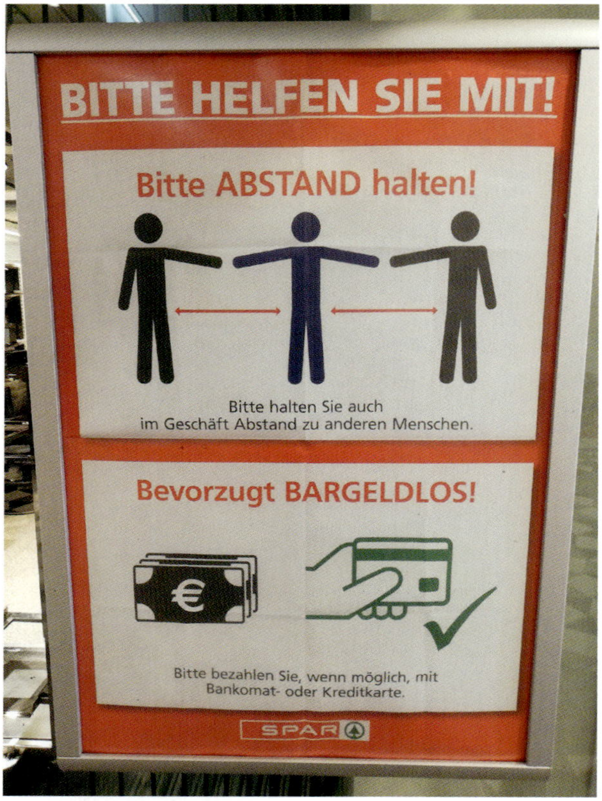

Überall erinnern Hinweisschilder an die einzuhaltenden Regeln.

Jeder Betrieb hält sich an die Vorgaben. ►

Damit jeder versteht, um was es geht, gibt es die behördlichen Anweisungen in verschiedenen Sprachen. Hier die Auflistung der strengen Covid-19-Bestimmungen. ▼

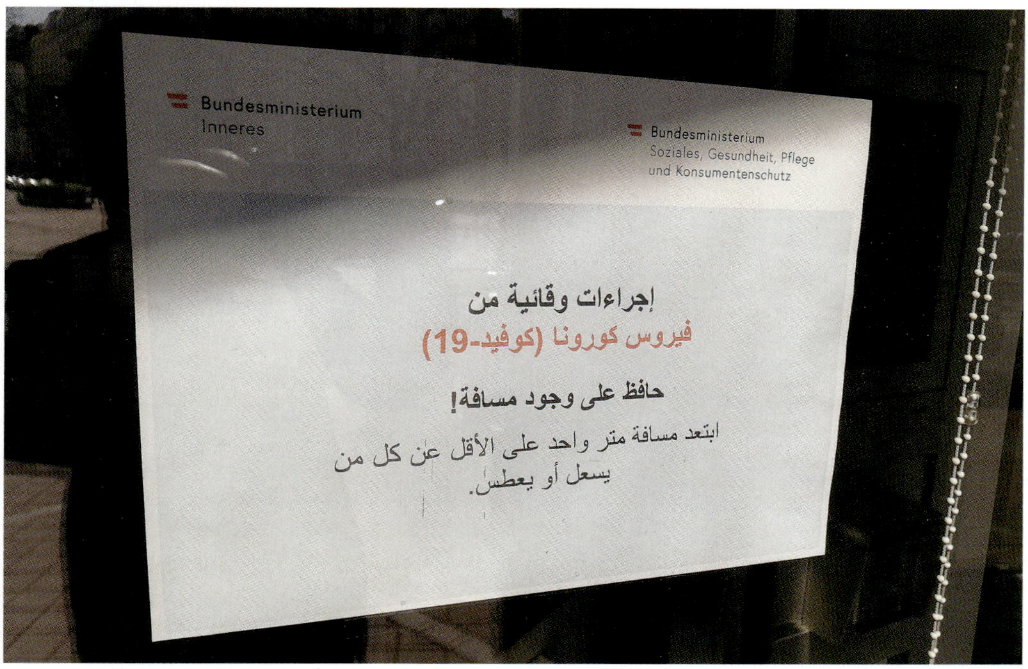

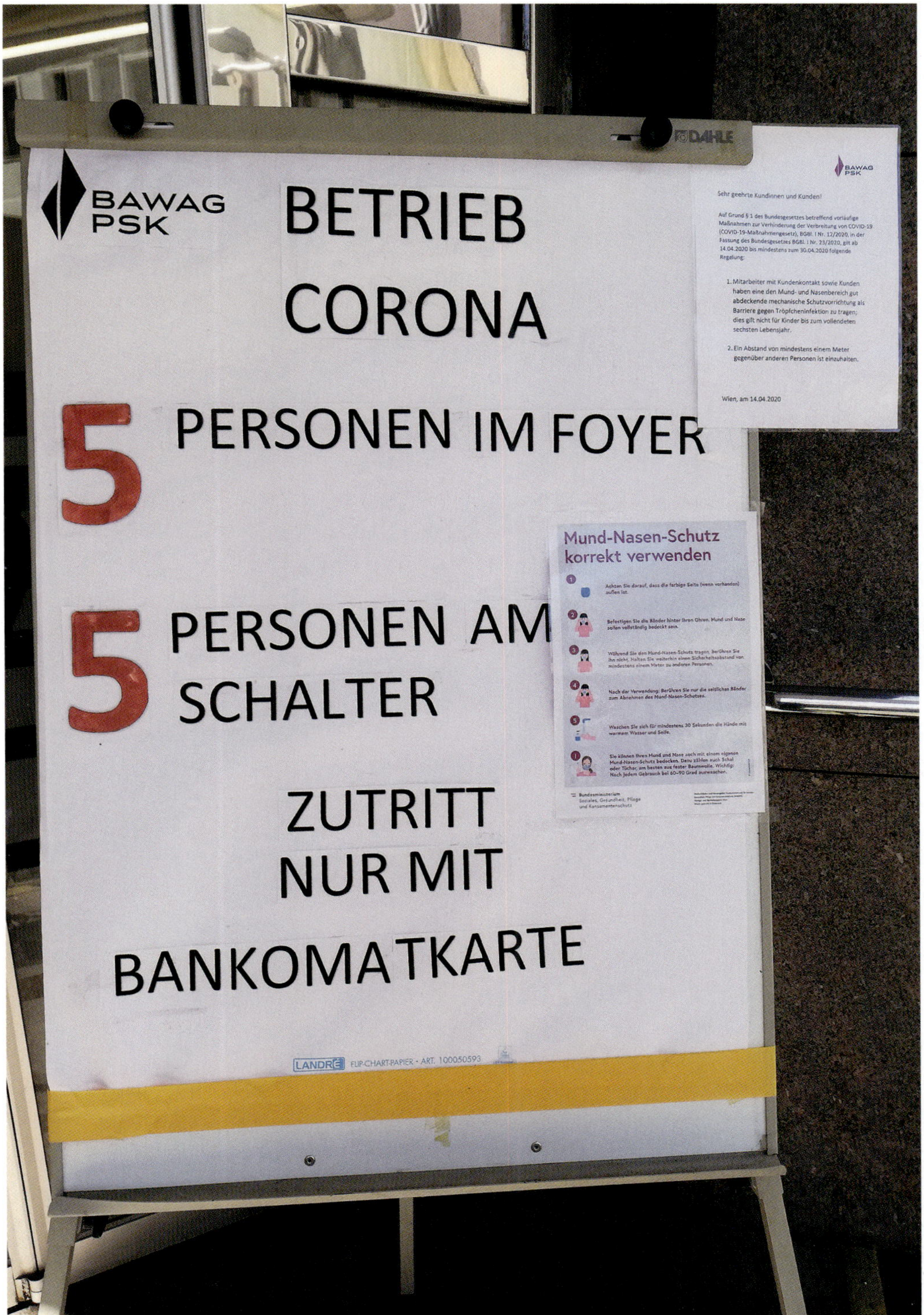
BAWAG PSK
BETRIEB
CORONA
5 PERSONEN IM FOYER
5 PERSONEN AM SCHALTER
ZUTRITT
NUR MIT
BANKOMATKARTE
DAHLE
LANDRÉ FLIP-CHART-PAPIER · ART. 100050593
BAWAG PSK
Sehr geehrte Kundinnen und Kunden!
Auf Grund § 1 des Bundesgesetzes betreffend vorläufige Maßnahmen zur Verhinderung der Verbreitung von COVID-19 (COVID-19-Maßnahmengesetz), BGBl. I Nr. 12/2020, in der Fassung des Bundesgesetzes BGBl. I Nr. 23/2020, gilt ab 14.04.2020 bis mindestens zum 30.04.2020 folgende Regelung:
1. Mitarbeiter mit Kundenkontakt sowie Kunden haben eine den Mund- und Nasenbereich gut abdeckende mechanische Schutzvorrichtung als Barriere gegen Tröpfcheninfektion zu tragen; dies gilt nicht für Kinder bis zum vollendeten sechsten Lebensjahr.
2. Ein Abstand von mindestens einem Meter gegenüber anderen Personen ist einzuhalten.
Wien, am 14.04.2020
Mund-Nasen-Schutz korrekt verwenden
1 Achten Sie darauf, dass die farbige Seite (wenn vorhanden) außen ist.
2 Befestigen Sie die Bänder hinter Ihren Ohren. Mund und Nase sollen vollständig bedeckt sein.
3 Während Sie den Mund-Nasen-Schutz tragen, berühren Sie ihn nicht. Halten Sie weiterhin einen Sicherheitsabstand von mindestens einem Meter zu anderen Personen.
4 Nach der Verwendung: Berühren Sie nur die seitlichen Bänder zum Abnehmen des Mund-Nasen-Schutzes.
5 Waschen Sie sich für mindestens 30 Sekunden die Hände mit warmem Wasser und Seife.
Sie können Ihren Mund und Nase auch mit einem eigenen Mund-Nasen-Schutz bedecken. Dazu zählen auch Schal oder Tücher, am besten aus fester Baumwolle. Wichtig: Nach jedem Gebrauch bei 60–90 Grad auswaschen.
Bundesministerium Soziales, Gesundheit, Pflege und Konsumentenschutz

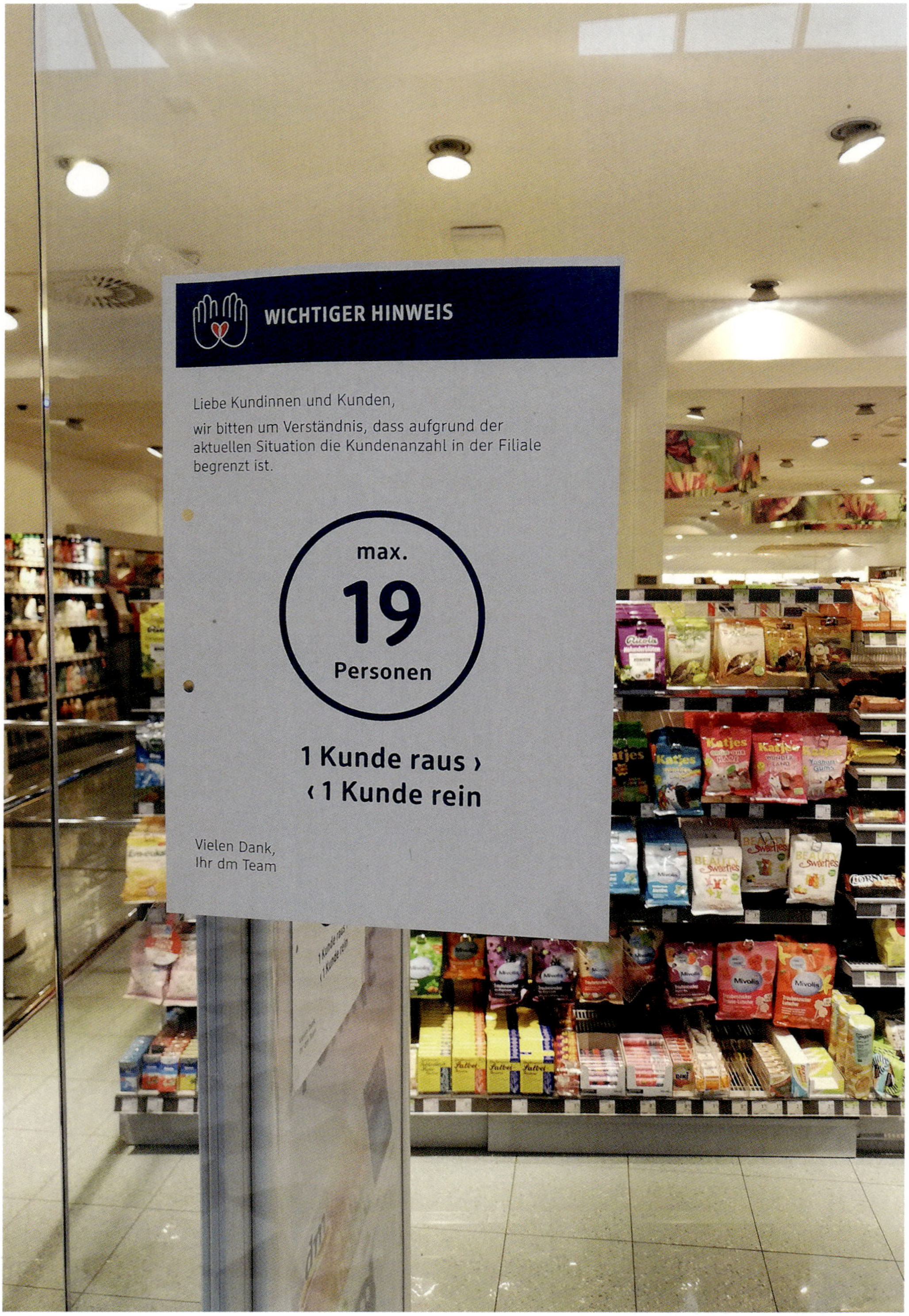
WICHTIGER HINWEIS
Liebe Kundinnen und Kunden,
wir bitten um Verständnis, dass aufgrund der aktuellen Situation die Kundenanzahl in der Filiale begrenzt ist.
max.
19
Personen
1 Kunde raus ›
‹ 1 Kunde rein
Vielen Dank,
Ihr dm Team

Die visuelle „Einimpfung" der Regeln ist omnipräsent.

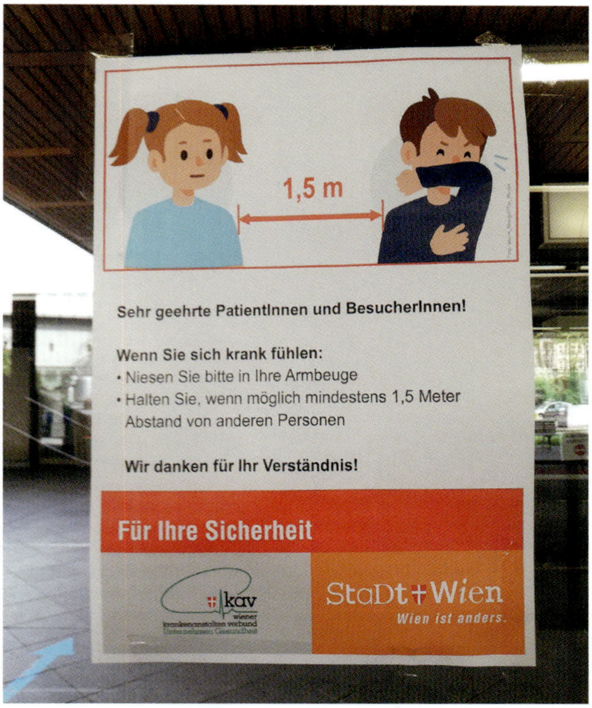

◄ Je länger der Ausnahmezustand dauerte, desto mehr drohte die anfänglich solidarische Stimmung zu kippen. Die Polizei verhängte zum Teil überhöhte Strafen, wenn sich die Bevölkerung nicht streng an die Verordnungen des Innenministers hielt. Abstand halten war die Losung der Stunde.

Unser Umfeld wird mit Anordnungen zugepflastert. ▼

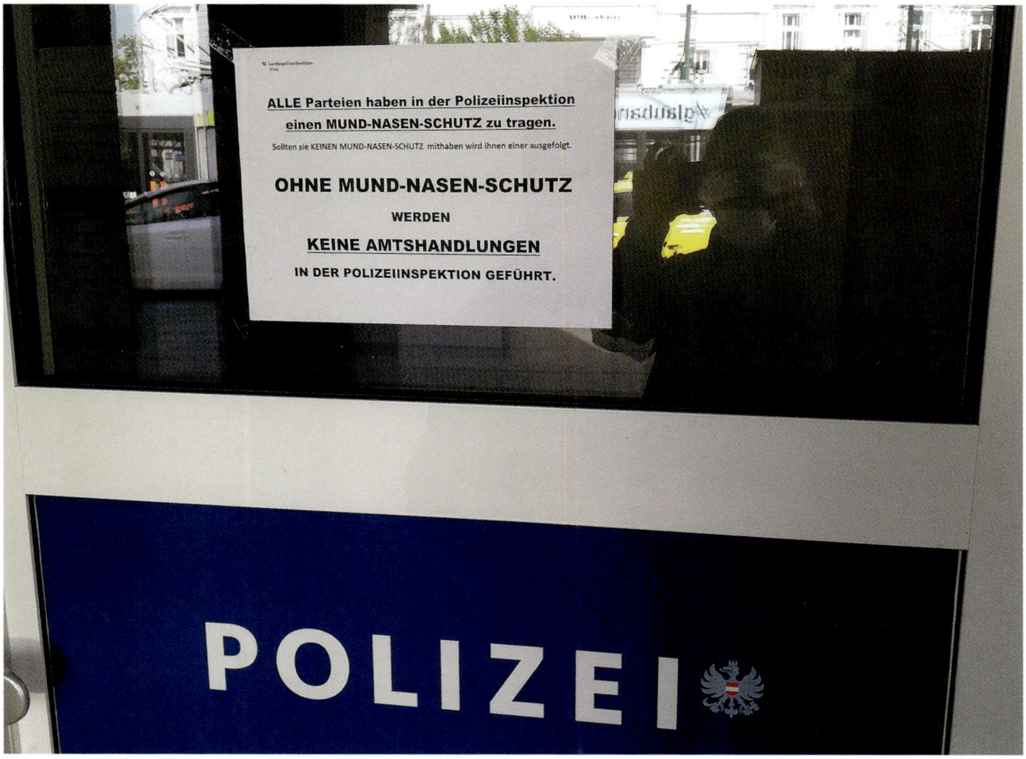

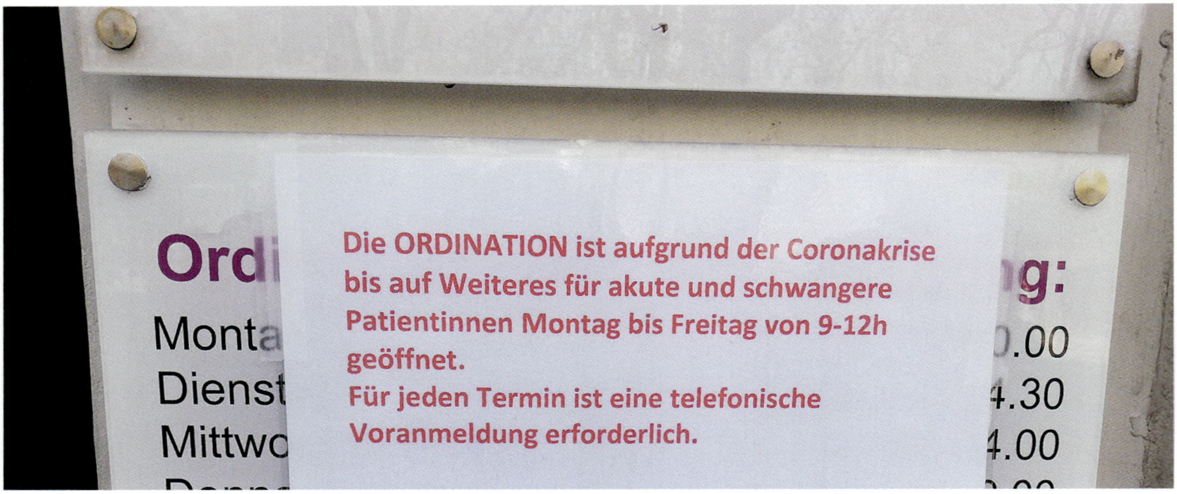

Ganz Wien ist im Ausnahmezustand. Wie sind Hochzeiten, Familienfeiern oder Begräbnisse abzuhalten? Können Delogierungen vorgenommen werden? Was macht man mit den Gefangenen in den Haftanstalten? Dürfen Väter bei der Geburt ihrer Kinder dabei sein?

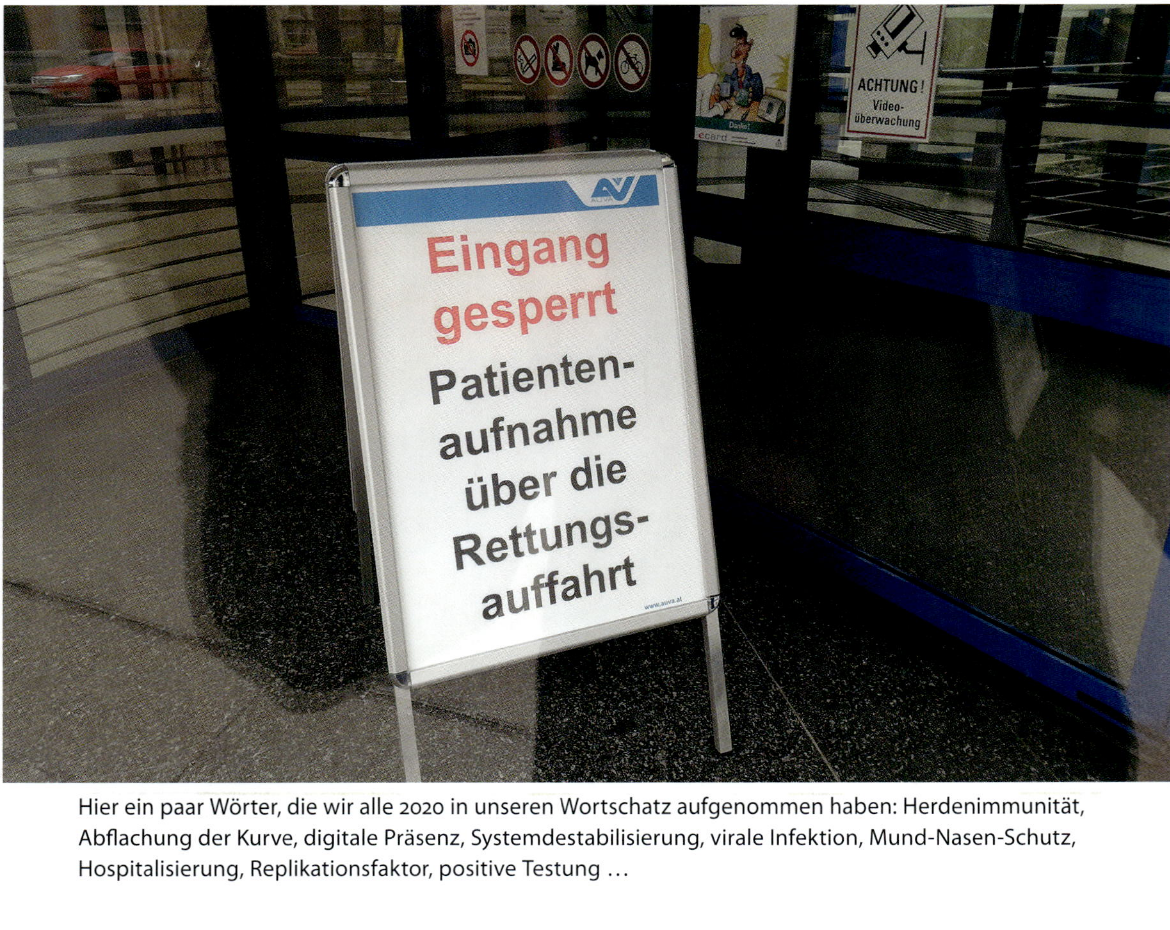

Hier ein paar Wörter, die wir alle 2020 in unseren Wortschatz aufgenommen haben: Herdenimmunität, Abflachung der Kurve, digitale Präsenz, Systemdestabilisierung, virale Infektion, Mund-Nasen-Schutz, Hospitalisierung, Replikationsfaktor, positive Testung …

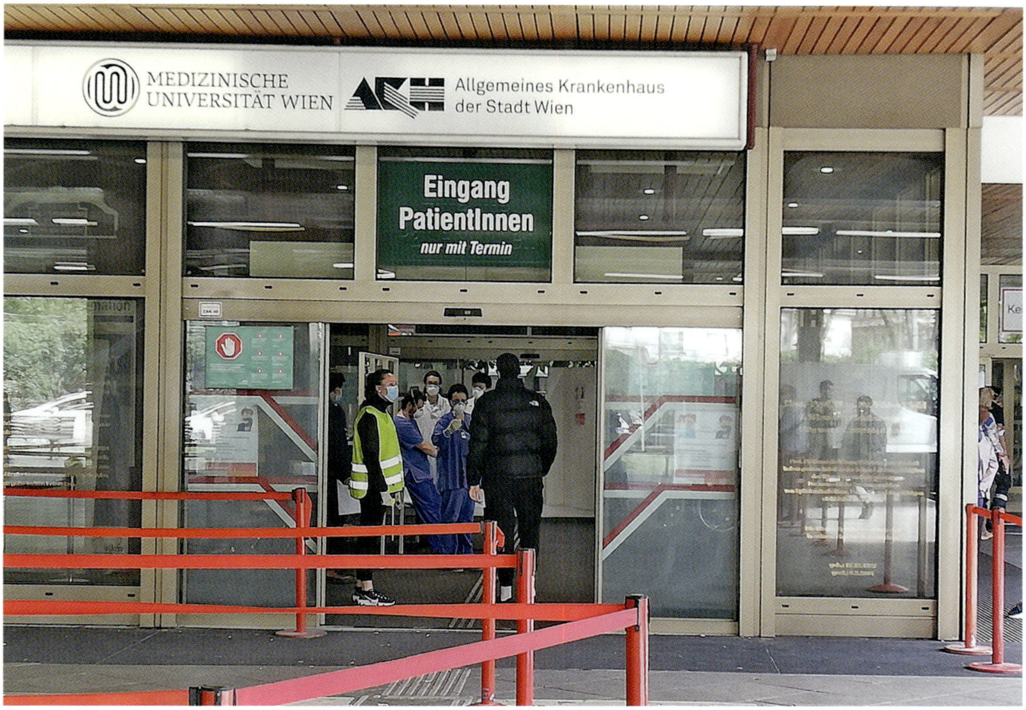

Eingang in das AKH. Auch hier gibt es strenge Zutrittsbeschränkungen.

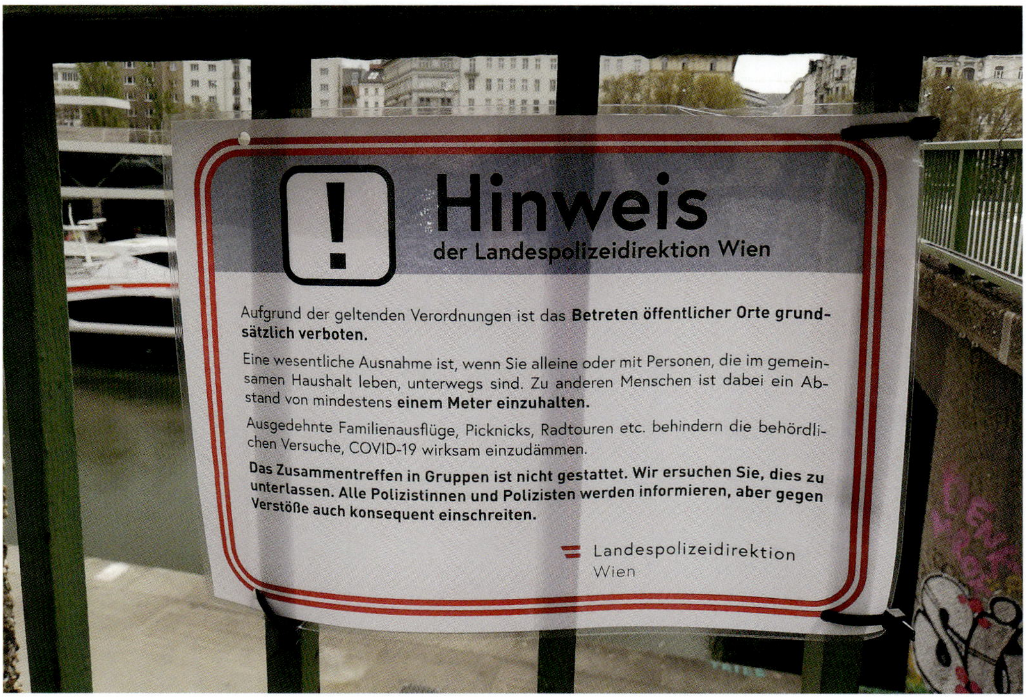

Wohin man auch kommt, überall hängen Anordnungen.

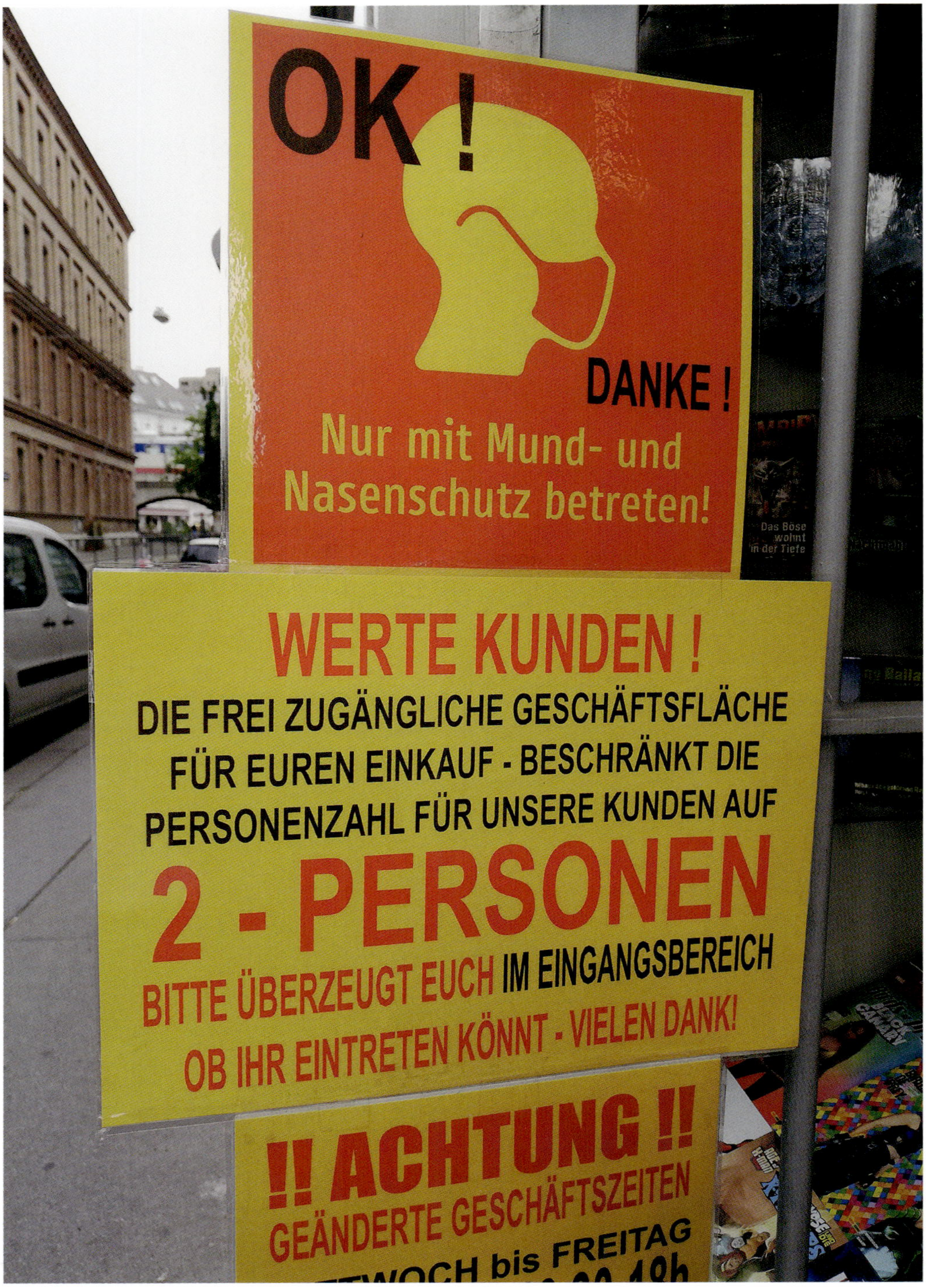

Es ist kurios. Einerseits erleben wir im Frühjahr 2020 eine ruhige, entschleunigte Zeit, anderseits bewegen wir uns durch eine beunruhigende, hektische Phase, die von Nervosität und Existenzängsten geprägt ist.

6

„Tote" Märkte und Graffiti

Es war schon interessant, das Leben auf den Wiener Märkten während der Corona-Zeit zu verfolgen. Manche Märkte wurden an den Wochenenden regelrecht gestürmt, beispielsweise jener am Nasch-, am Liesinger-, am Brunnen- oder am Viktor-Adler-Markt. Die Stände mussten teilweise in benachbarte Gassen umsiedeln oder verkleinert werden, damit die Gänge vergrößert und somit der geforderte Mindestabstand eingehalten werden konnte.

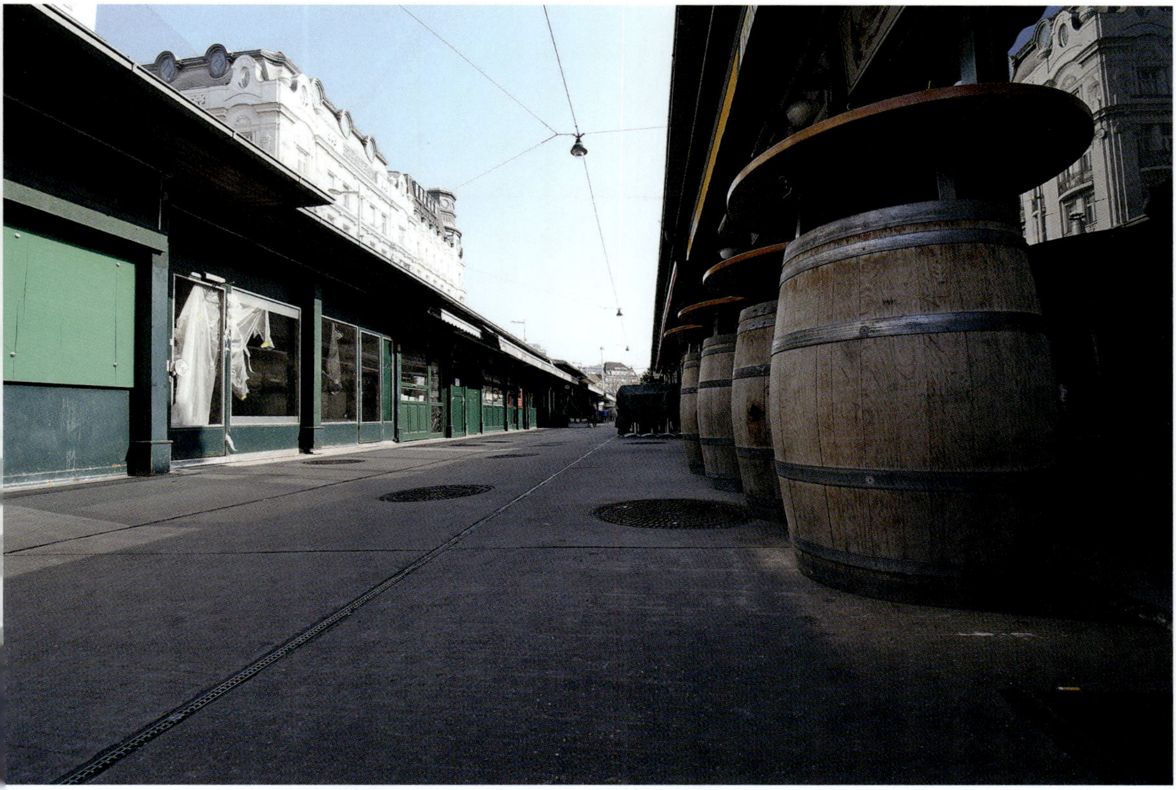

Am Naschmarkt ging es beizeiten beschaulicher zu. Beim anfänglichen Lockdown waren jedoch auch hier alle Läden geschlossen.

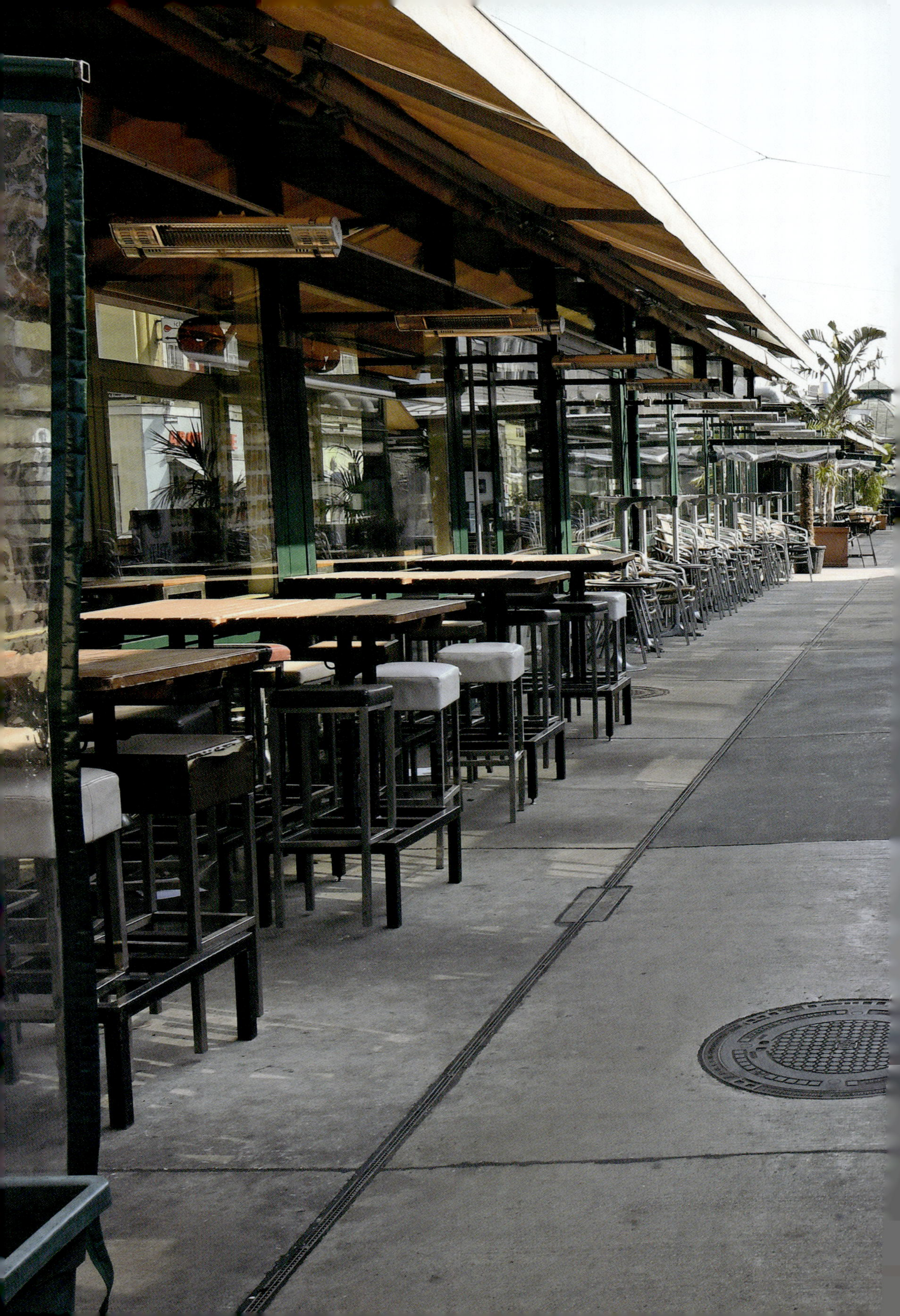

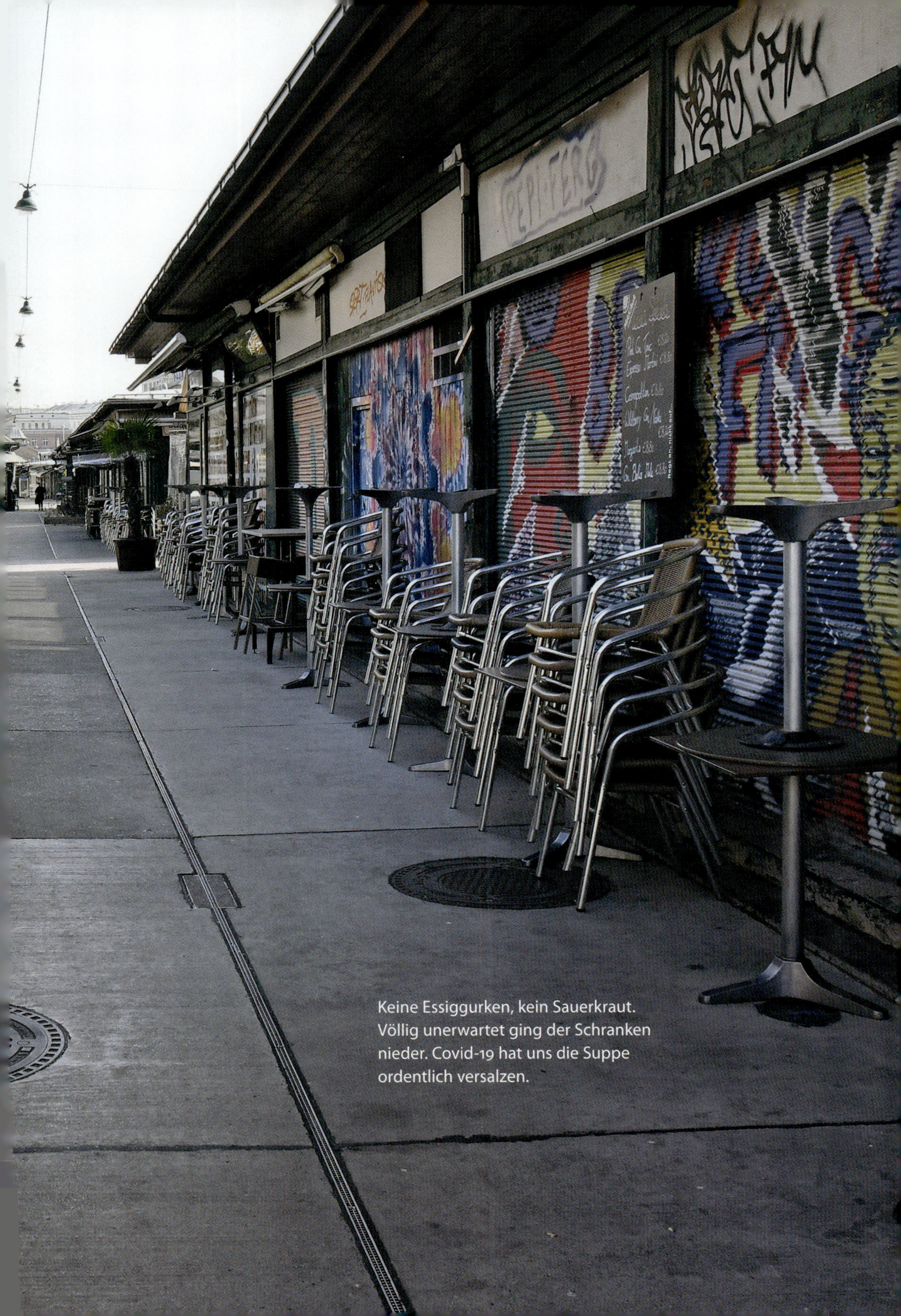

Keine Essiggurken, kein Sauerkraut. Völlig unerwartet ging der Schranken nieder. Covid-19 hat uns die Suppe ordentlich versalzen.

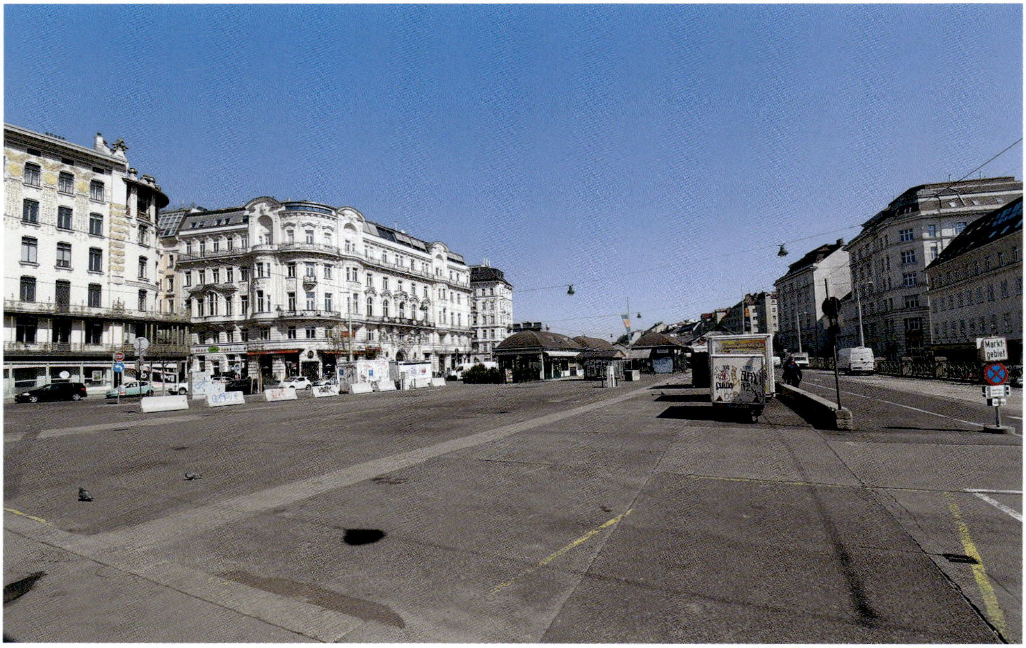

Nichts bewegt sich.

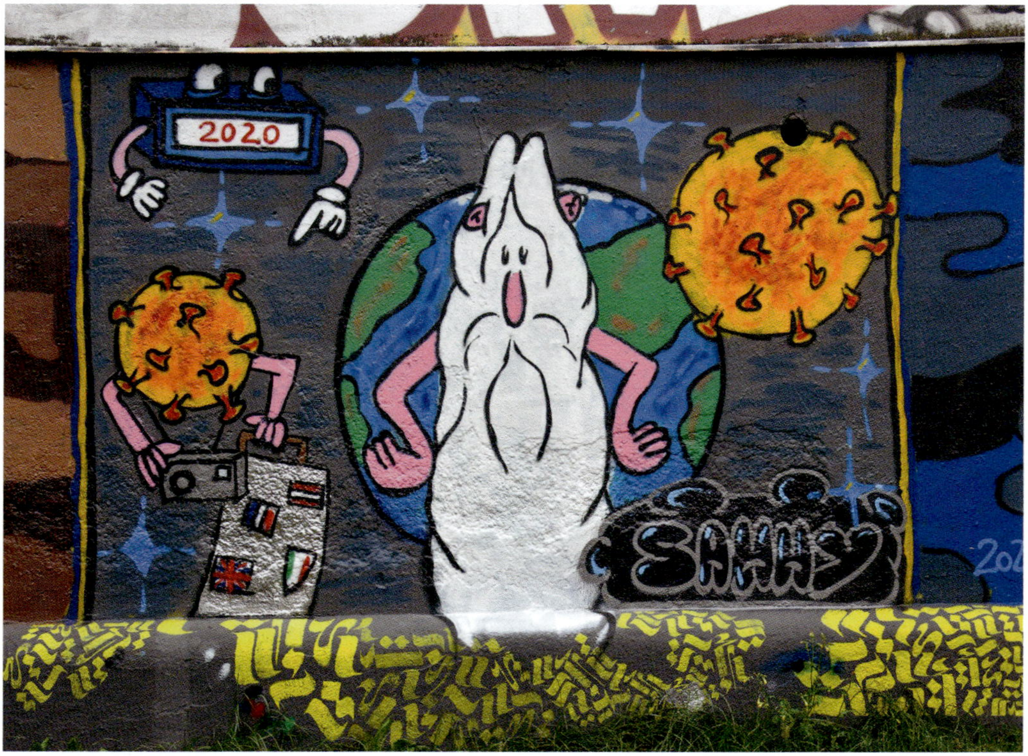

Dazu fällt auch „Maestro“ aus der Kinderserie „Es war einmal …“ nichts mehr ein.

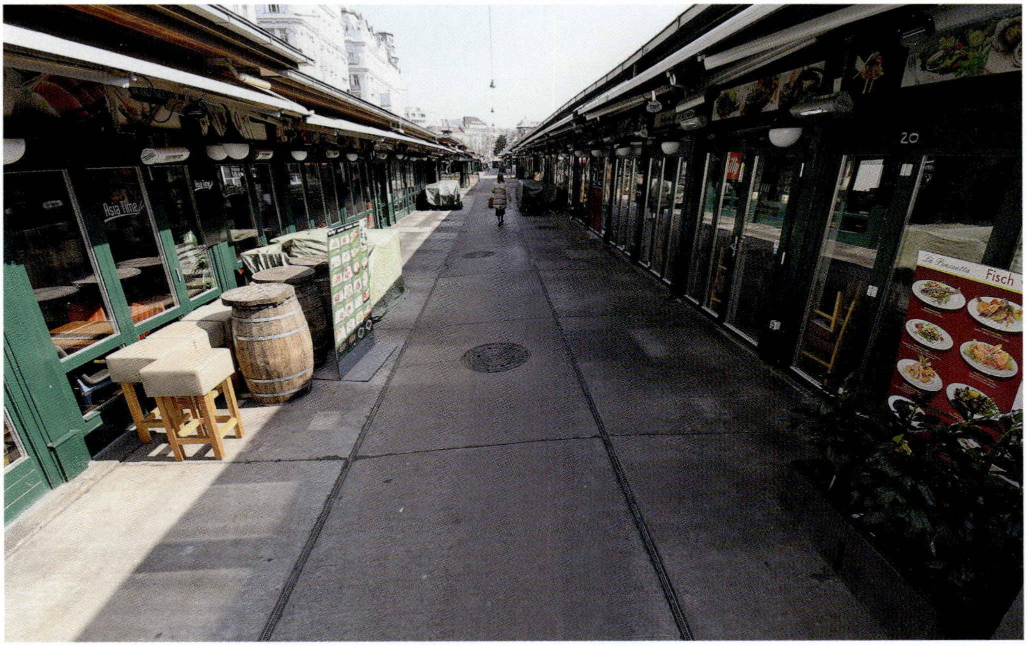

Keine Ausfuhr, keine Einfuhr. Die Rollläden bleiben unten und die Fässer verschlossen.

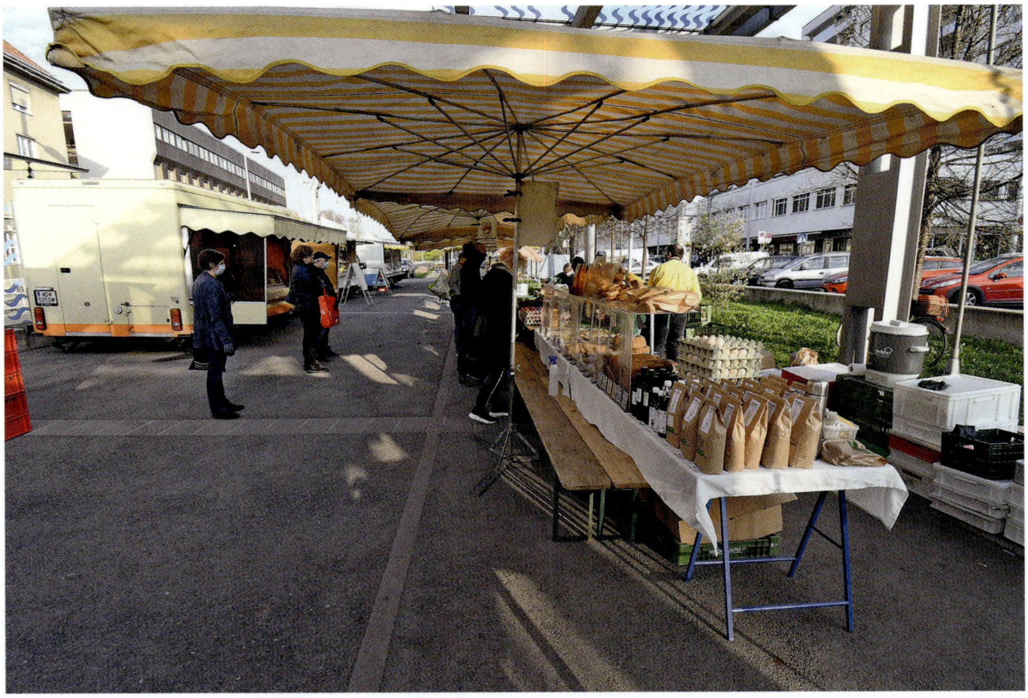

Trotz der Misere kommt auf den Wiener Märkten mitunter Leben in den grauen Alltag. Menschen stellen sich vor den wenigen offenen Ständen vorbildlich mit einem Meter Abstand an, wie hier am Liesinger Markt, um frische Ware zu bekommen.

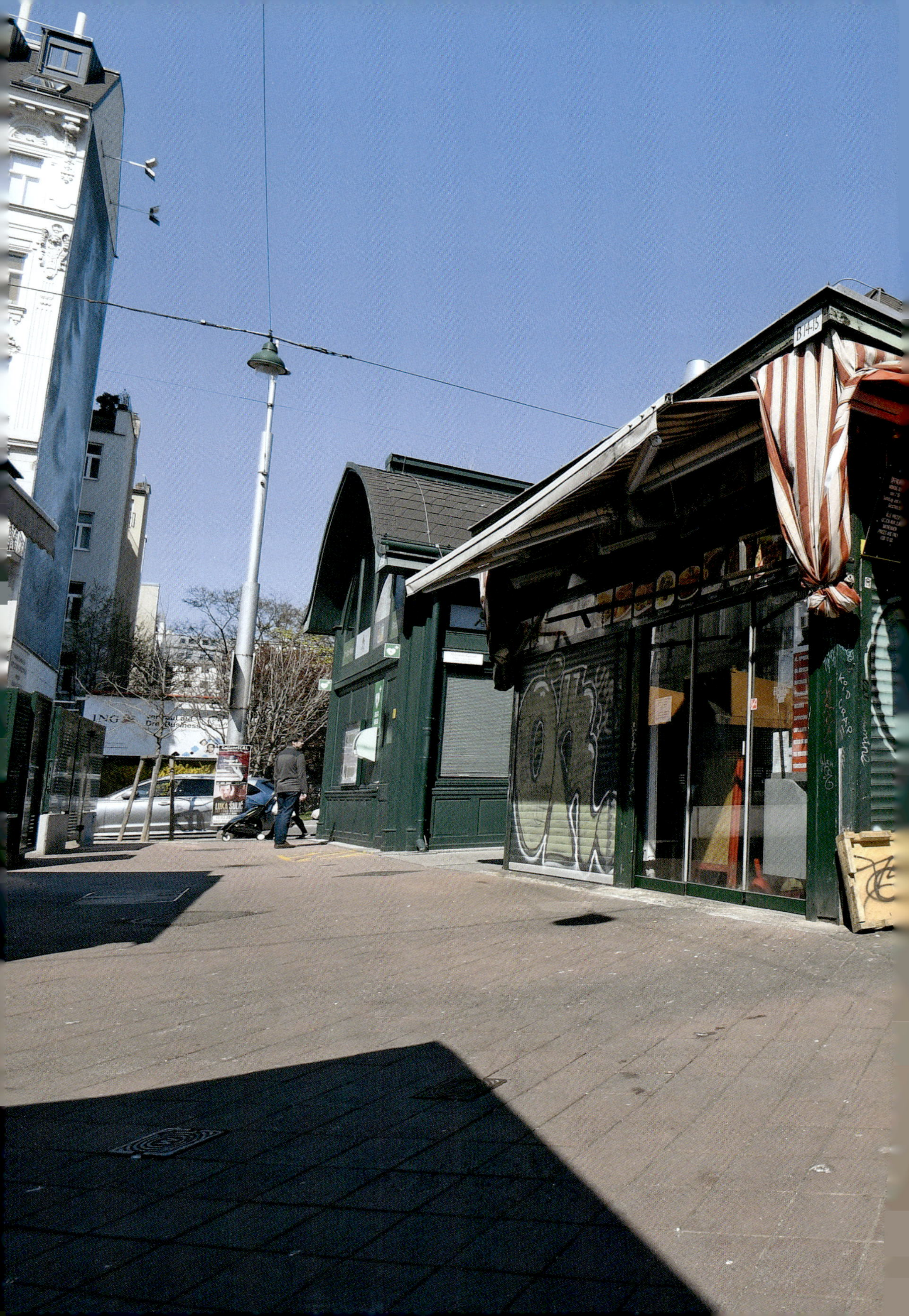
B14-15
ING

Was in den geschlossenen Marktgeschäften wartet, wissen wir nicht so genau. Sind es getrocknete Früchte, abgepackte Hirse oder eingelegte Heringe? Jedenfalls hängt noch eine Gewürzwolke über den Märkten.

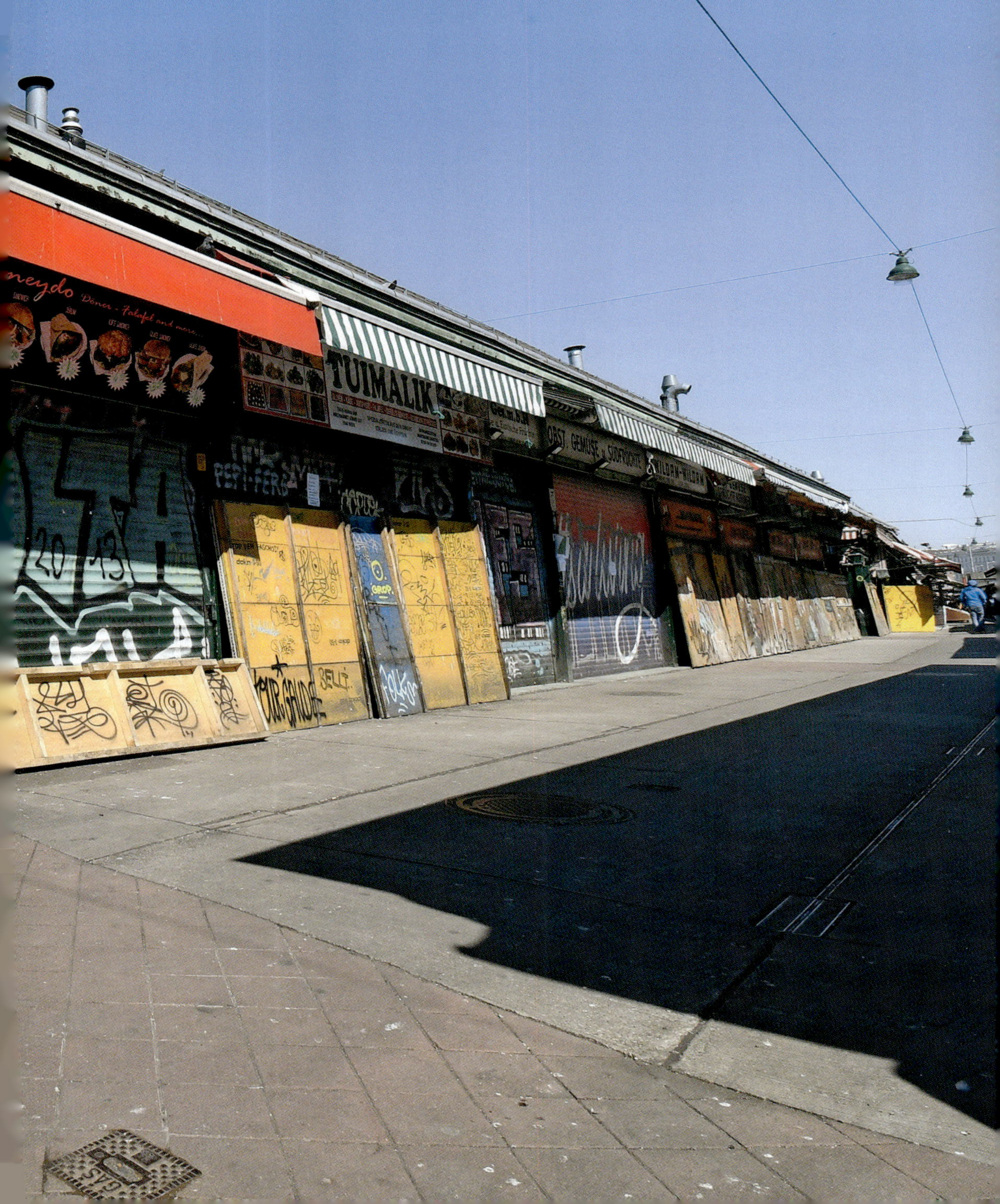

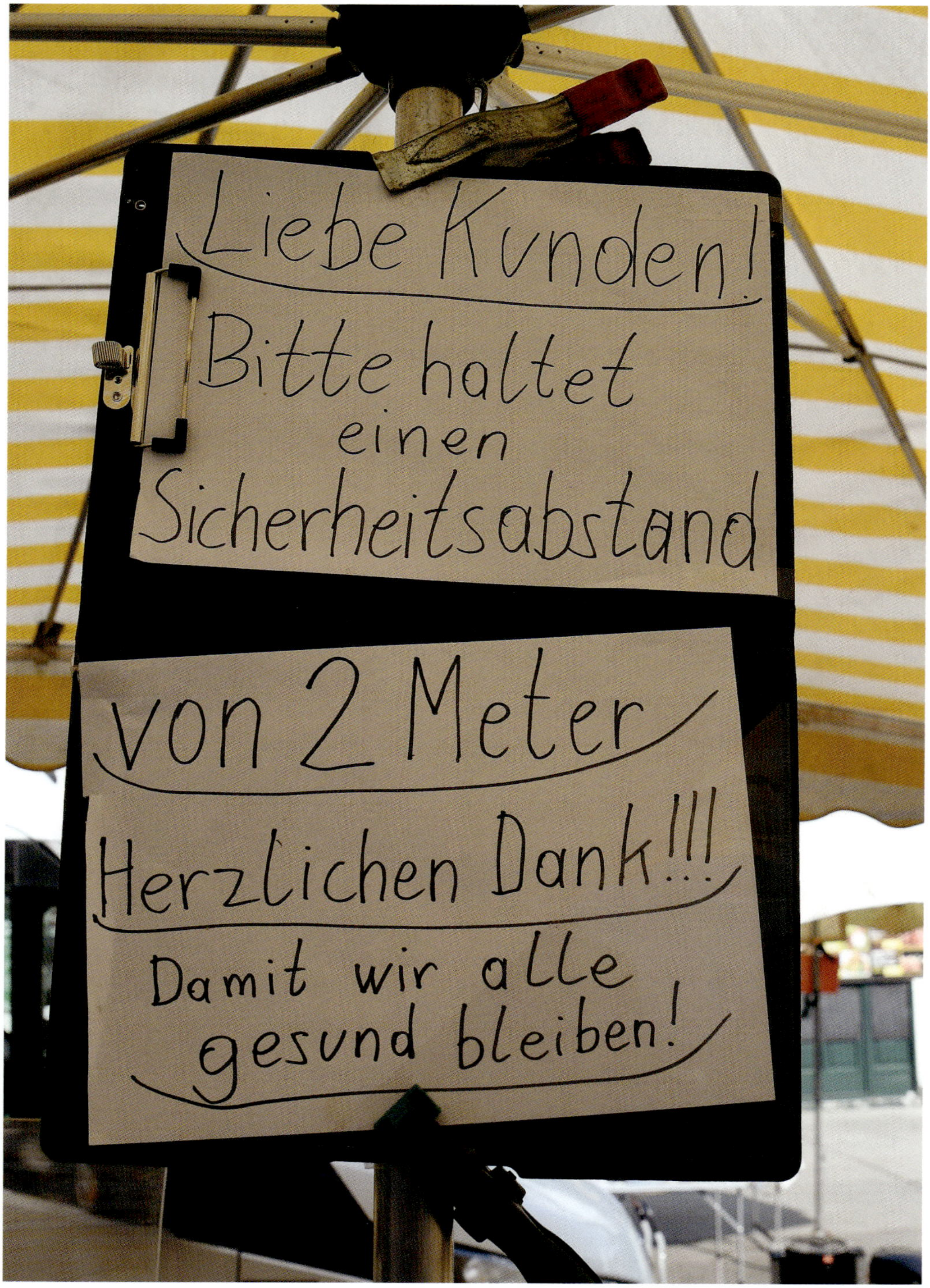

Marktstandbesitzer und Besucher halten den notwendigen Sicherheitsabstand ein. Plakate erinnern zusätzlich an die Abstandsregeln.

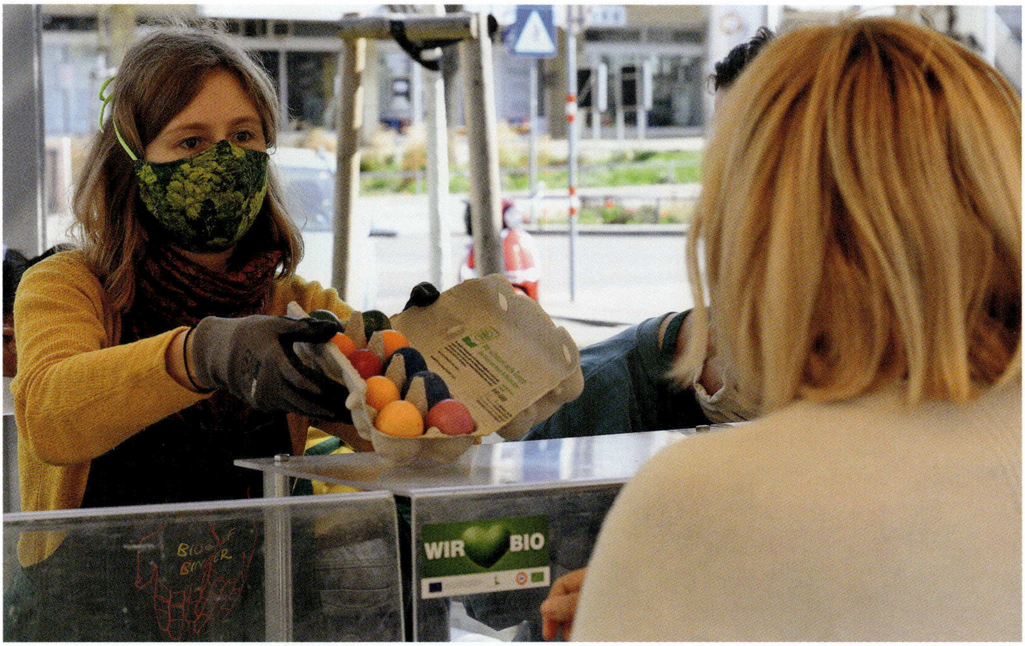

Eine nette Verkäuferin bietet Ostereier an. Ein freundliches Lächeln unter der Maske ist sicherlich auch hier anzunehmen.

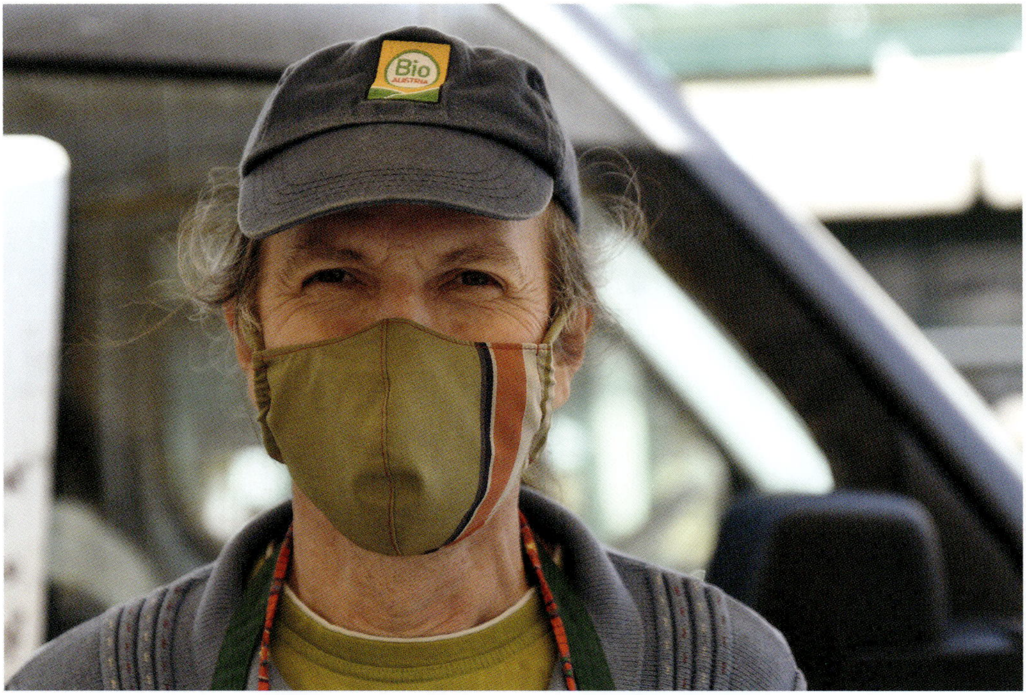

Biobauer Franz Binder und sein Team versorgen die Städter mit saisonalem Obst und Gemüse aus biologischer Landwirtschaft.

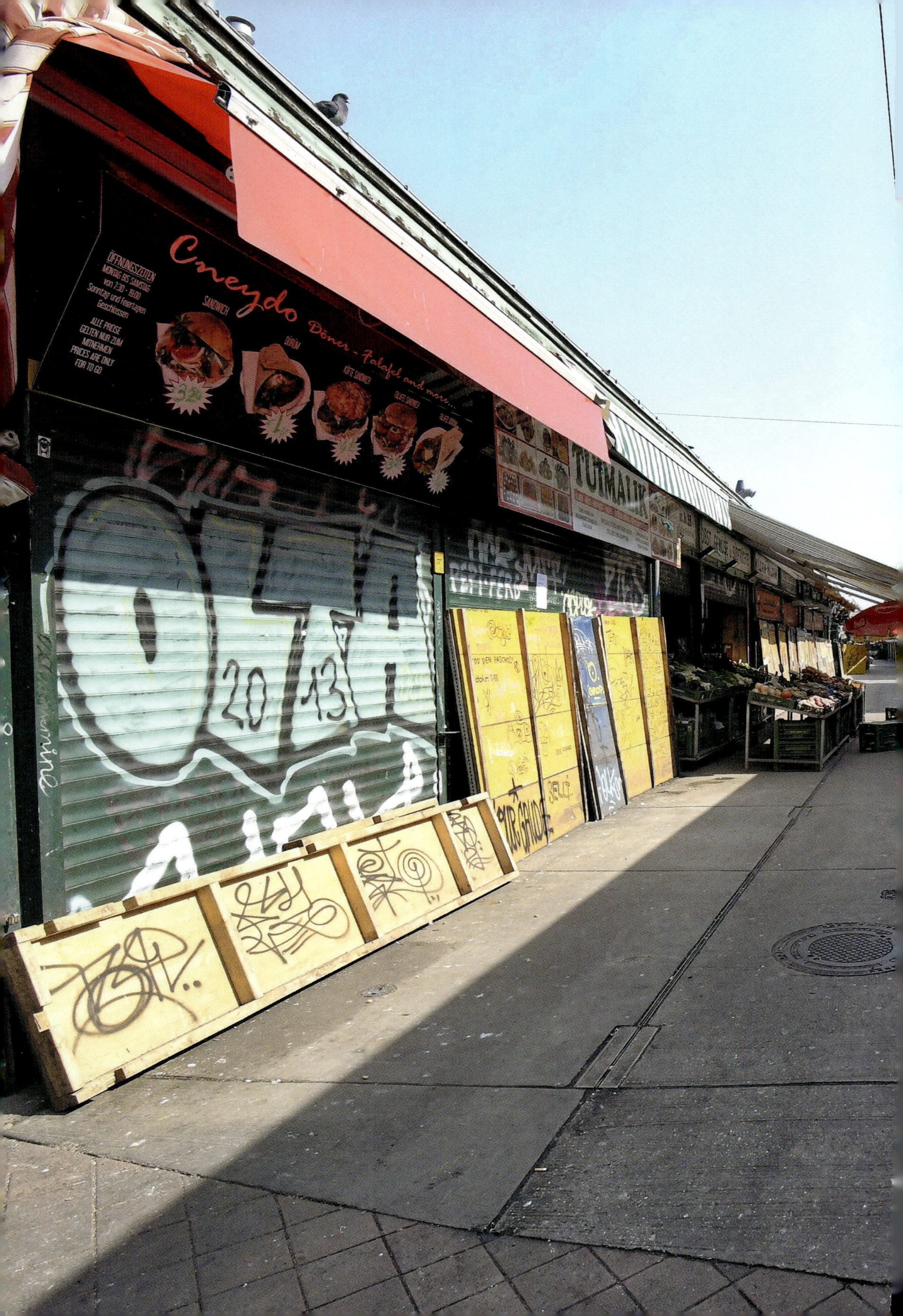
Cmeydo
Döner - Falafel and more...
ÖFFNUNGSZEITEN
MONTAG BIS SAMSTAG
von 7.30 - 19.00
Sonntag und Feiertagen
Geschlossen
ALLE PREISE
GELTEN NUR ZUM
MITNEHMEN
PRICES ARE ONLY
FOR TO GO
SANDWICH
TUIMALIK

Die Tage des Lockdowns sind lange. Wir ziehen mit unseren Kameras los, um die Tragödie bis in den letzten Winkel der Stadt zu dokumentieren.

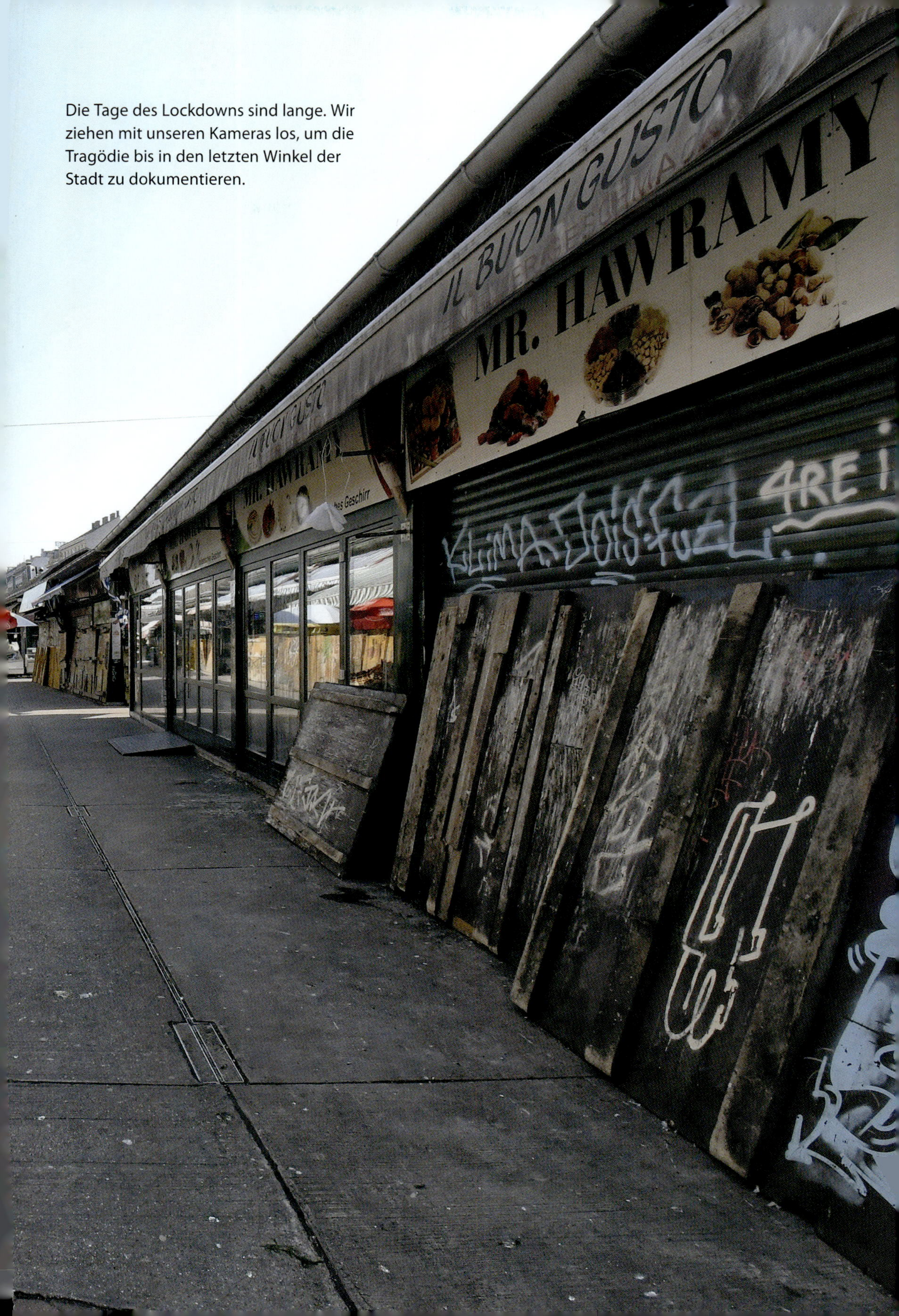

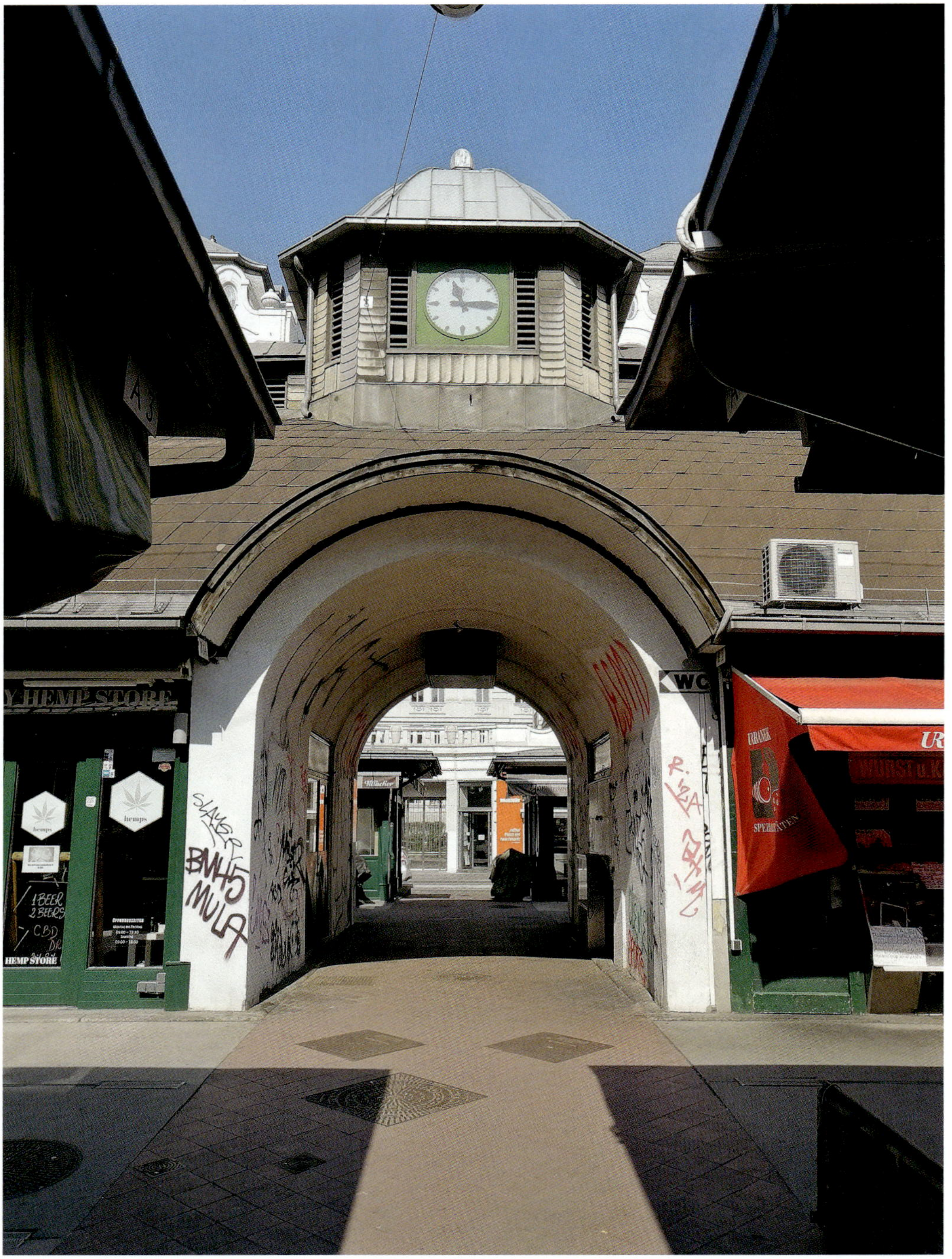

Wo halten sich die Menschen auf, als plötzlich nahezu alles – außer Lebensmittelgeschäfte – geschlossen wird? Wir kennen die Bilder, die damals in den Medien zu sehen waren. Wir erinnern uns daran, dass die Österreicher am Beginn der Pandemie einen Wettlauf um Klopapier und Nudeln veranstalteten. Im Fernsehen wurde berichtet, dass sich die Amerikaner mit Waffen und die Franzosen mit Wein eindeckten.

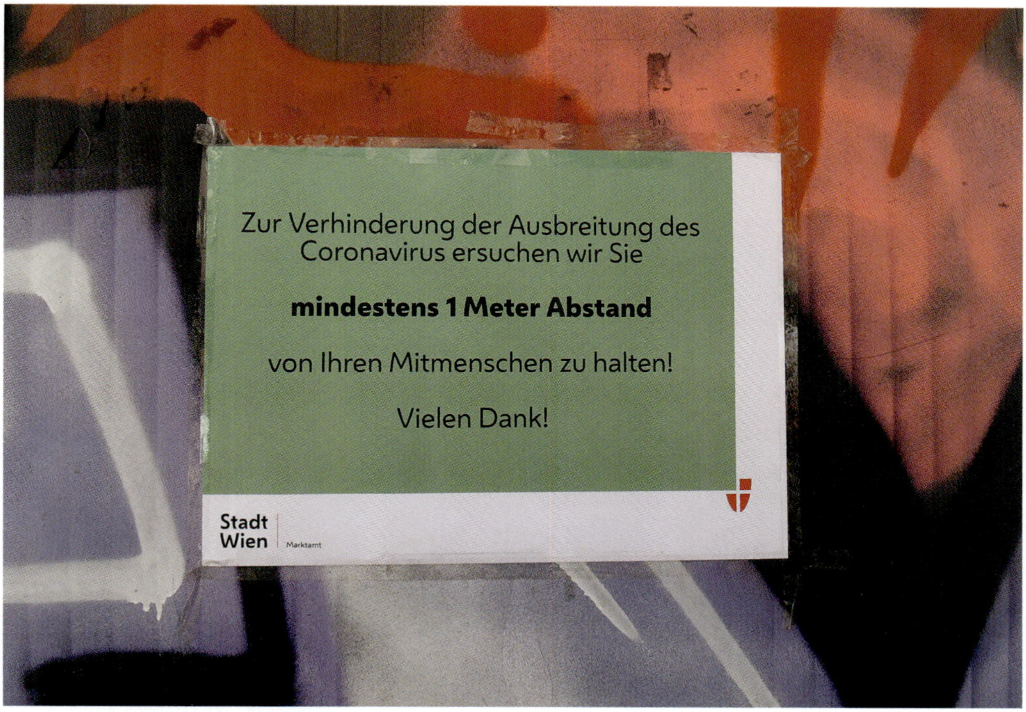

Vorschriften verfolgen uns rund um die Uhr.

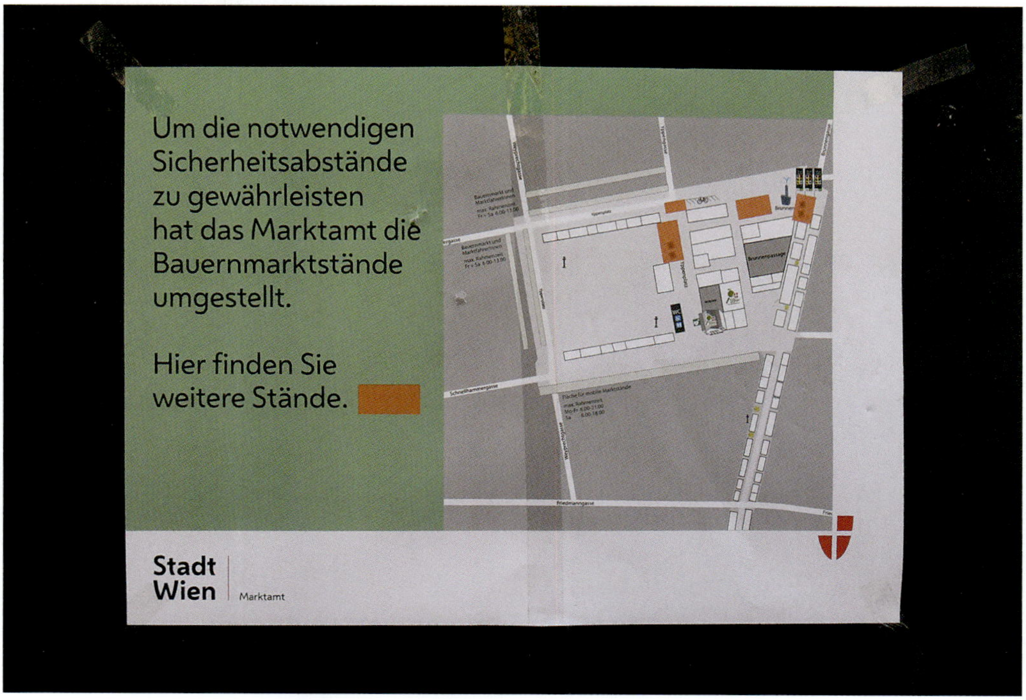

Verordnungen an allen Ecken und Enden der Stadt.

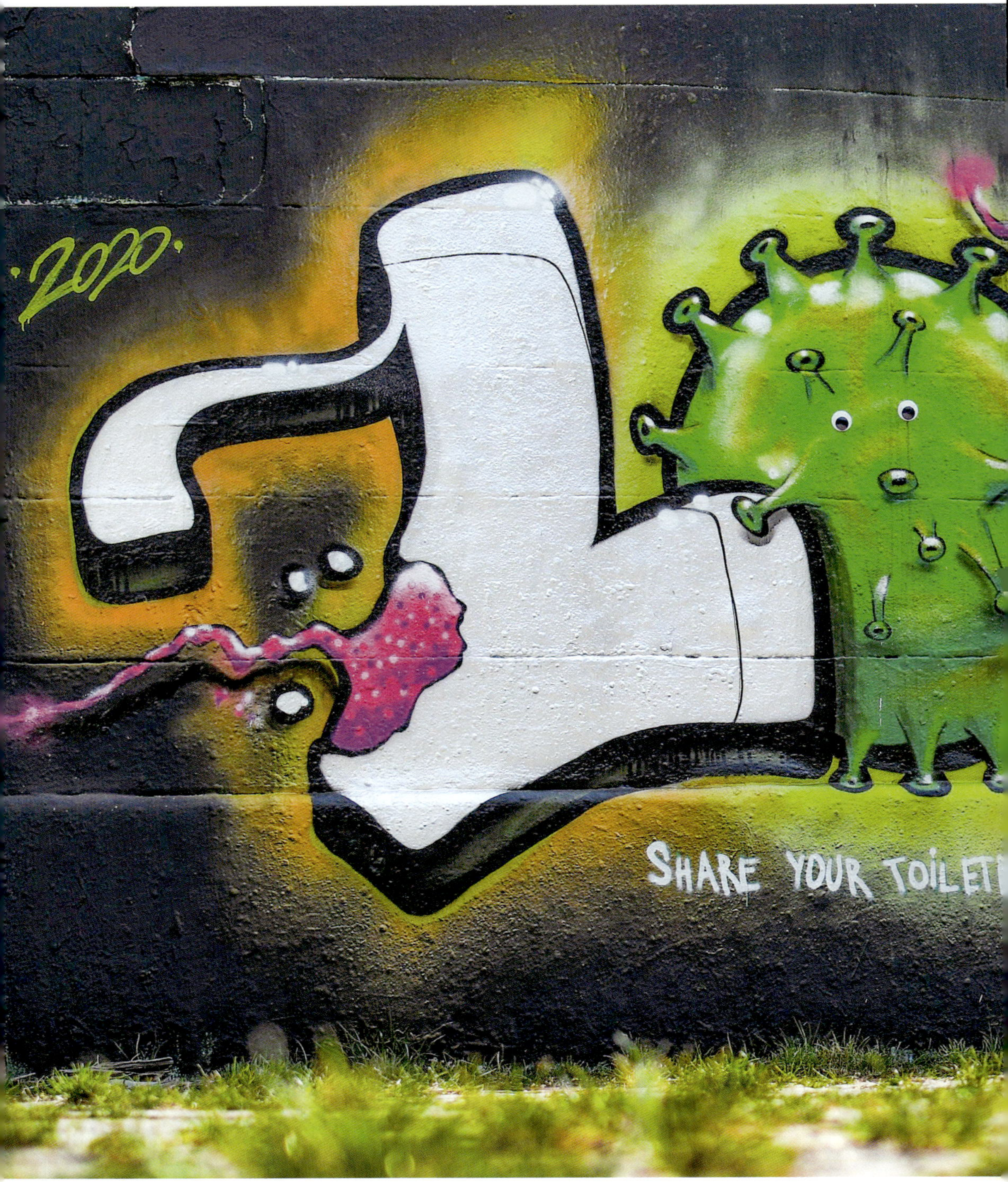
2020
SHARE YOUR TOILET

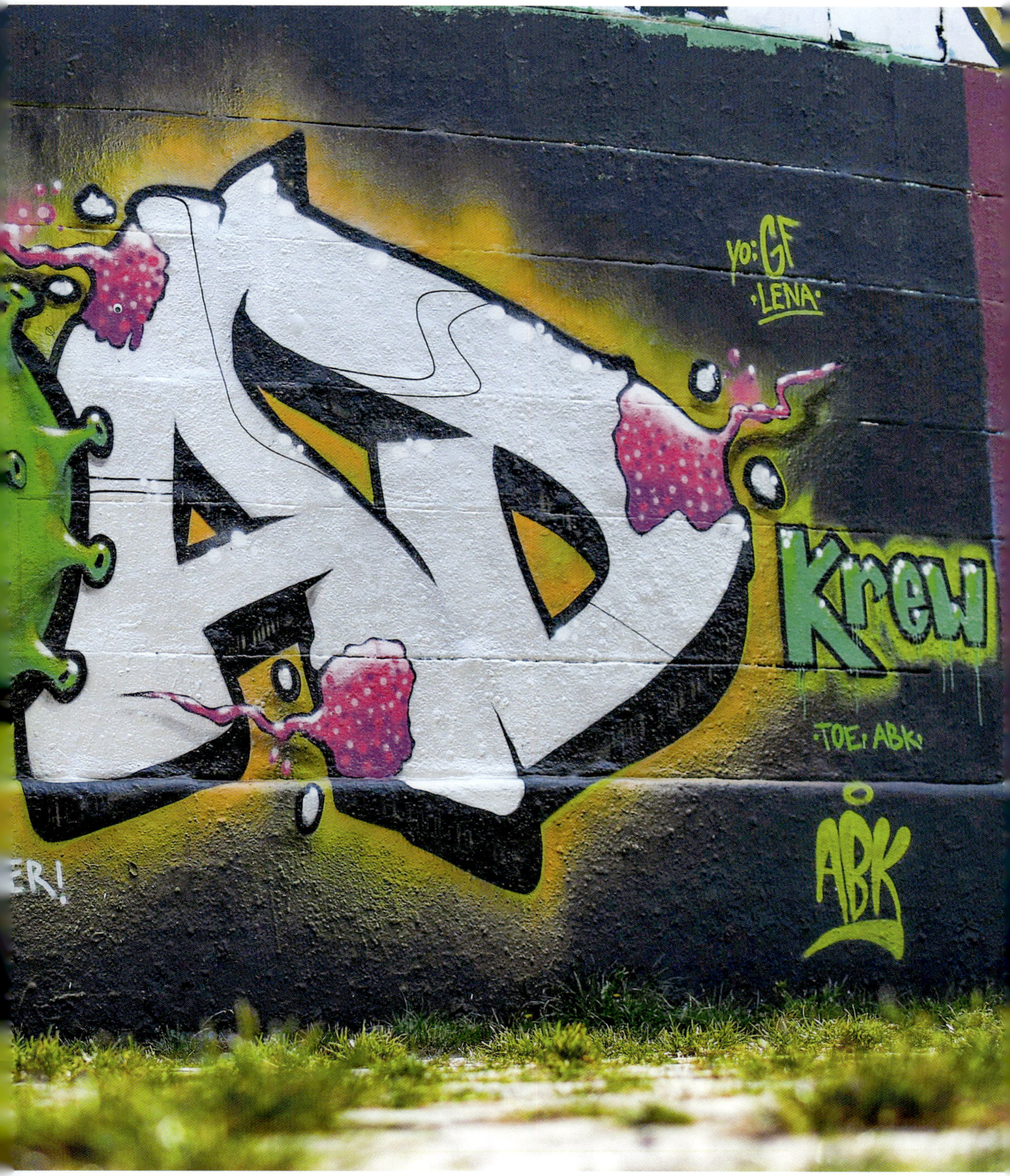

Auch Graffiti-Künstler beschäftigen sich mit der Corona-Pandemie. Mit ihren bunten Malereien geben sie dem unsichtbaren Virus ein Gesicht, eine Form, eine Gestalt.

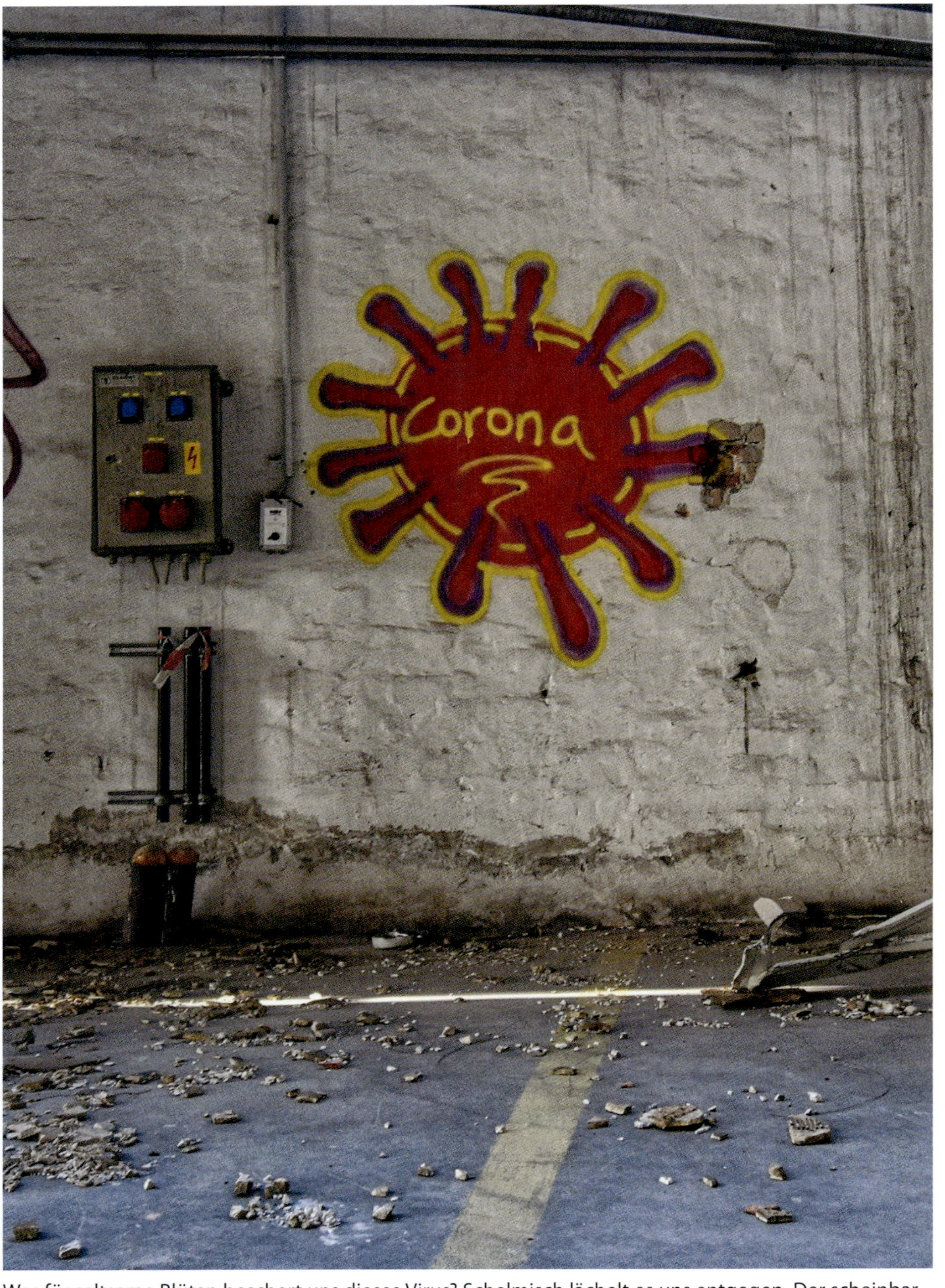

Was für seltsame Blüten beschert uns dieses Virus? Schelmisch lächelt es uns entgegen. Der scheinbar niedlich wirkende, sich breitmachende Mitbewohner auf unserem Planeten bleibt aber dennoch ein unguter Geselle, den wir zum Teufel schicken möchten.

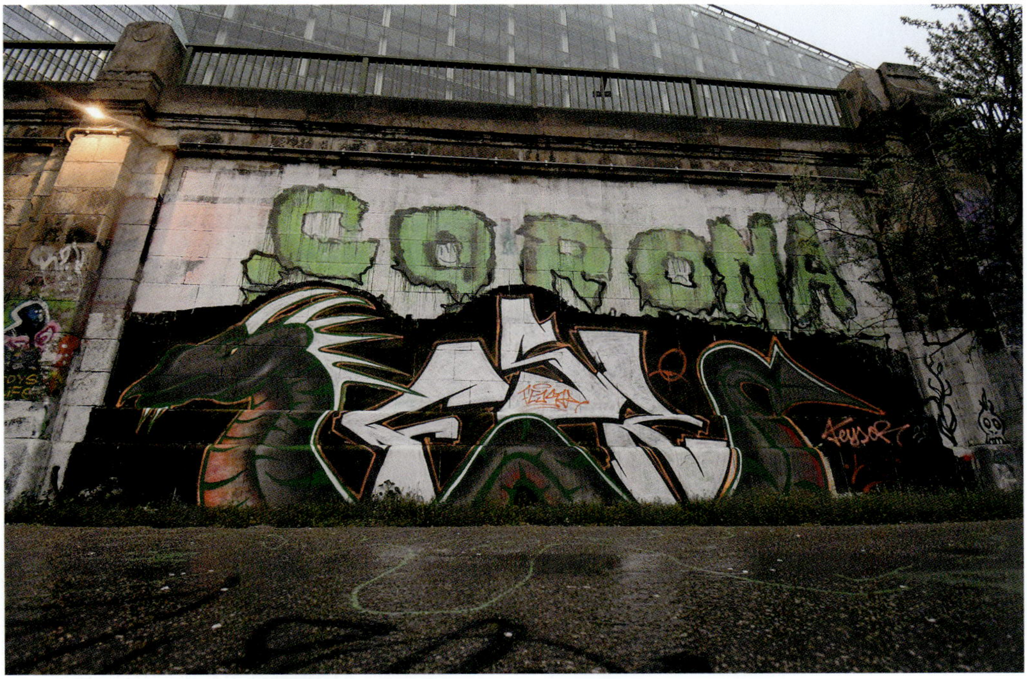

Das Corona-Virus bekommt dank der Graffiti-Szene eine optische Präsenz.

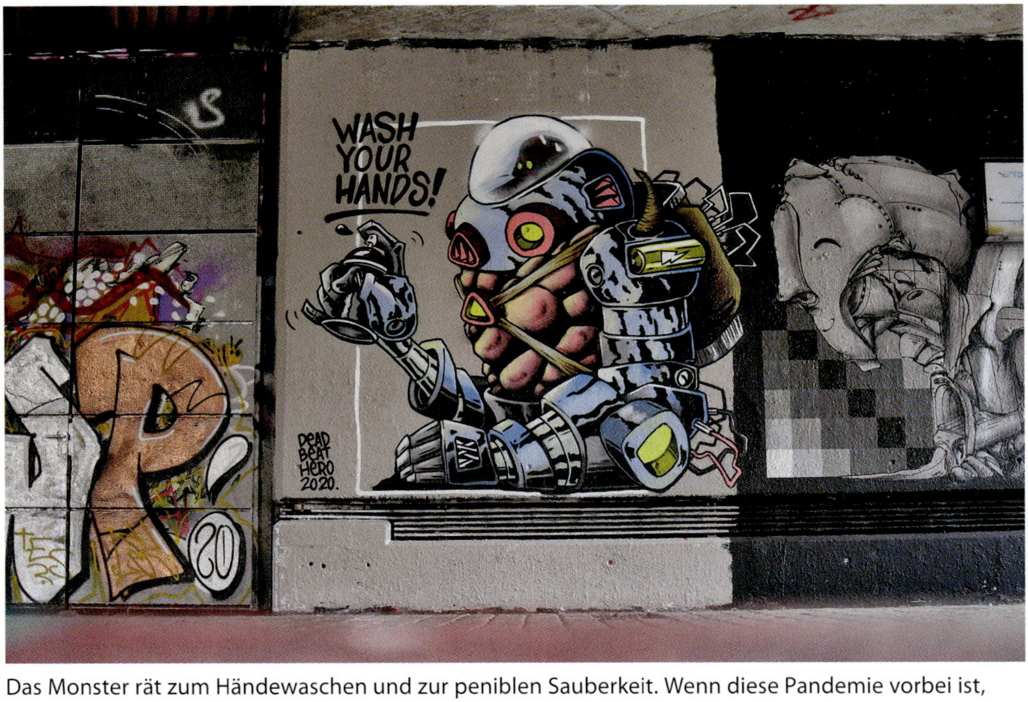

Das Monster rät zum Händewaschen und zur peniblen Sauberkeit. Wenn diese Pandemie vorbei ist, haben wir mehrere primäre Ziele: Wir gehen wieder zum Friseur, ins Nagelstudio, in die Bäder, aber auch in Museen, Einkaufszentren, Wirtshäuser …

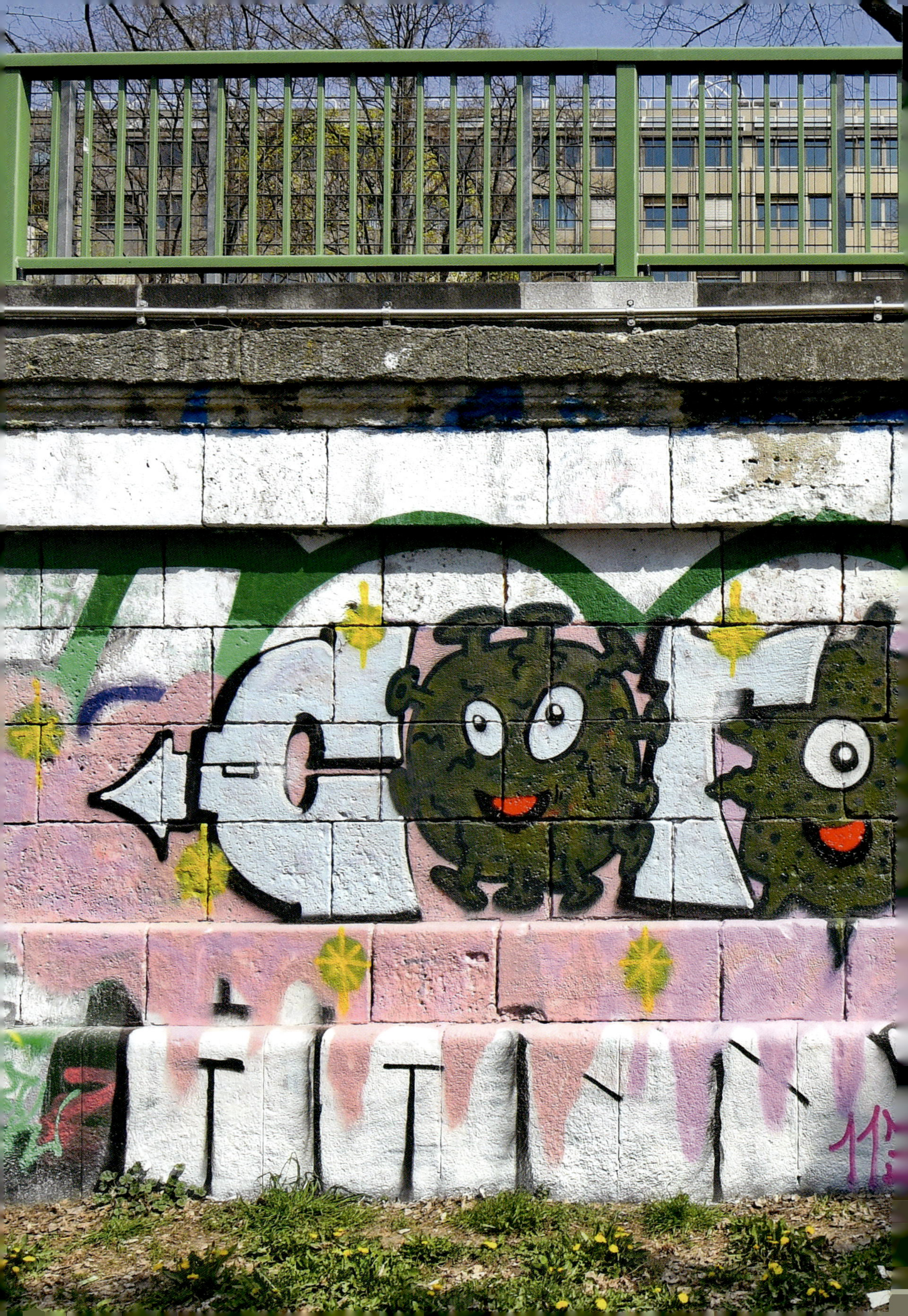

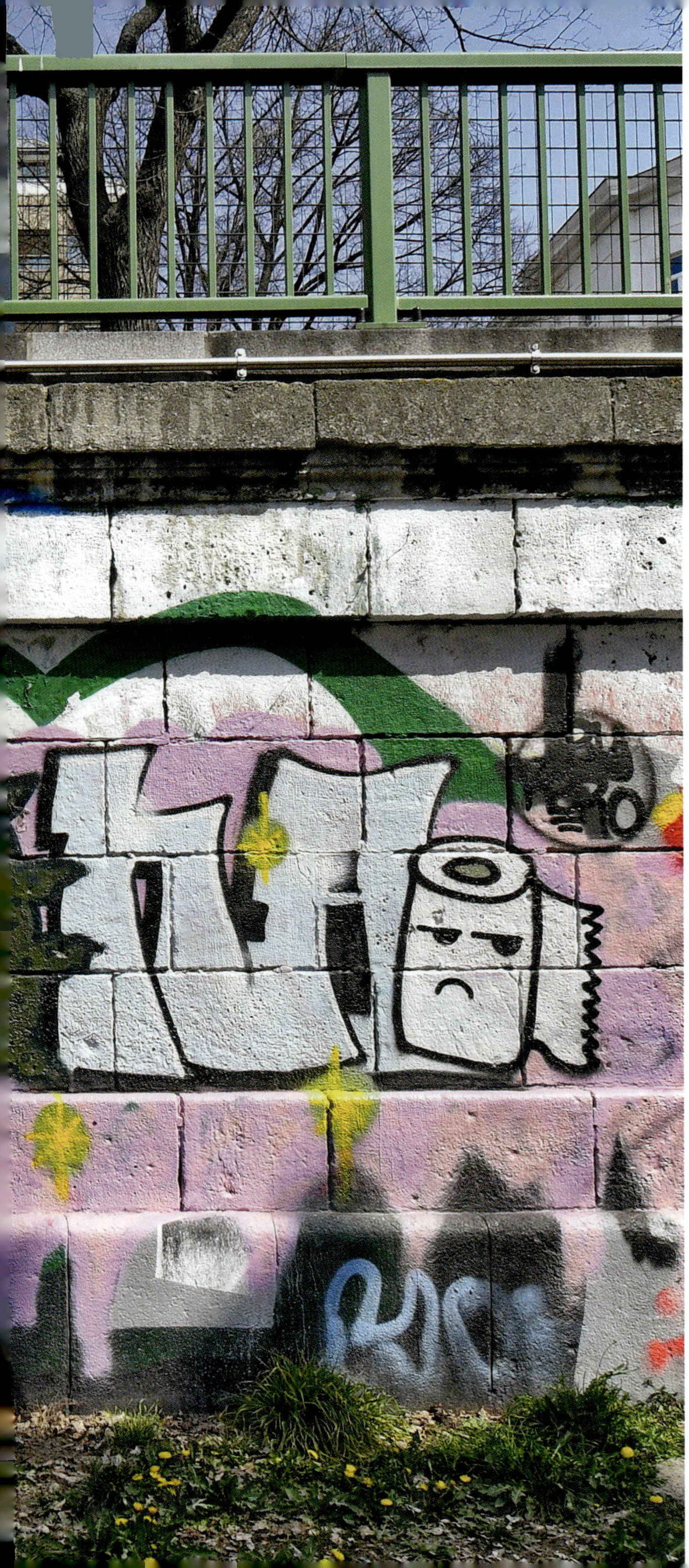

Die Folgen der Pandemie und die daraus resultierenden Maßnahmen werden uns sicherlich noch lange begleiten. Auch wenn die vielen Graffiti, die die Corona-Krise visuell verarbeitetet haben, vielleicht inzwischen verblasst sind, wird uns diese Zeit lange in Erinnerung bleiben.

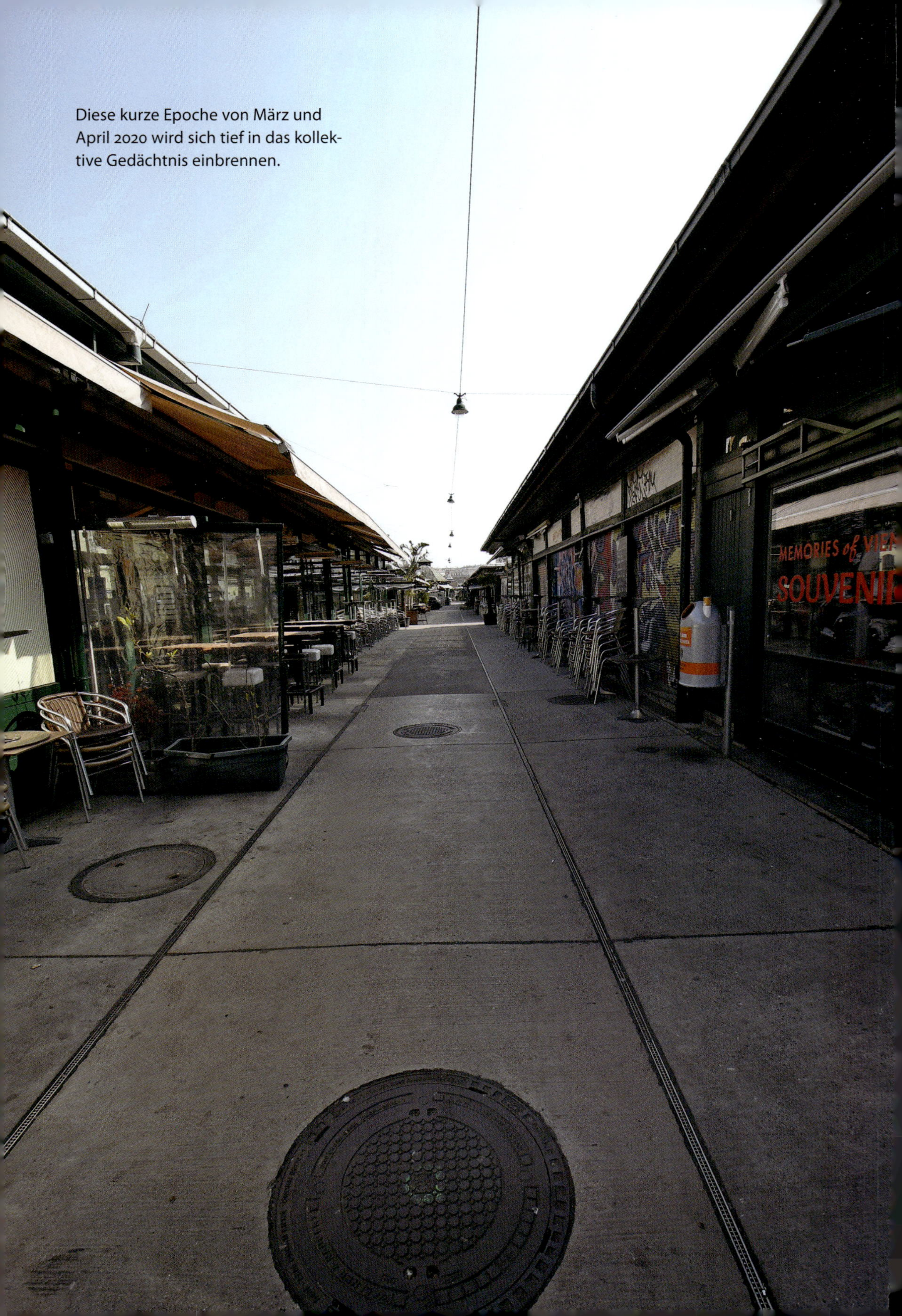

Diese kurze Epoche von März und April 2020 wird sich tief in das kollektive Gedächtnis einbrennen.

7

Historische Gärten erblühen im Stillstand

Der Natur war das unsichere Verharren sichtlich egal, als der Mensch mit seinem Lockdown den wirtschaftlichen Kreislauf stoppte. Das Blühen der Kirsch- und Mandelbäume, der Rosen- und Blumenbeete in den vielen Parkanlagen trotzte dem Stillstand. Das Frühlingserwachen der Natur wurde durch das Corona-Virus nicht gebremst.

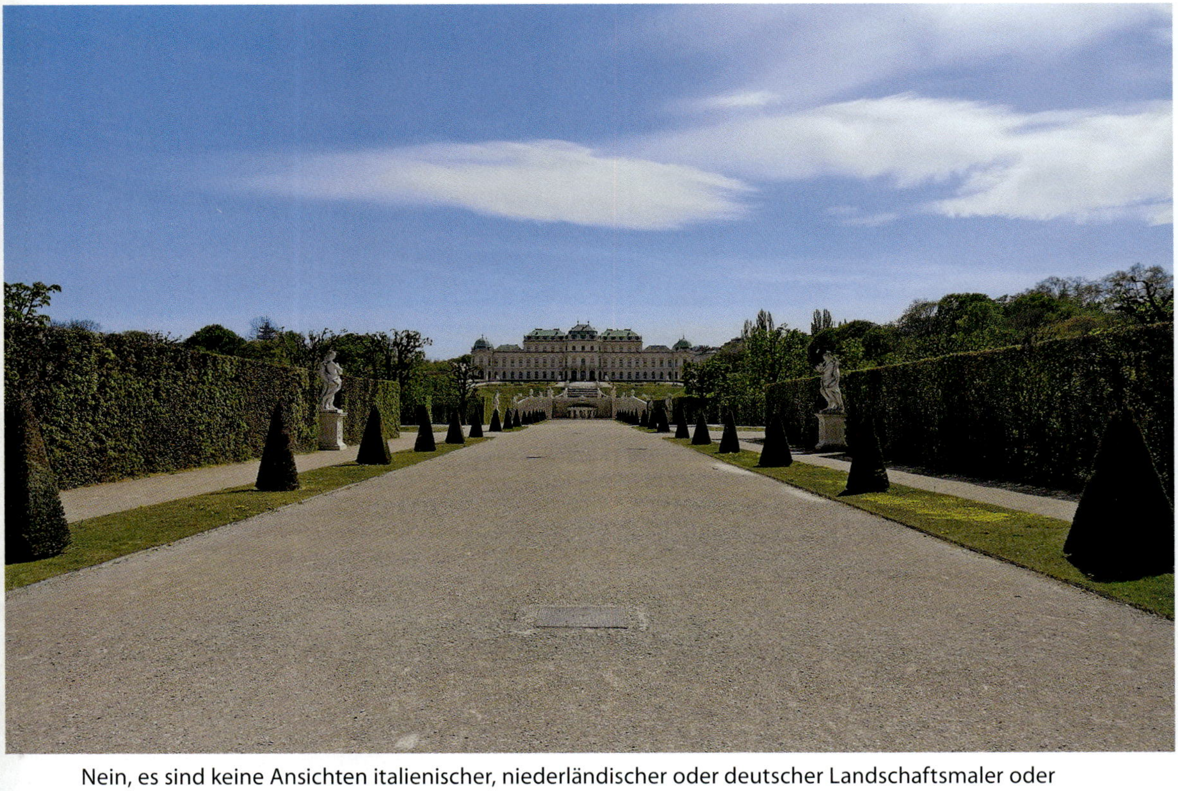

Nein, es sind keine Ansichten italienischer, niederländischer oder deutscher Landschaftsmaler oder Aquarellisten aus dem 19. Jahrhundert, die uns hier das farbenfrohe Schönbrunn oder Belvedere zeigen. Die Aufnahmen stammen aus dem Frühjahr 2020, als das Corona-Virus über Wien hing und alle Touristen und Einheimische verscheucht hat.

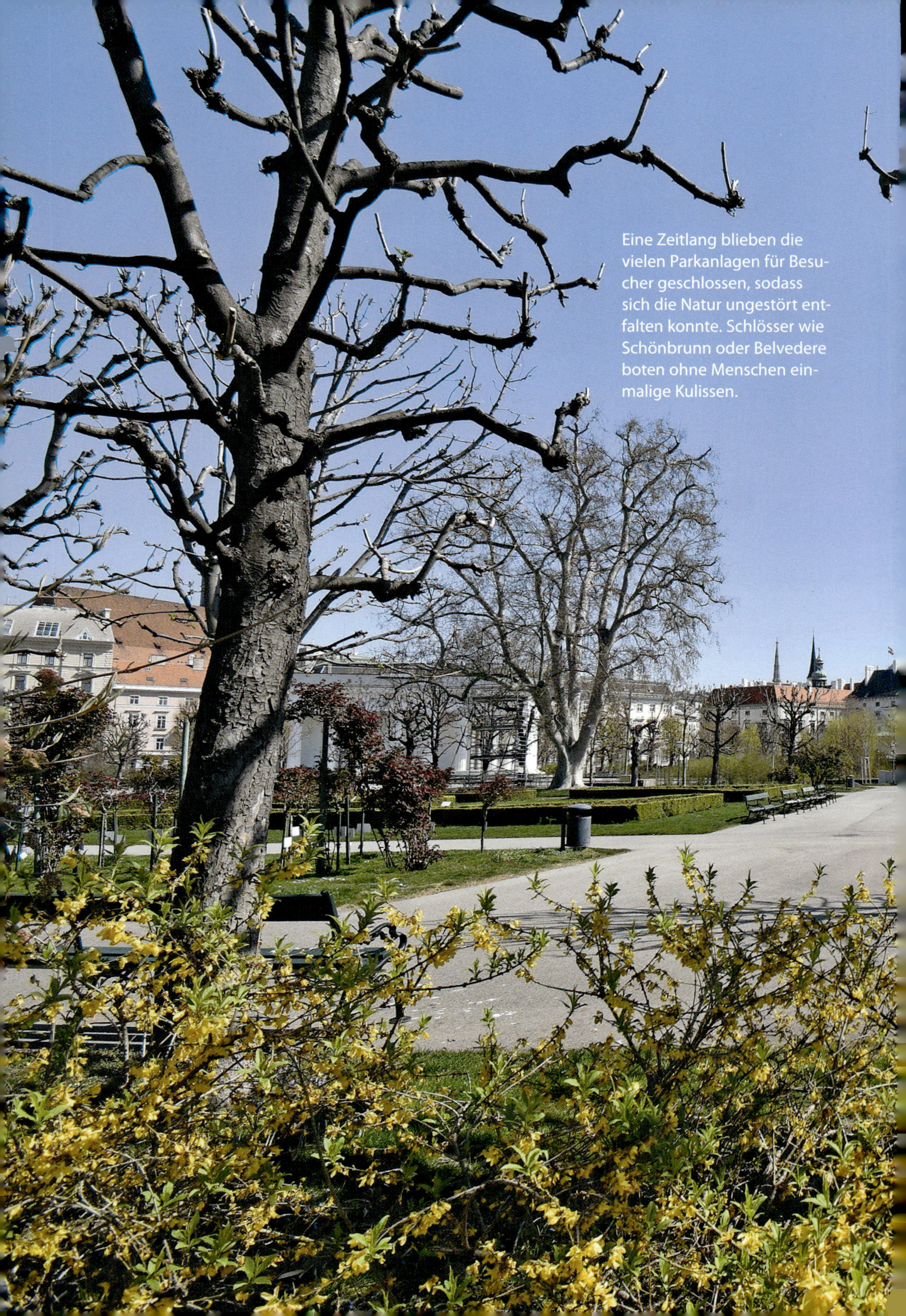

Eine Zeitlang blieben die vielen Parkanlagen für Besucher geschlossen, sodass sich die Natur ungestört entfalten konnte. Schlösser wie Schönbrunn oder Belvedere boten ohne Menschen einmalige Kulissen.

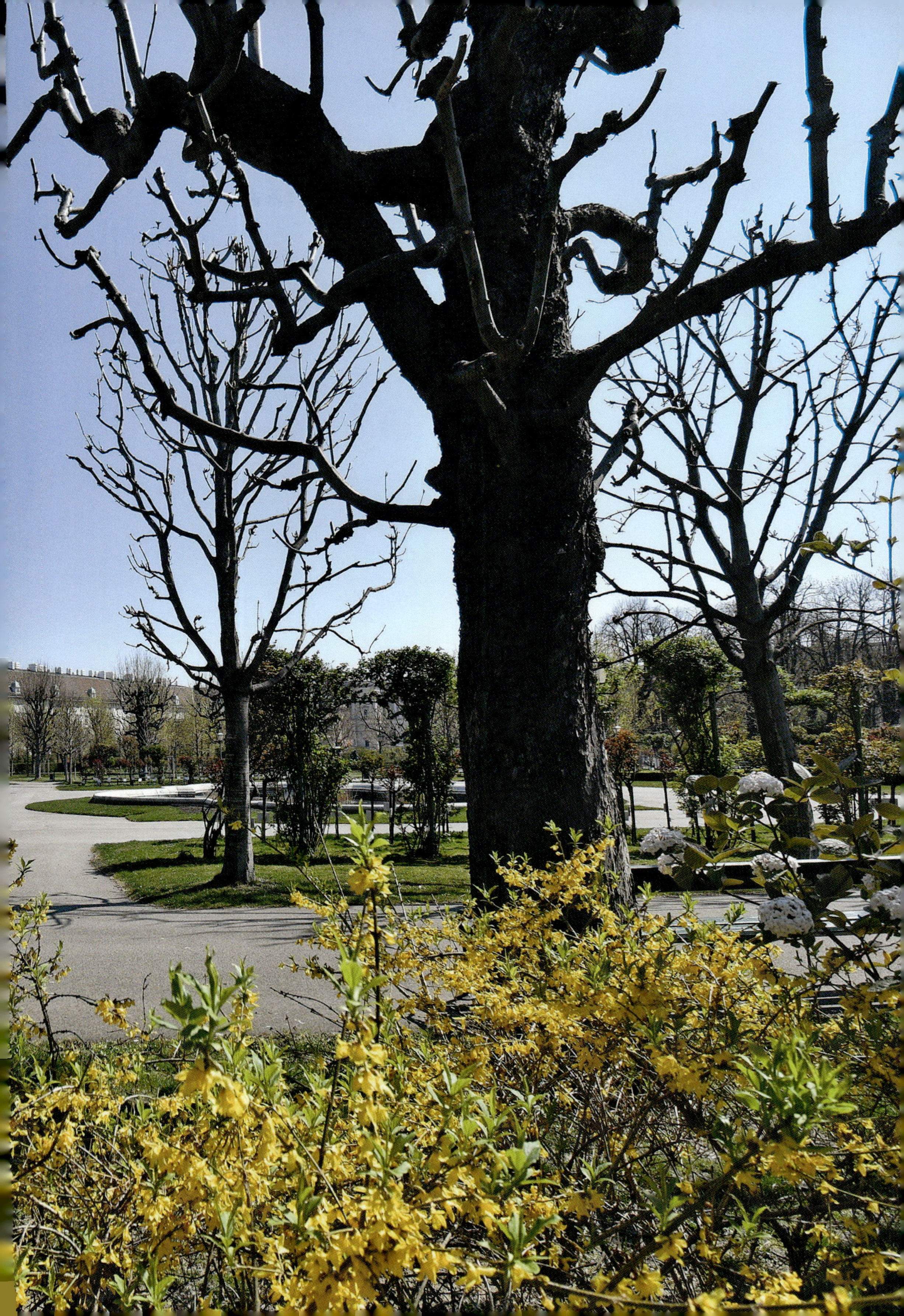

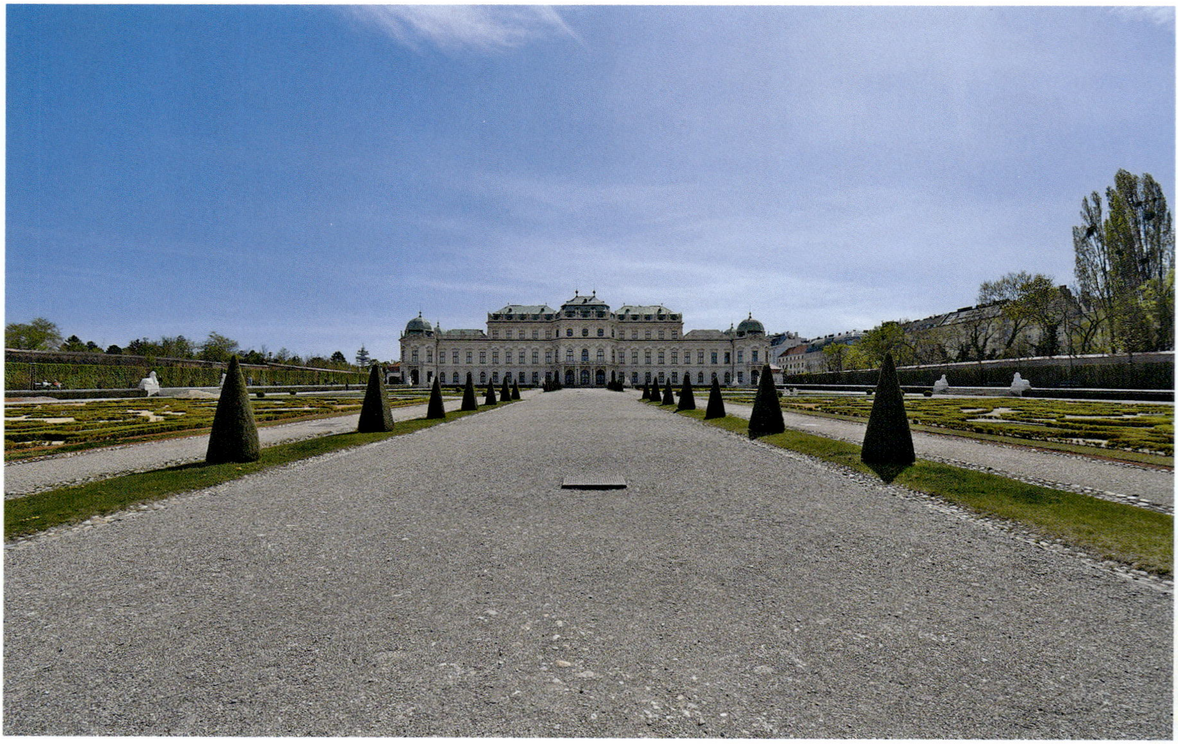

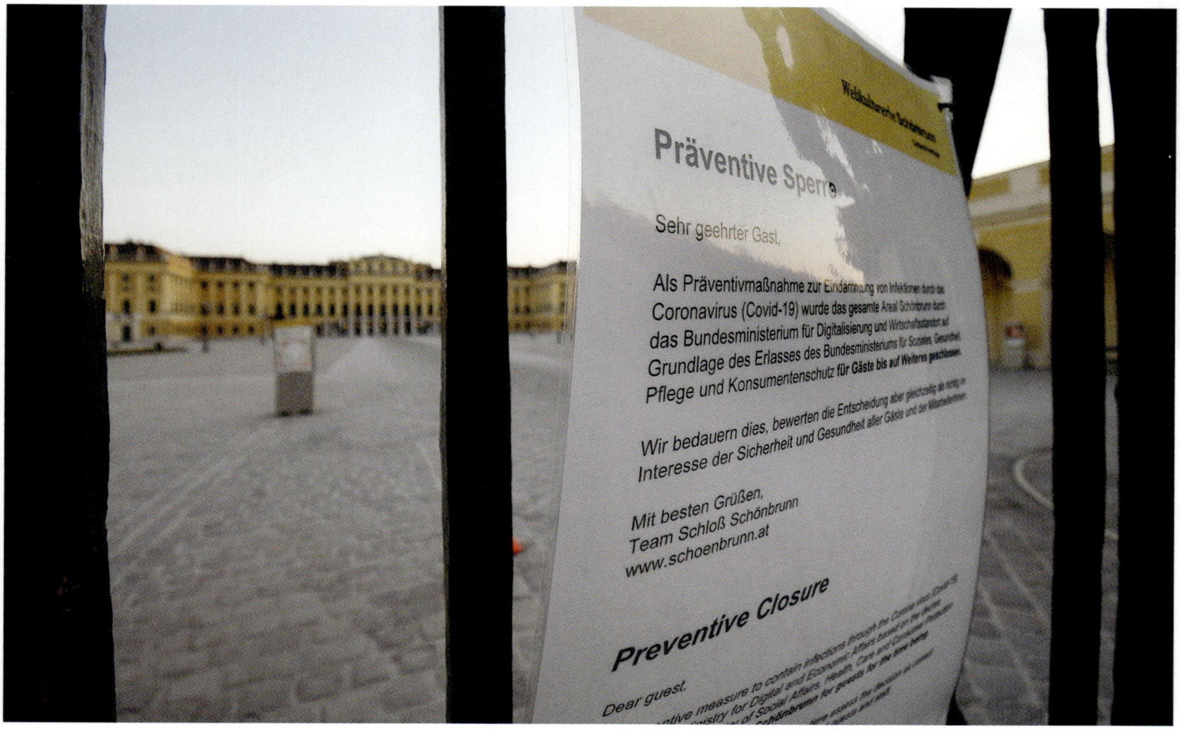
Präventive Sperre
Sehr geehrter Gast,
Als Präventivmaßnahme zur Eindämmung von Infektionen durch das
Coronavirus (Covid-19) wurde das gesamte Areal Schönbrunn durch
das Bundesministerium für Digitalisierung und Wirtschaftsstandort auf
Grundlage des Erlasses des Bundesministeriums für Soziales, Gesundheit,
Pflege und Konsumentenschutz für Gäste bis auf Weiteres geschlossen.
Wir bedauern dies, bewerten die Entscheidung aber gleichzeitig als richtig im
Interesse der Sicherheit und Gesundheit aller Gäste und der
Mit besten Grüßen,
Team Schloß Schönbrunn
www.schoenbrunn.at
Preventive Closure
Dear guest,

◂ Die Corona-Krise hat uns die Möglichkeit gegeben, seltene Aufnahmen mit der Architektur und Natur im Mittelpunkt anzufertigen. Die Schlösser erscheinen noch märchenhafter.

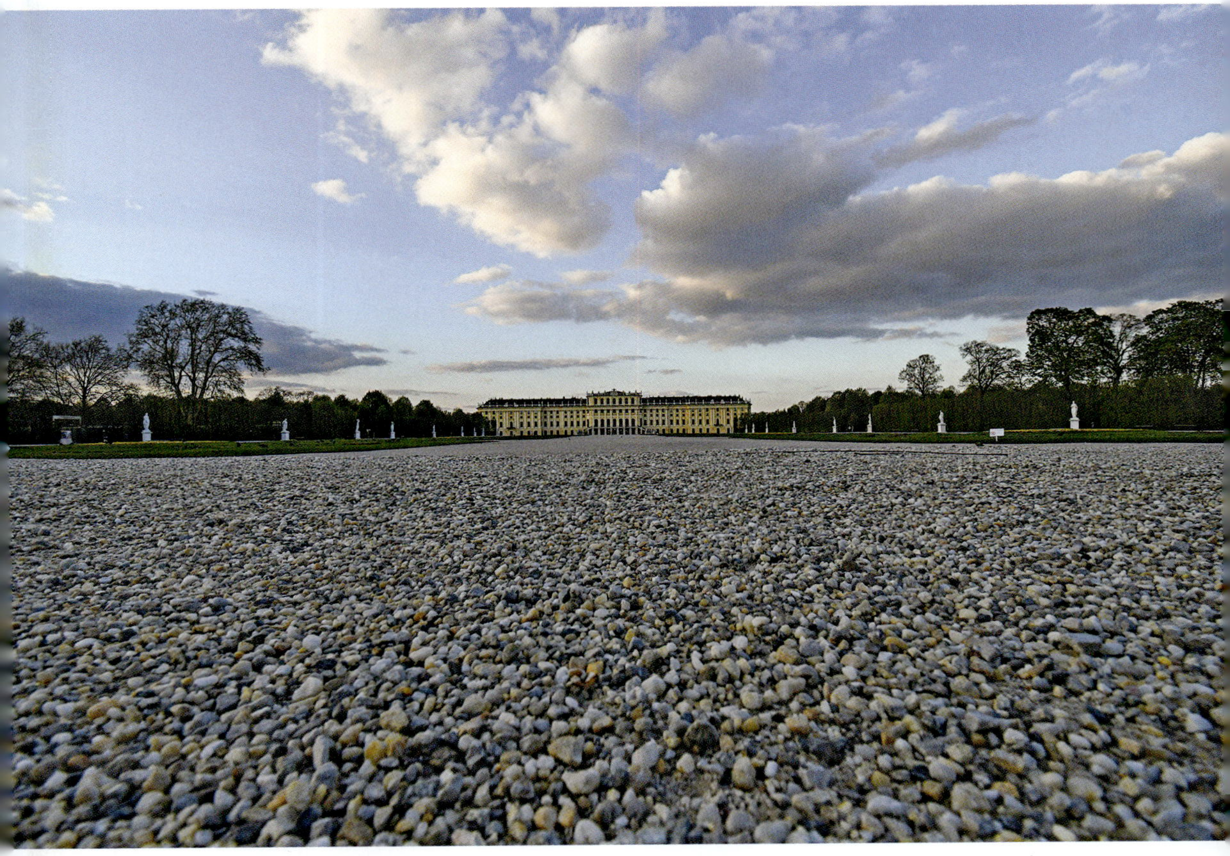

Trotz der Pandemie lösten die Ansichten der menschenleeren Parkanlagen eine gewisse Freude aus. Wir hatten nämlich das seltene Glück, deren Schönheit in voller Pracht einzufangen.

◂ Parkbesucher müssen draußen bleiben, war die Devise der Bundesregierung. Auf Druck der Bevölkerung mussten die Parks aber bald wieder geöffnet werden.

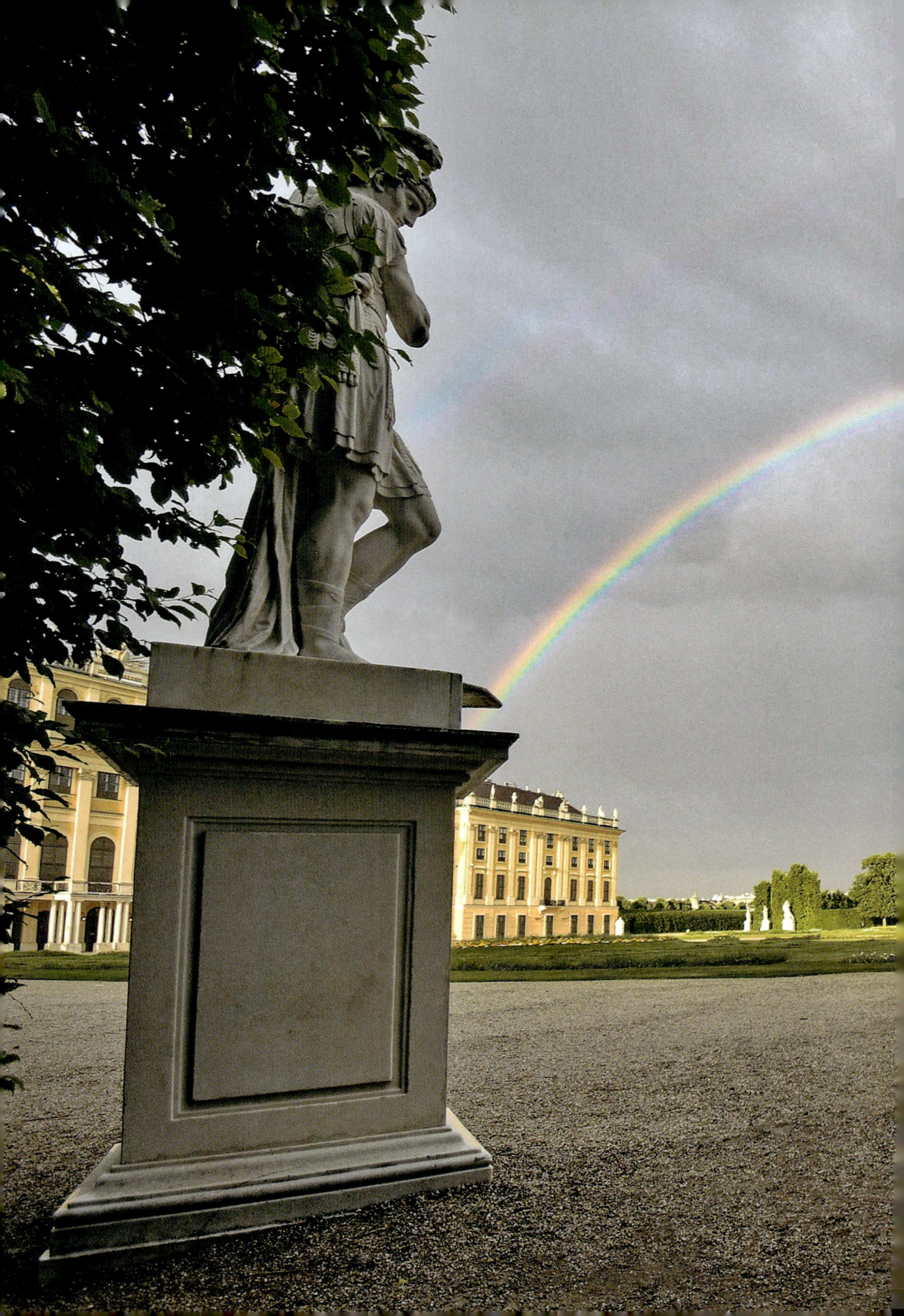

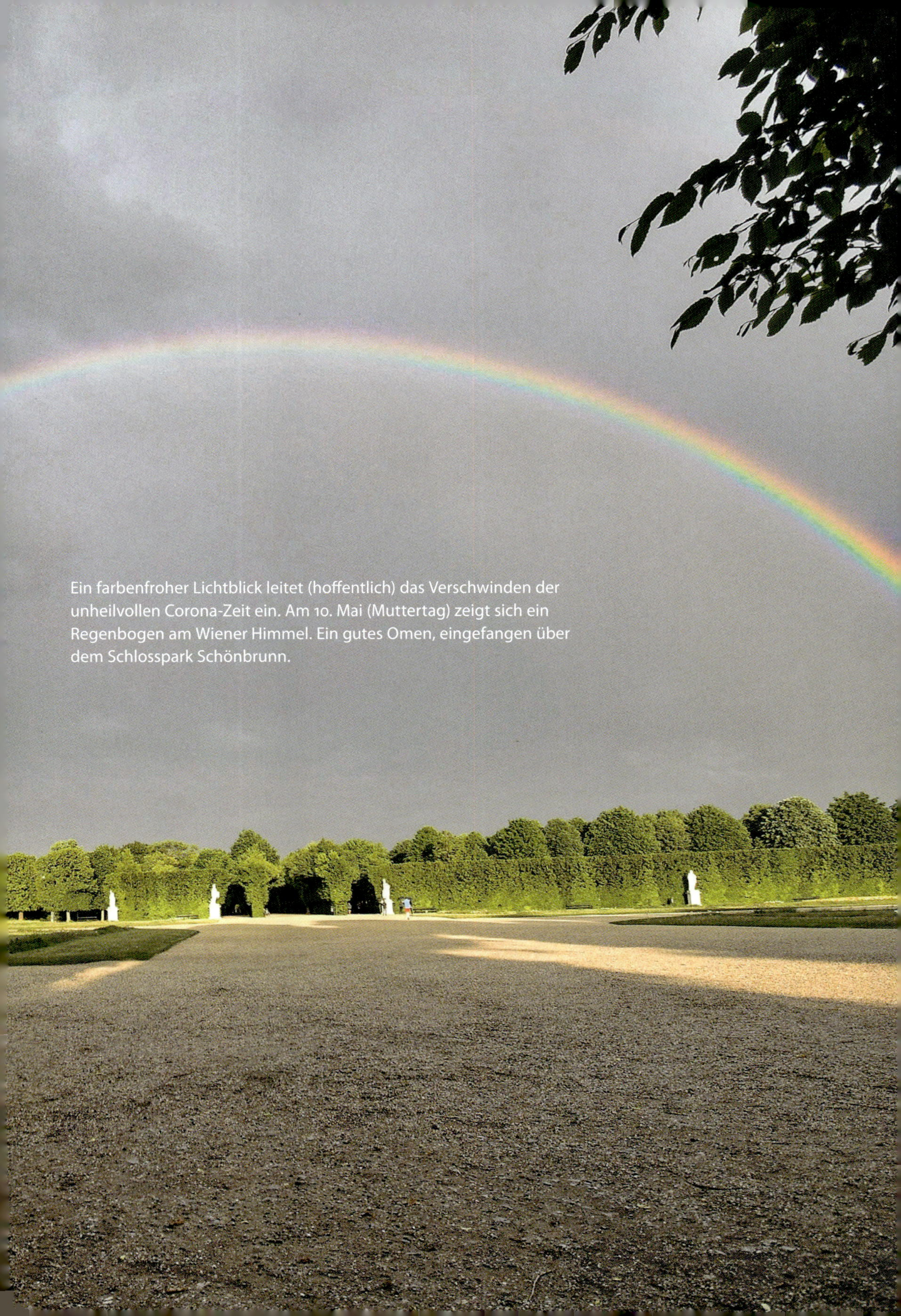

Ein farbenfroher Lichtblick leitet (hoffentlich) das Verschwinden der unheilvollen Corona-Zeit ein. Am 10. Mai (Muttertag) zeigt sich ein Regenbogen am Wiener Himmel. Ein gutes Omen, eingefangen über dem Schlosspark Schönbrunn.

Die großen Grünflächen in der Stadt blieben lange Zeit leer. ▸

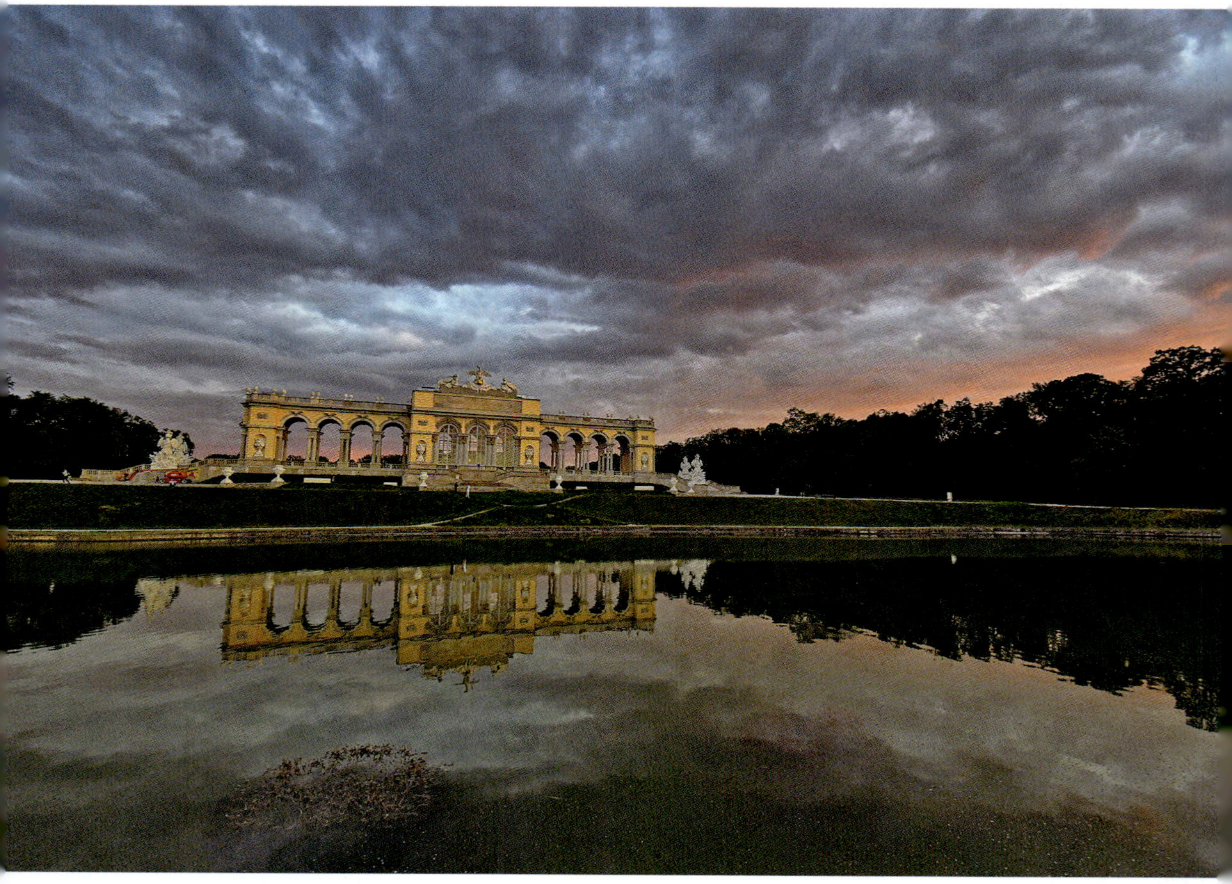

So einzigartige Fotos lassen all das Ungemach für einen Moment vergessen. Wenn die Wolken über die Stadt ziehen, wie hier über die Gloriette, dann wissen wir, ein konstanter Stillstand existiert nicht.

Kultureinrichtungen werden nicht als systemrelevant angesehen und so bleiben Museen, Bibliotheken ▸ und Theater geschlossen. Ein funktionierender Krankenhausbetrieb ist wichtiger. Sportveranstaltungen und Rockkonzerte, selbst das alljährliche Donauinselfest und der Song-Contest werden 2020 abgesagt.

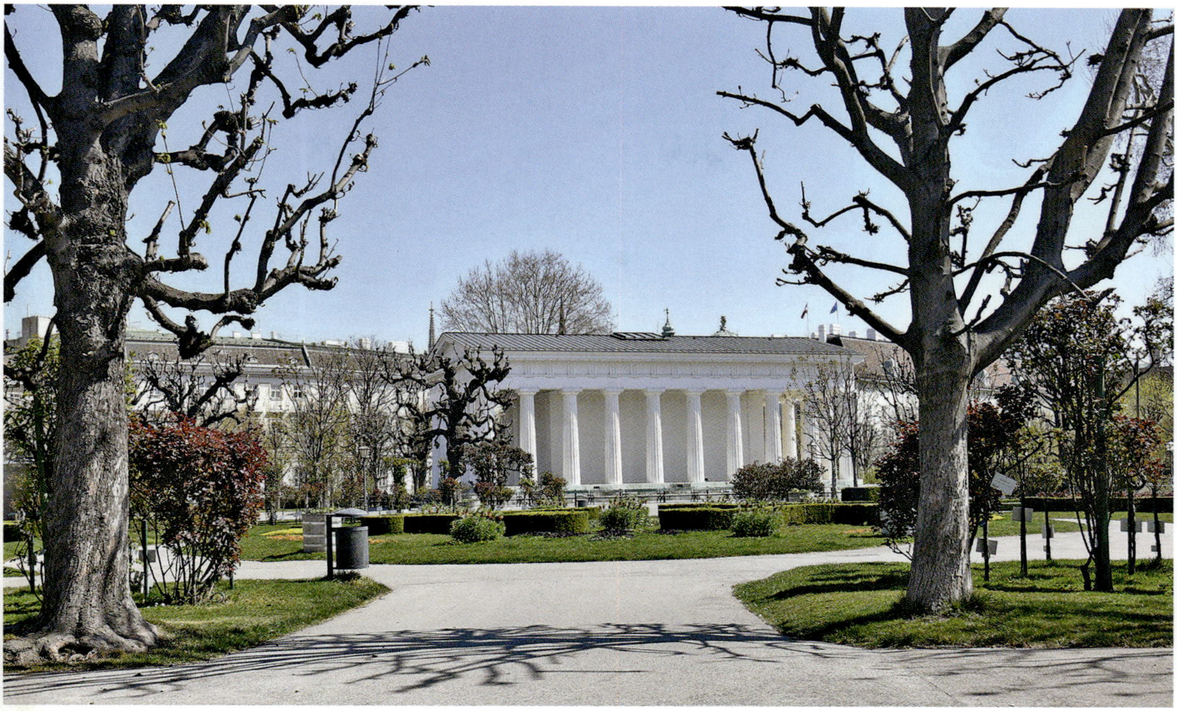

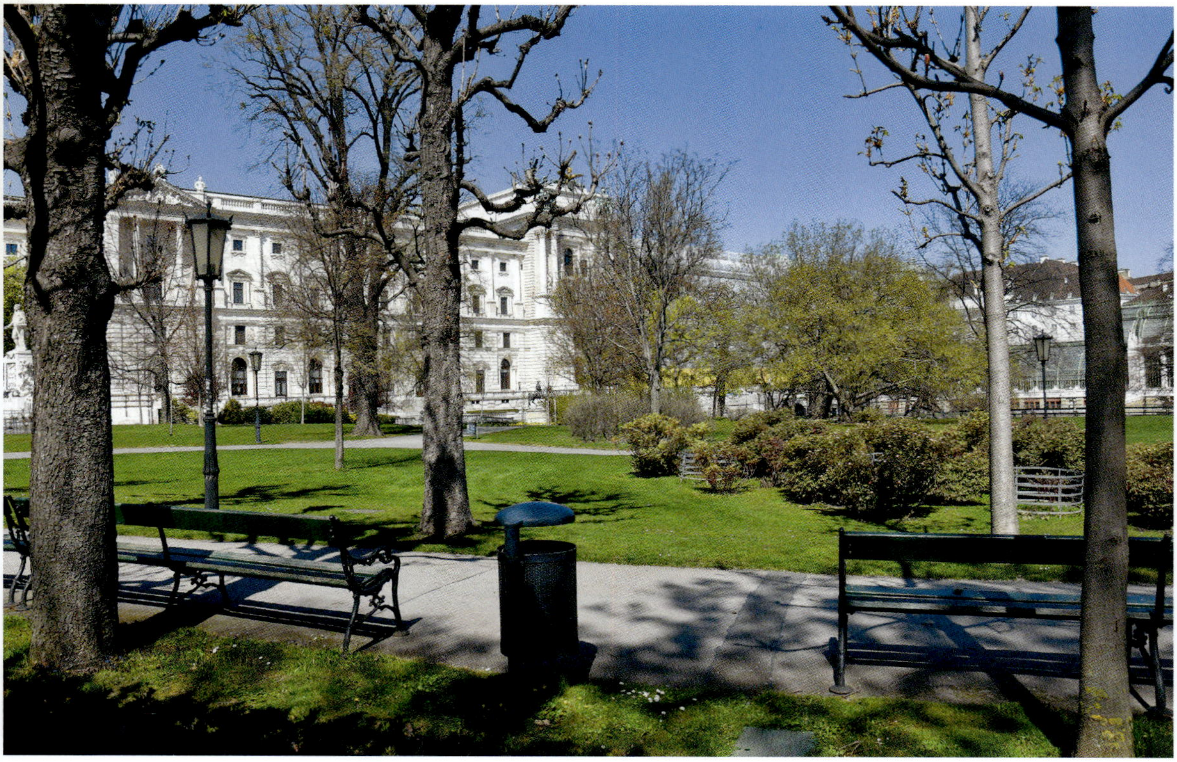

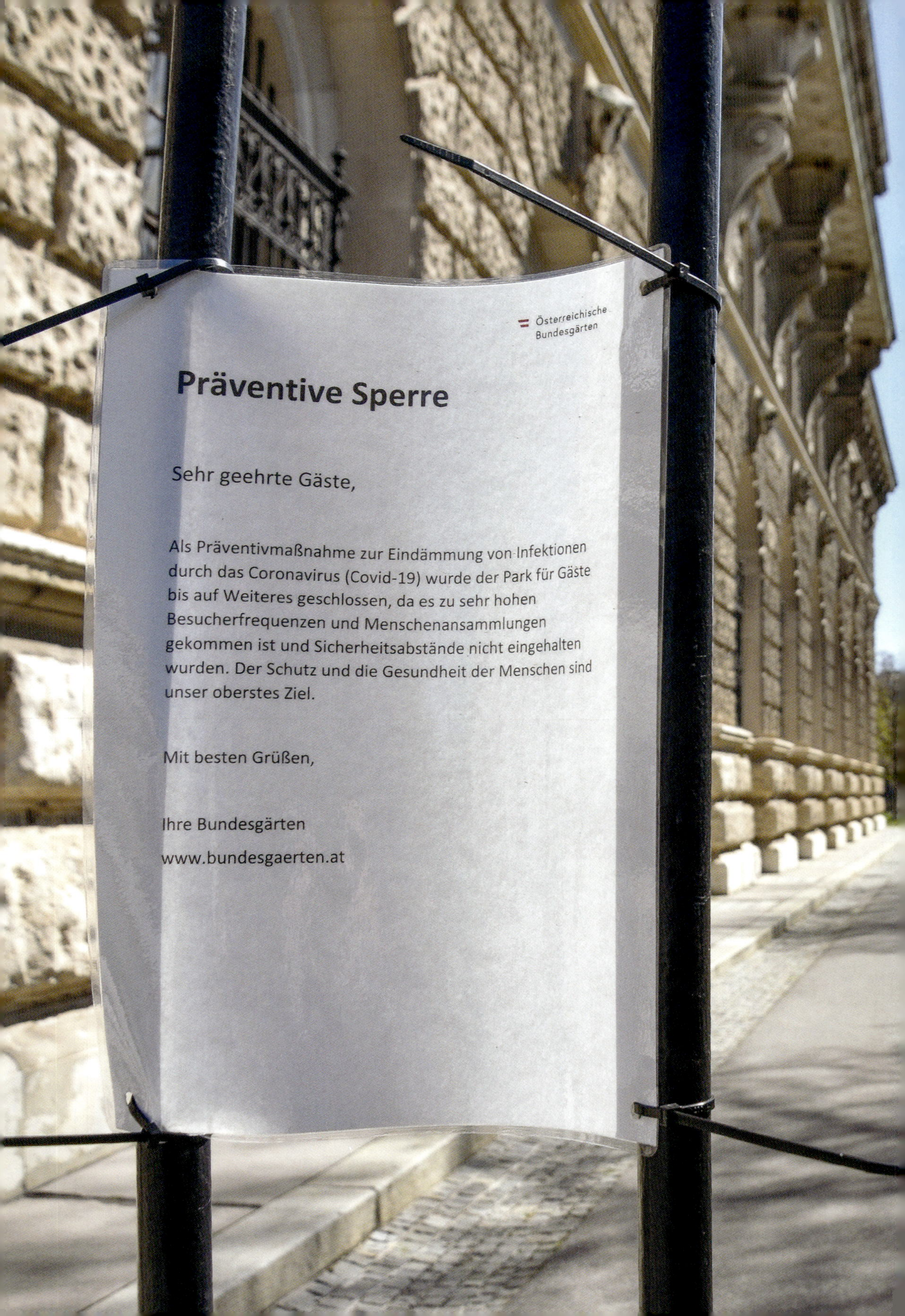
Österreichische Bundesgärten
Präventive Sperre
Sehr geehrte Gäste,
Als Präventivmaßnahme zur Eindämmung von Infektionen durch das Coronavirus (Covid-19) wurde der Park für Gäste bis auf Weiteres geschlossen, da es zu sehr hohen Besucherfrequenzen und Menschenansammlungen gekommen ist und Sicherheitsabstände nicht eingehalten wurden. Der Schutz und die Gesundheit der Menschen sind unser oberstes Ziel.
Mit besten Grüßen,
Ihre Bundesgärten
www.bundesgaerten.at

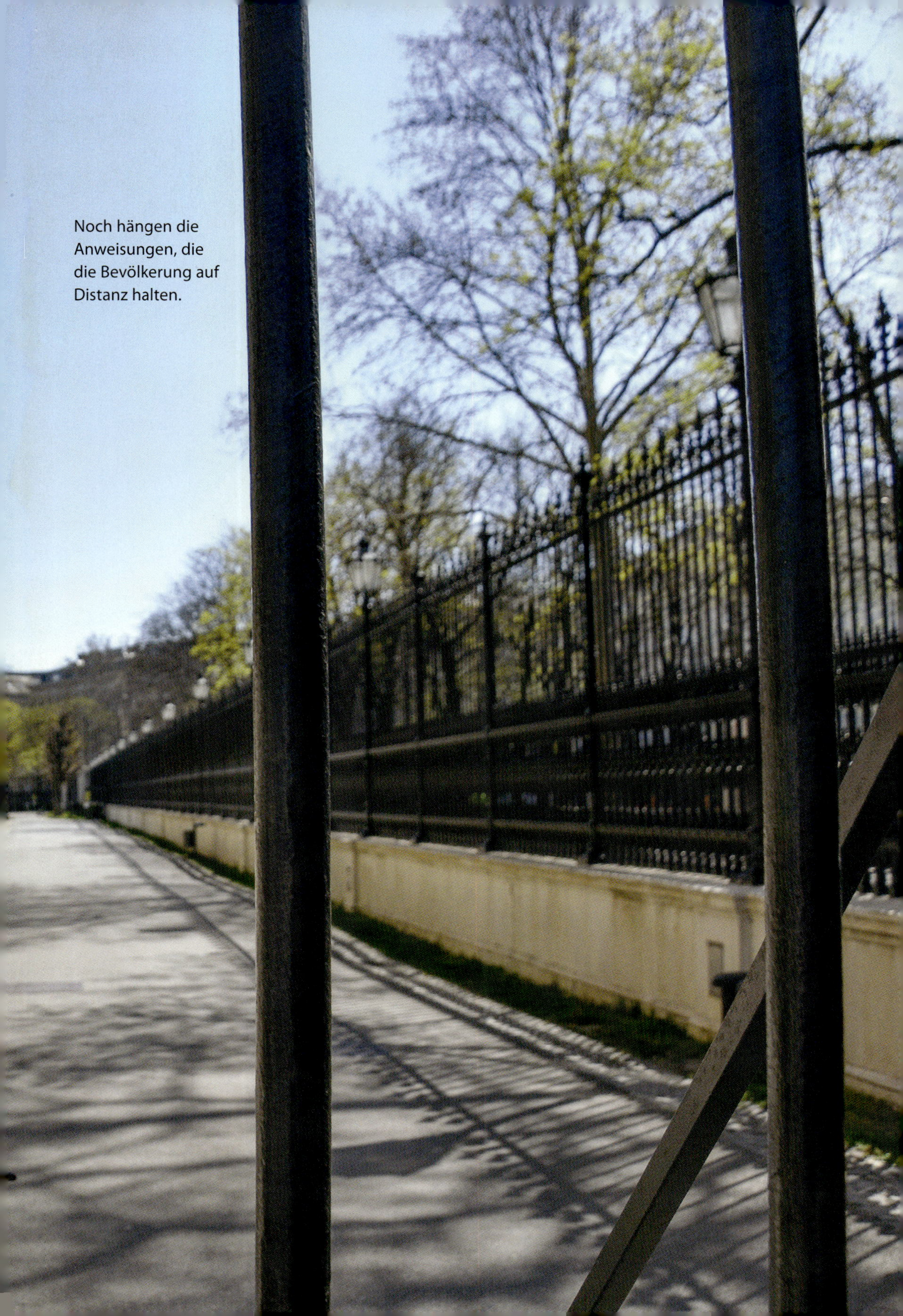

Noch hängen die Anweisungen, die die Bevölkerung auf Distanz halten.

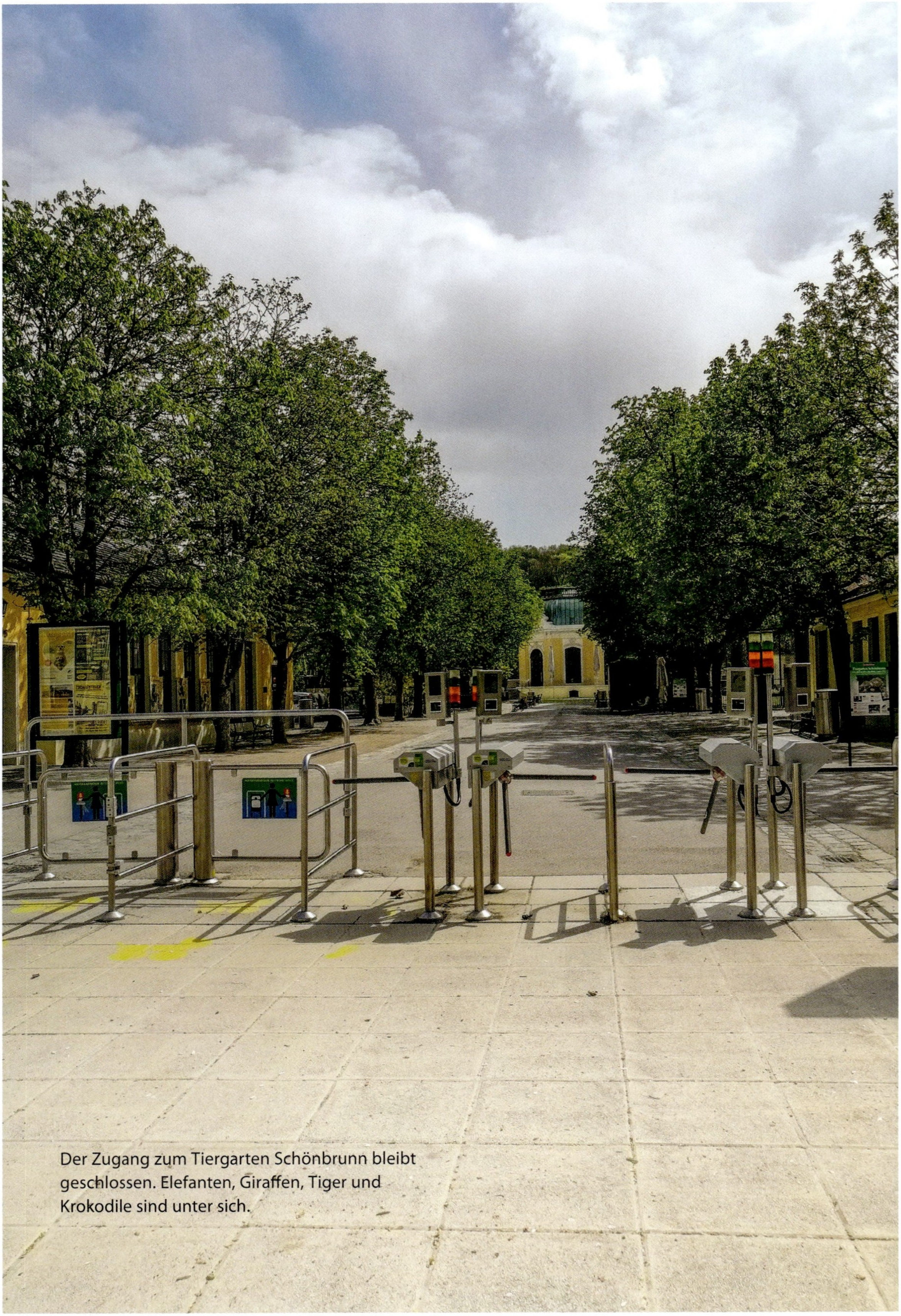

Der Zugang zum Tiergarten Schönbrunn bleibt geschlossen. Elefanten, Giraffen, Tiger und Krokodile sind unter sich.

8

Alltag zwischen Bangen und Hoffen

Zunächst haben sich viele über die schrecklichen Nachrichten lustig gemacht, die uns über die Medien aus fernen Ländern erreichten. Wir tauschten die humoristischen Videoclips, in denen Menschen z.B. ängstlich Klopapierrollen horteten, über unsere Smartphones aus. Nach und nach wurden die Nachrichten immer dramatischer und die Livebilder aus Italien und später den USA erschütterten uns. Das teuflische Corona-Virus war nicht lustig und wir hofften, dass wir davon verschont blieben.

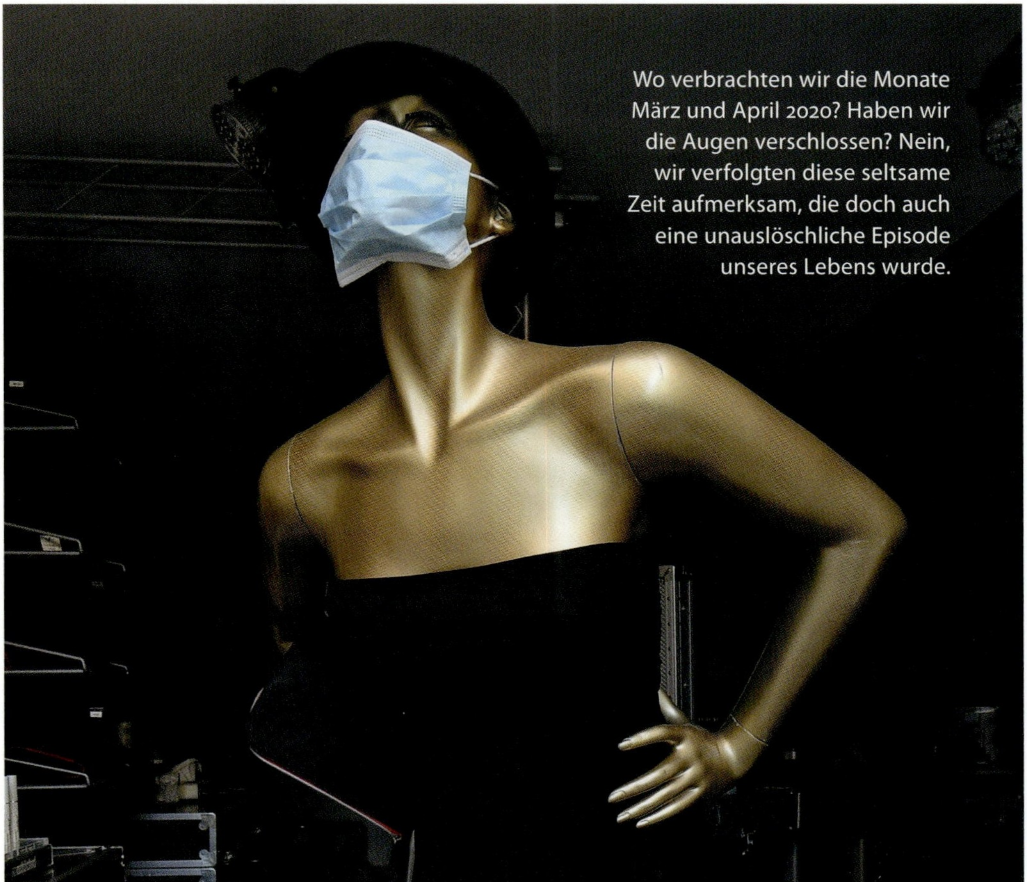

Wo verbrachten wir die Monate März und April 2020? Haben wir die Augen verschlossen? Nein, wir verfolgten diese seltsame Zeit aufmerksam, die doch auch eine unauslöschliche Episode unseres Lebens wurde.

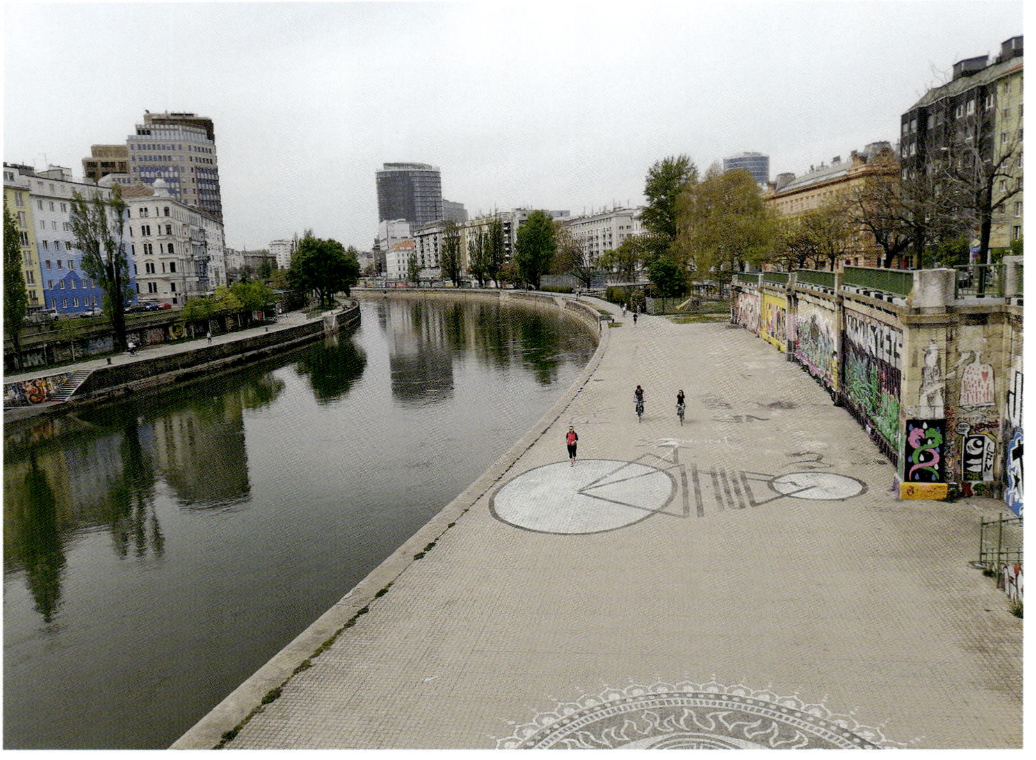

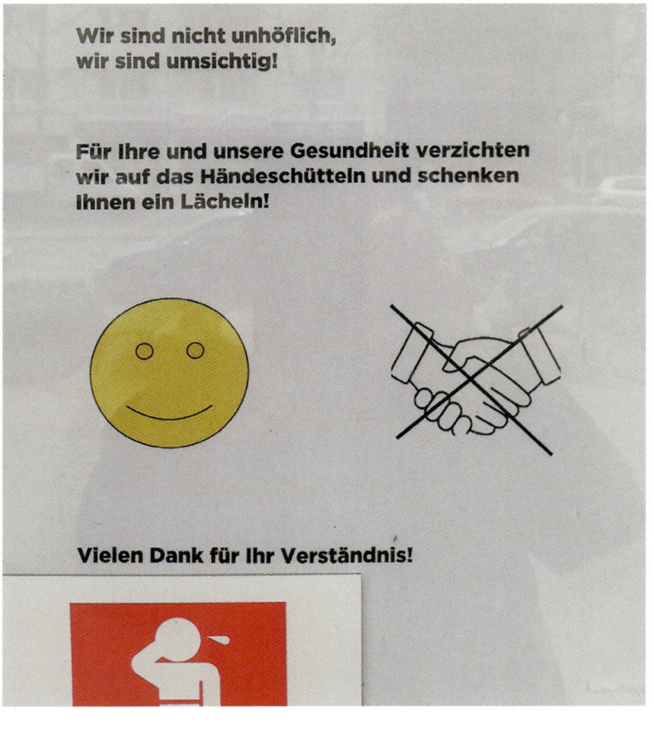

Ruhe am Donaukanal. Einige bleiben zu Hause, andere trauen sich auf die Straße. Die vier Ausnahmen, wann wir das Haus verlassen dürfen, beschlossen von der Bundesregierung, verunsichern viele Bewohner dieser Stadt. ▲

Vor den Eingangstüren der Geschäfte sind selbstverfasste Ankündigungen der Besitzer oder kopierte Zettel diverser amtskonformer Benachrichtigungen zu lesen. „Wegen der Corona-Krise mussten wir leider unser Geschäft schließen", „Kein Händeschütteln", „Nur mit Maske eintreten" etc. Ein Hemmschuh, mit dem wir leben müssen.

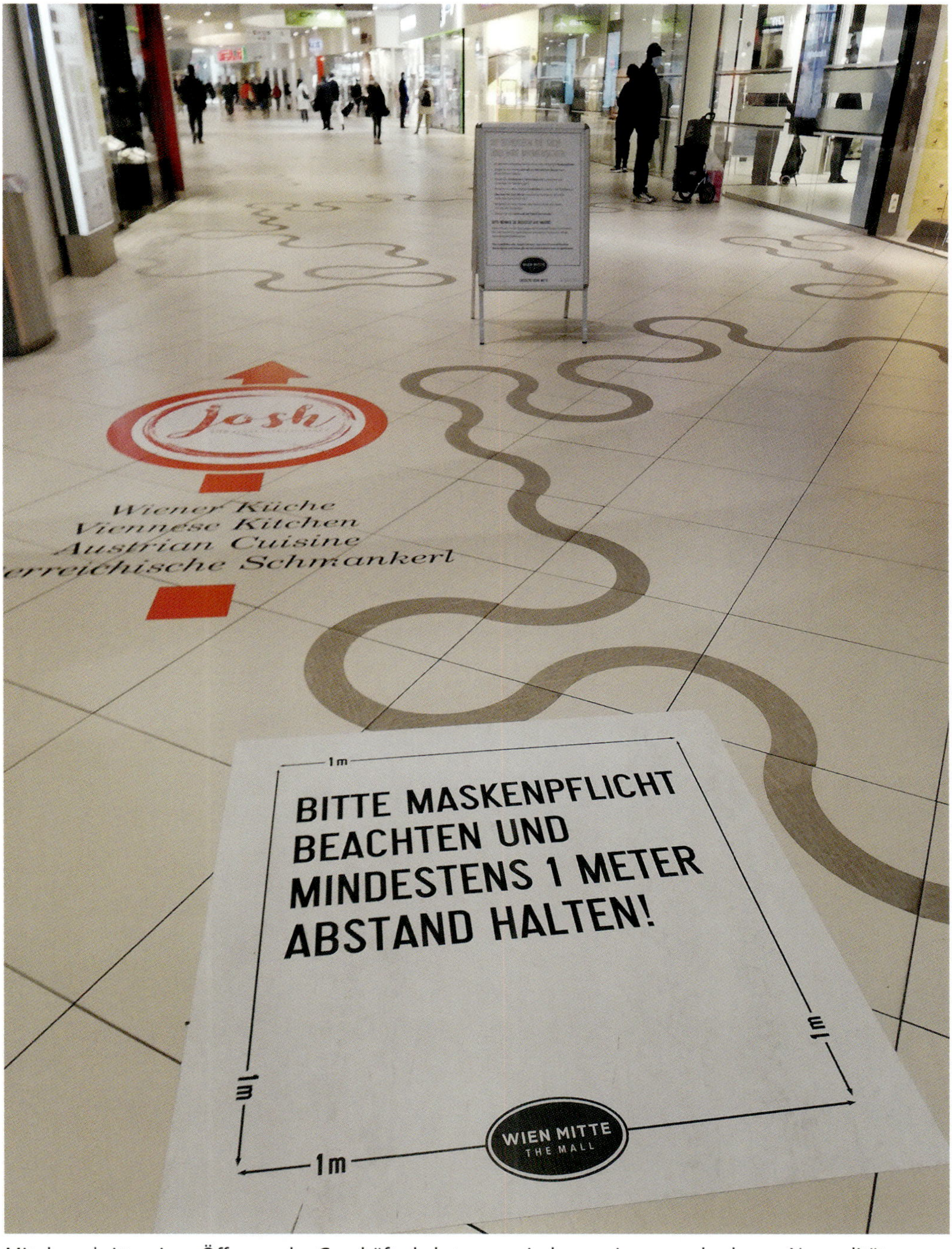

Mit der schrittweisen Öffnung der Geschäfte kehrt man wieder zu einer annehmbaren Normalität zurück. Zunächst dürfen ab 14. April kleinere Geschäfte bis maximal 400 Quadratmetern öffnen. Die großen Einkaufstempel müssen noch geschlossen bleiben. Bald ändern sich aber die Bestimmungen. Hier ein Blick in das Einkaufszentrum „Wien Mitte", in dem sich nur zögerlich die ersten Besucher blicken lassen. Die Bodenmarkierungen erinnern daran, dass die Zeit der Beschränkungen noch nicht vorbei ist.

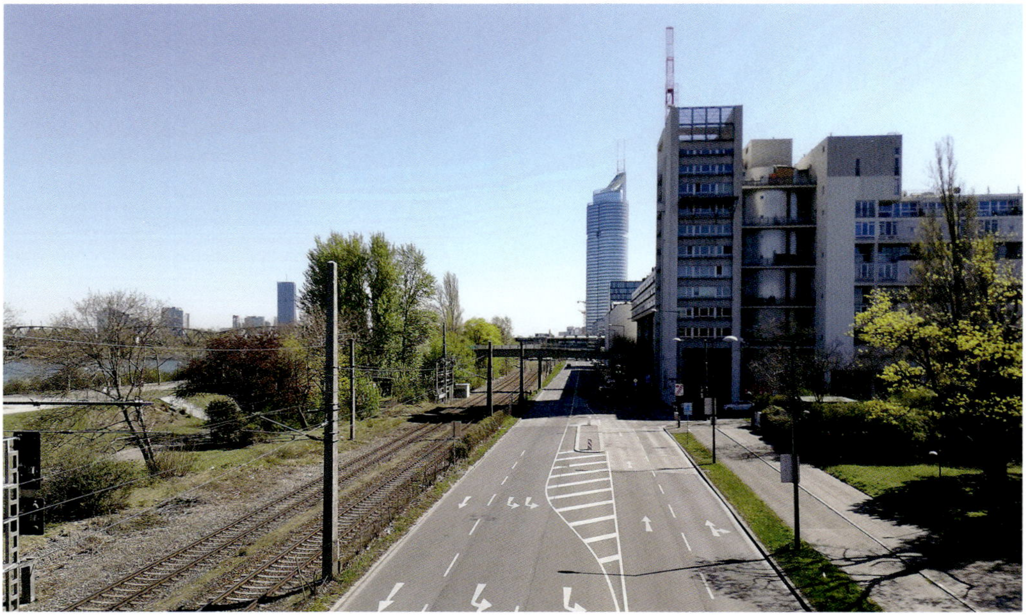

In ganz Wien, wie hier am Handelskai, bleiben die Straßen leer.

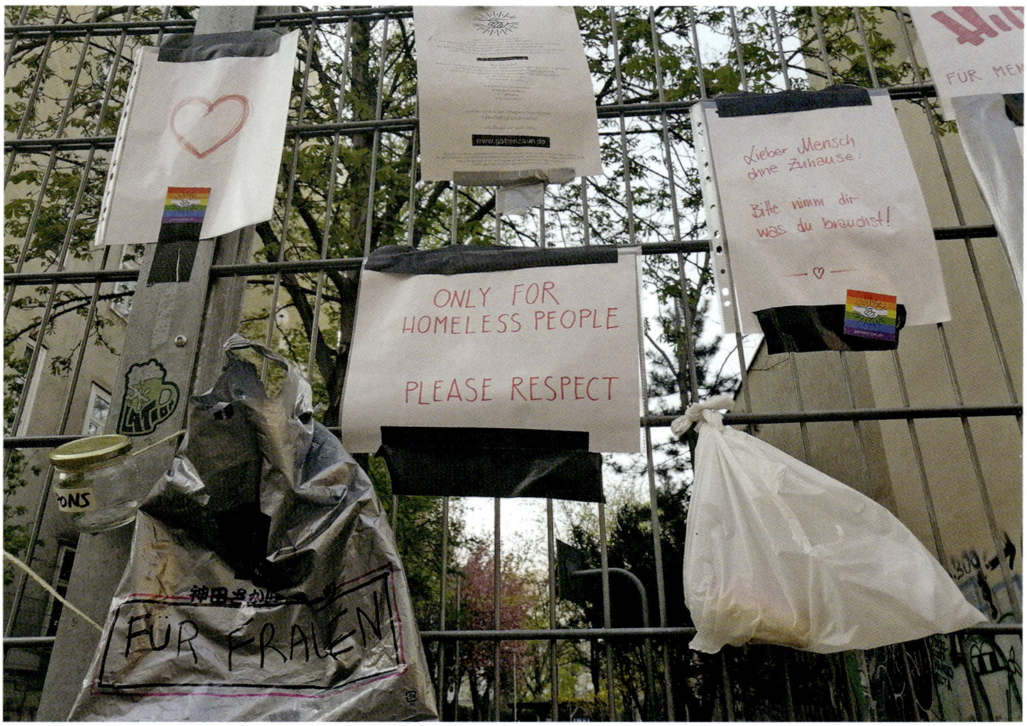

Wir waren dazu verdonnert, mehrere Wochen nur mit den im selben Haushalt gemeldeten Personen zu verbringen. Soziologen warnten, dass eine langandauernde häusliche Isolation zu psychischen Problemen führen könnte.

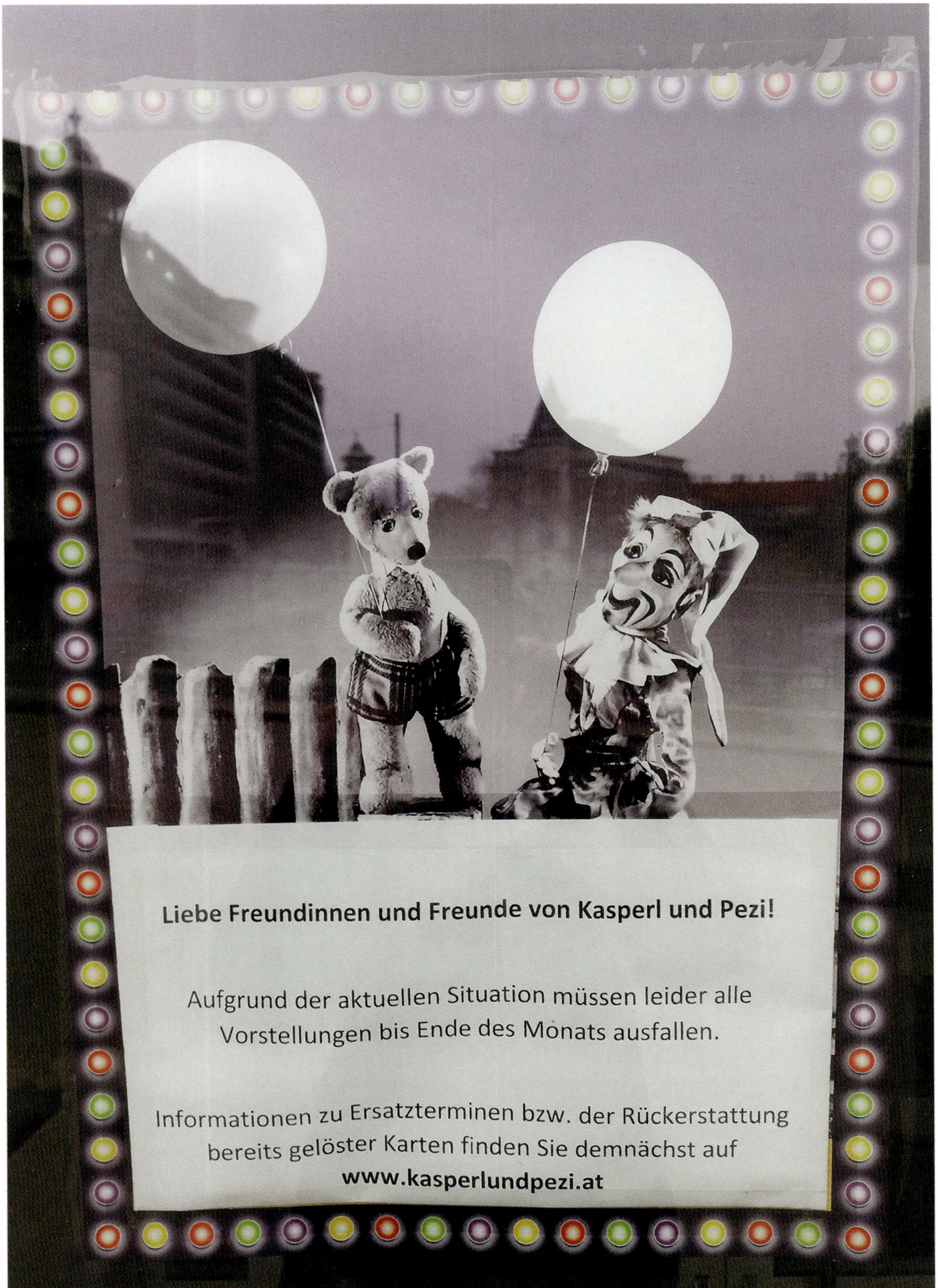

Auch Kasperl und Pezi müssen während der Corona-Krise pausieren.

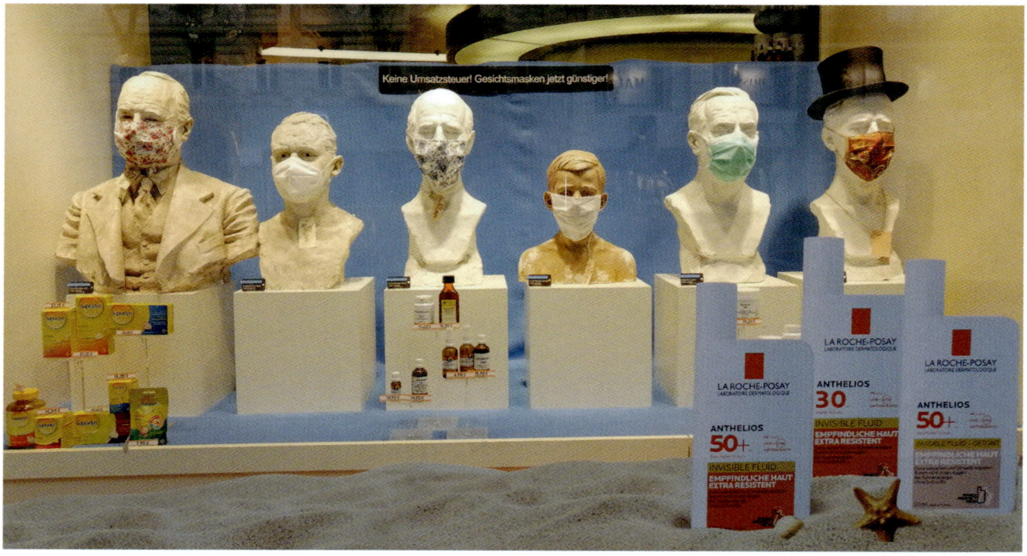

Wissenschaftler und Experten stritten sich in endlosen Debatten, ob die verordneten Mund-Nasen-Masken wirklich helfen, die Verbreitung des Virus einzubremsen. Bald durfte man die Verkehrsmittel, Lebensmittelgeschäfte oder öffentlichen Gebäude nur mehr mit Masken oder einem umgebundenen Schal betreten. Wer sich nicht an die Sicherheitsbestimmungen hält und dabei ertappt wird, kassiert zum Teil saftige Strafen.

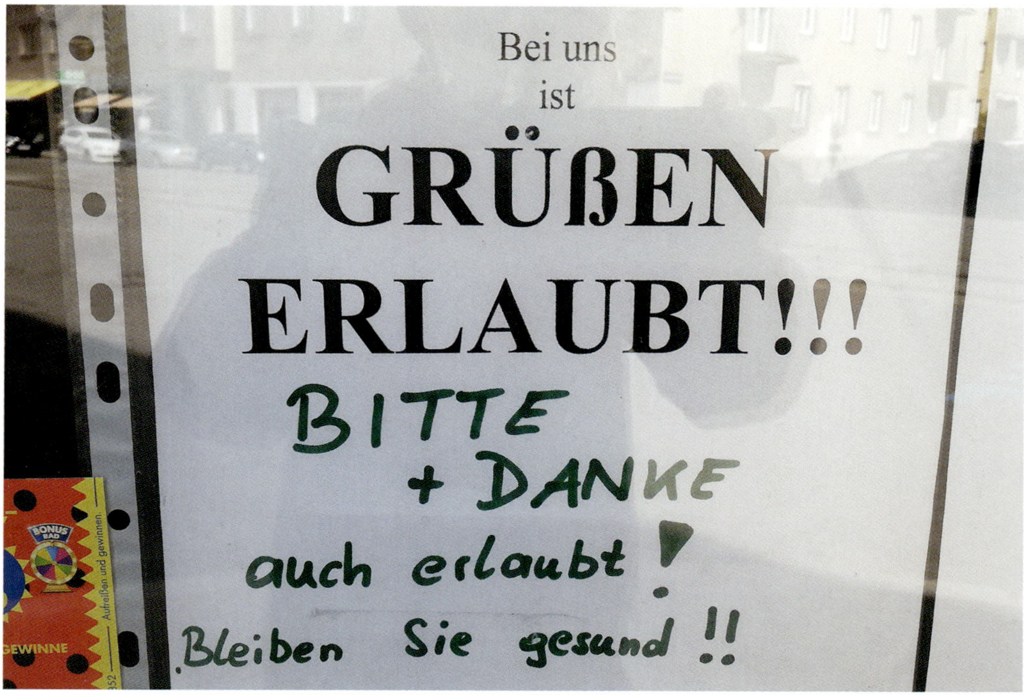

Nicht nur an die Abstandsregel erinnern die Hinweise an den Türen und Fenstern der Geschäftslokale, sondern auch an den freundlichen Umgang miteinander – trotz vermummtem Gesicht.

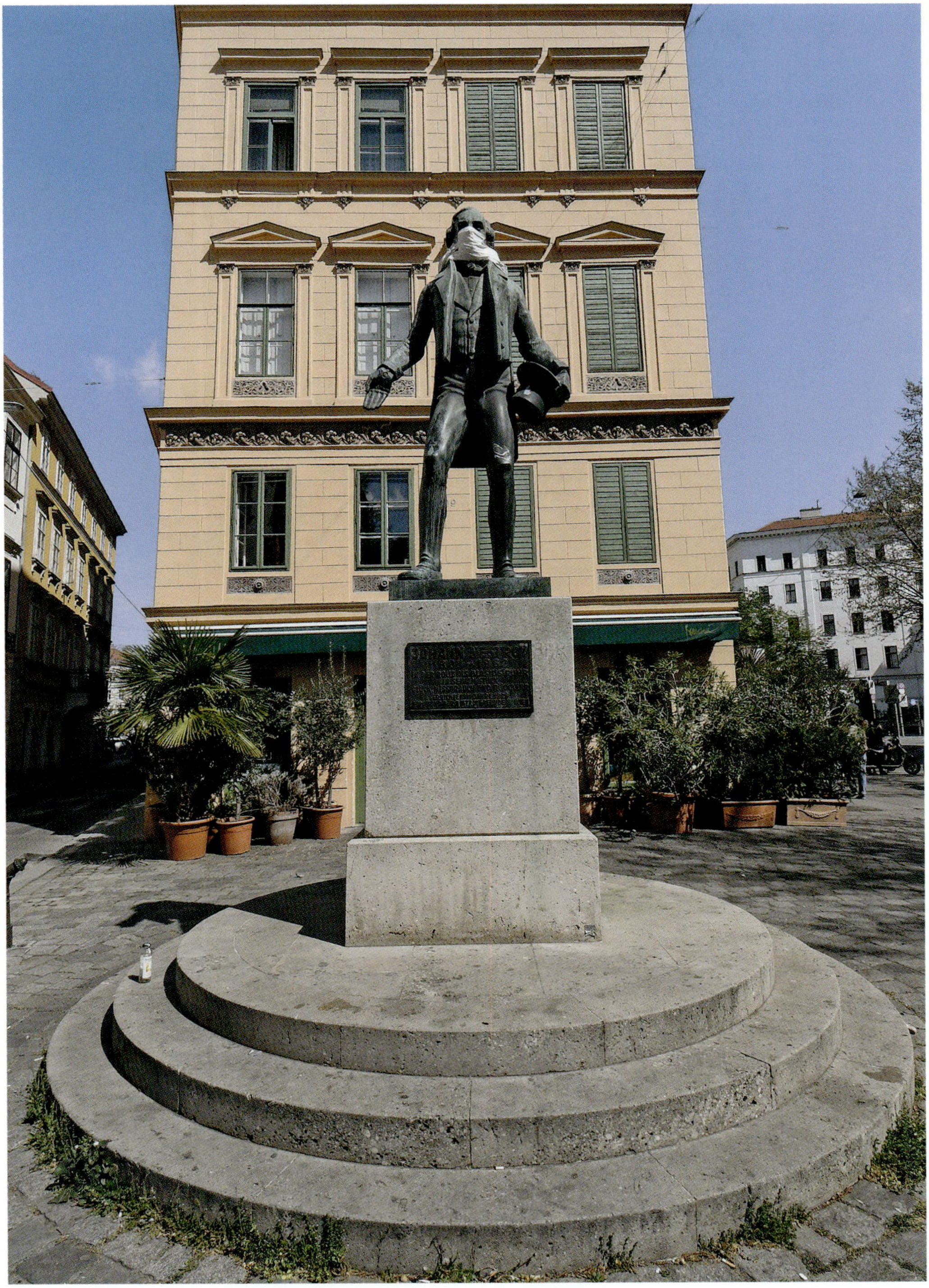

In der Leopoldstadt setzten Unbekannte dem Denkmal des Alt-Wiener Komödianten Johann Nestroy eine obligatorische Mund-Nasen-Maske auf. Die Wiener treten diesem Stillstand noch mit Humor entgegen.

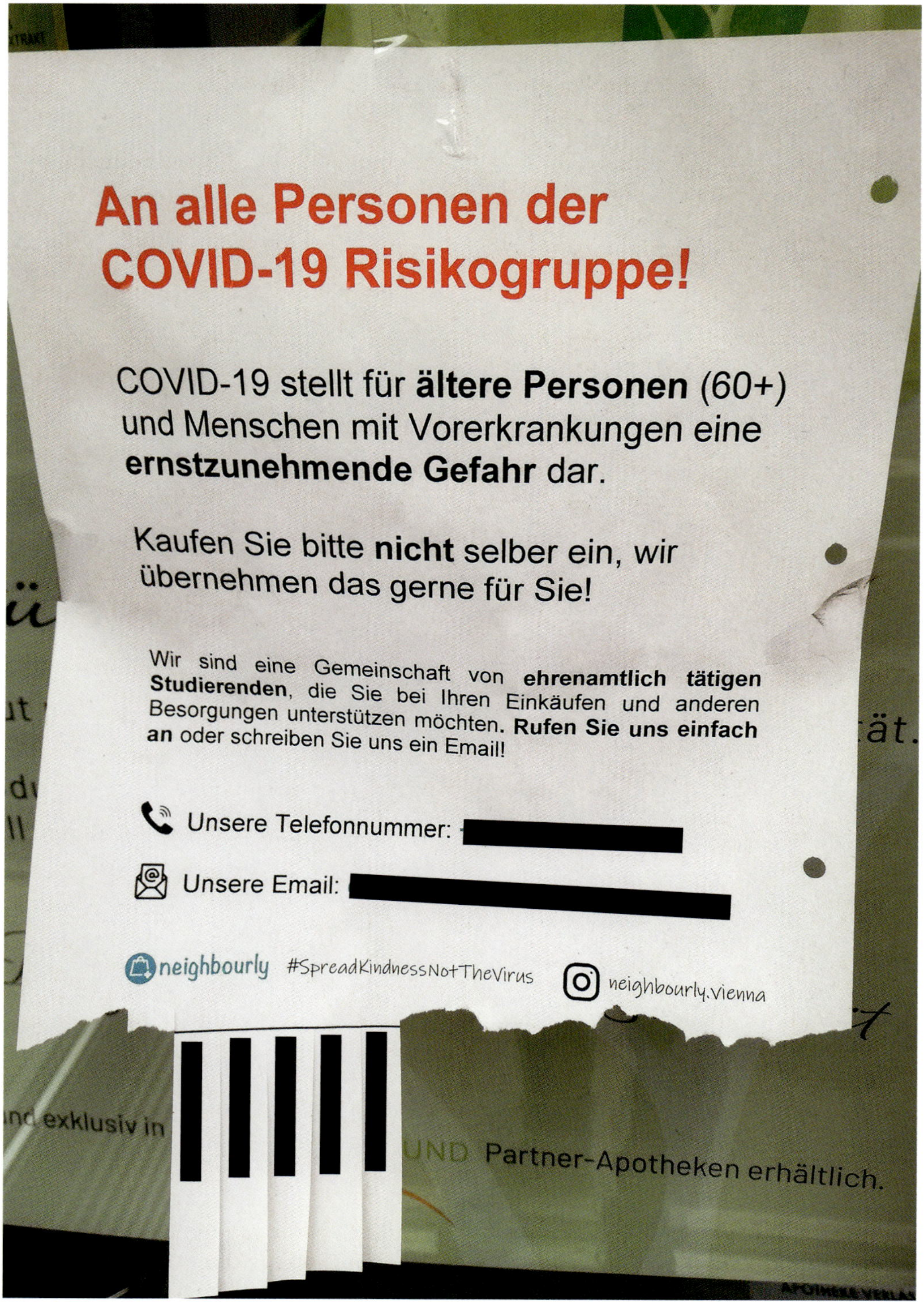

In dieser Zeit rücken die Menschen zusammen und helfen sich gegenseitig.

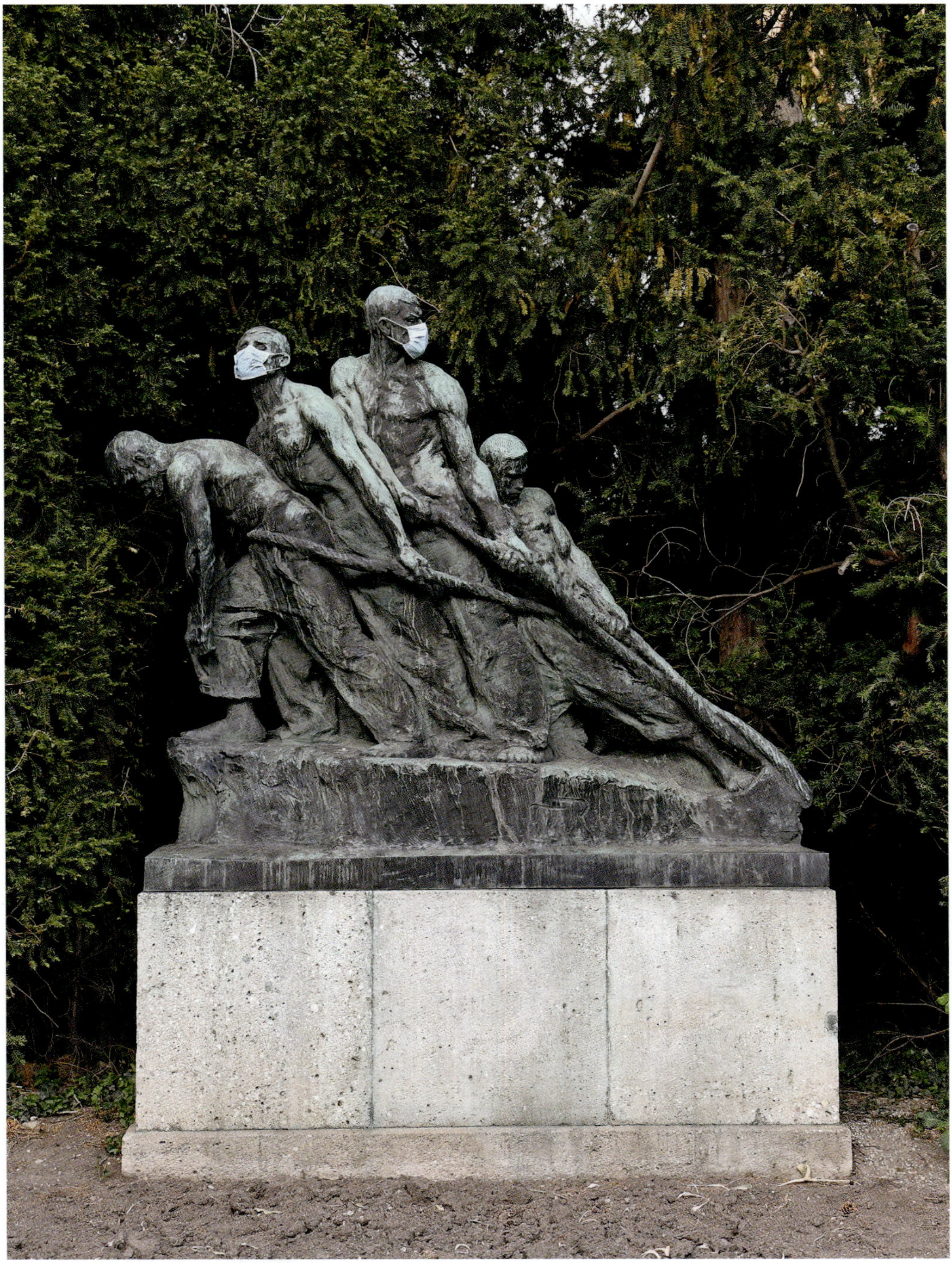

Viele Denkmäler werden mit Masken versehen. Jeder sollte animiert werden, in der schweren Zeit anzupacken, den Karren der angeschlagenen Wirtschaft aus dem Dreck zu ziehen. Aber gerade Kleinunternehmer wurden, wie man bald erzürnt bemerkte, beim Bewältigen der Krise von den Behörden im Stich gelassen.

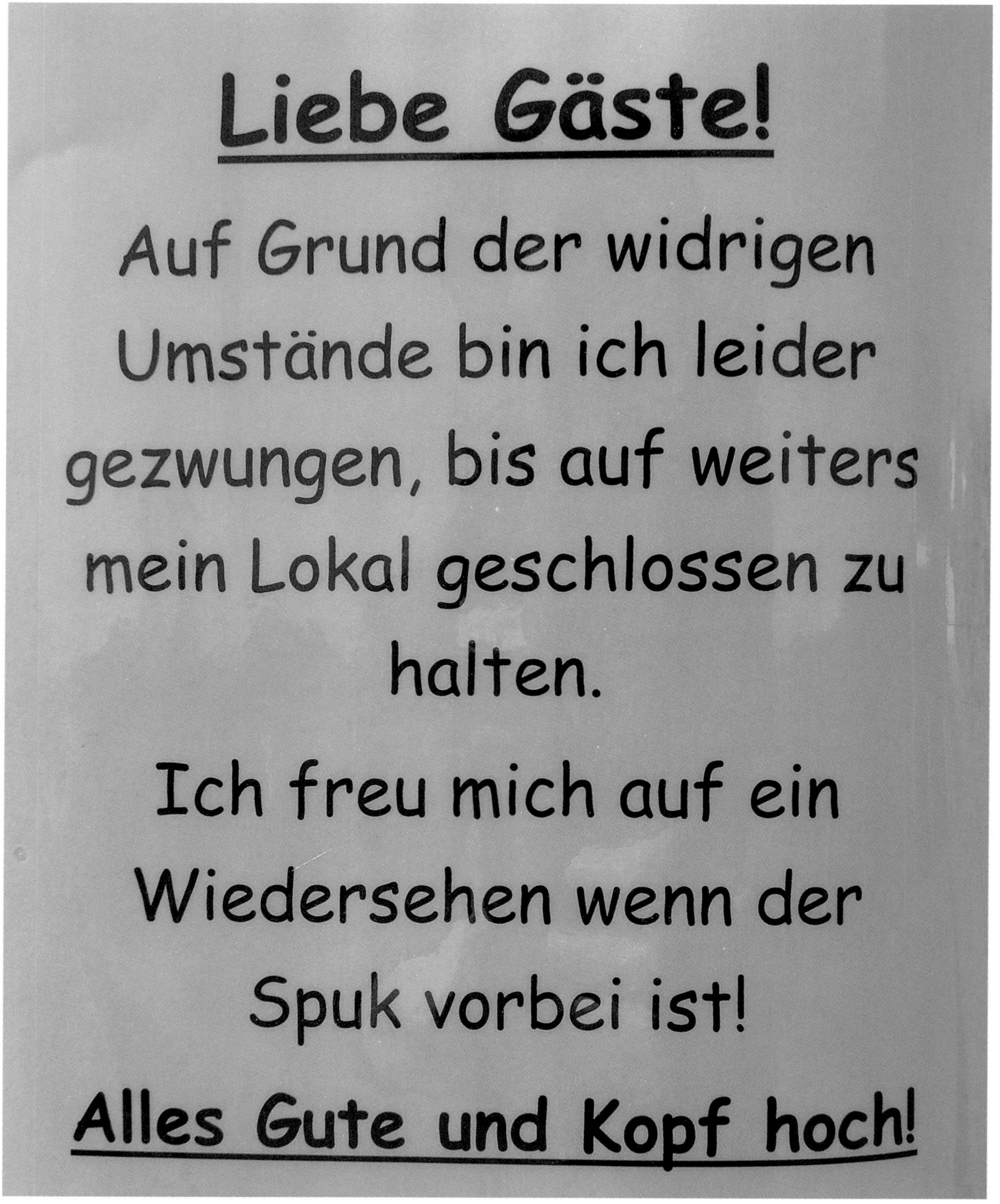

In ganz Wien gibt es die unterschiedlichsten Reaktionen auf die einzuhaltenden Regeln. Diese sind teils formell, teils freundlich formuliert.

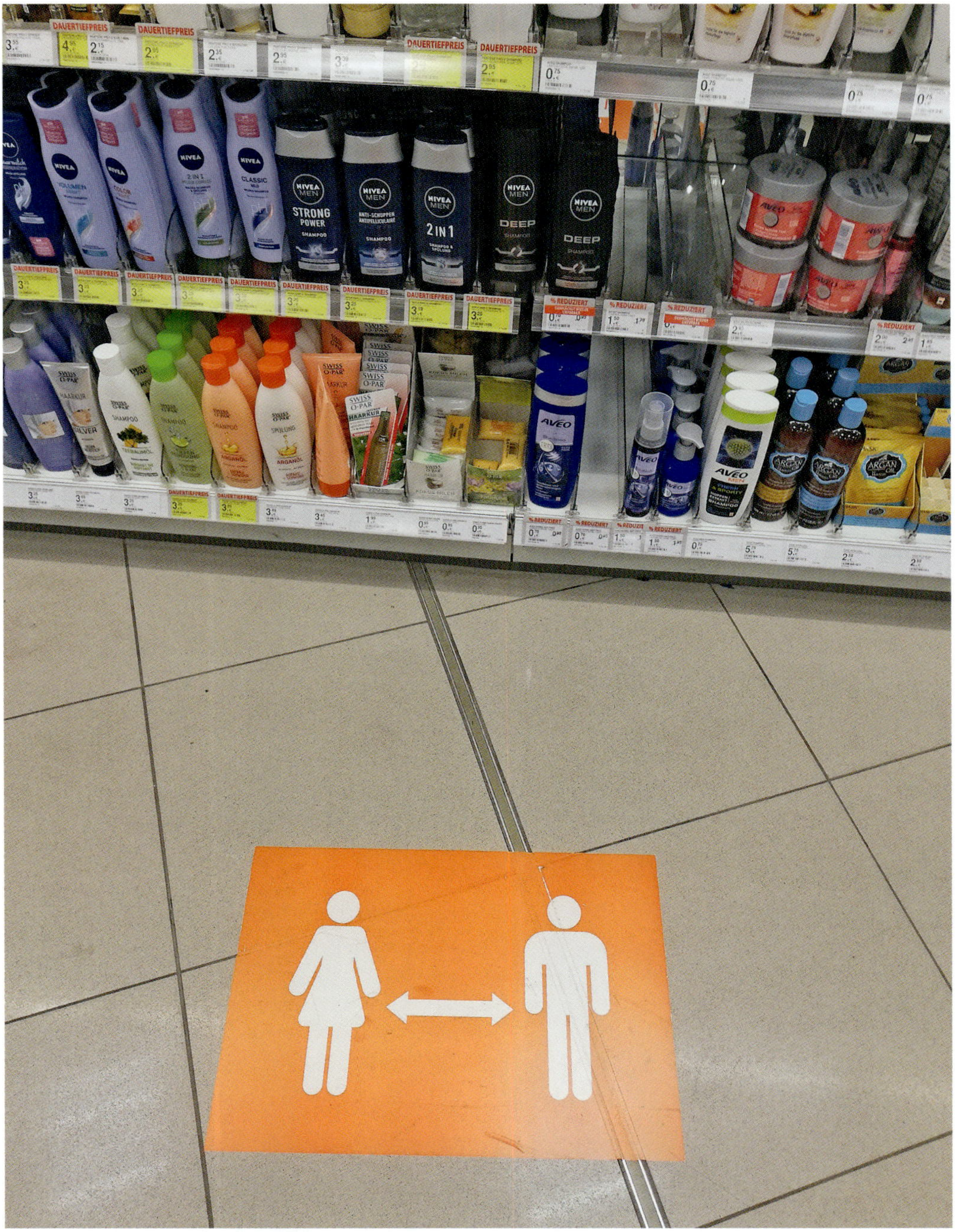

Wir haben die Akkus unserer Kameras aufgeladen und ziehen ins Feld, um die Konstellationen der Umwelt visuell einzufangen. Wie präsentieren sich die großen Einkaufsstraßen nach der Vollbremsung der Wirtschaft? Wir fotografieren die leeren Straßen und Plätze, die zu Geisterorten mutierten, und knipsen die Aushang-Zettel an den geschlossenen Türen von Friseuren, Tierärzten, Schustern, Fitness-Centern, Elektrogeschäften, Cafés, Apotheken, Büchereien usw.

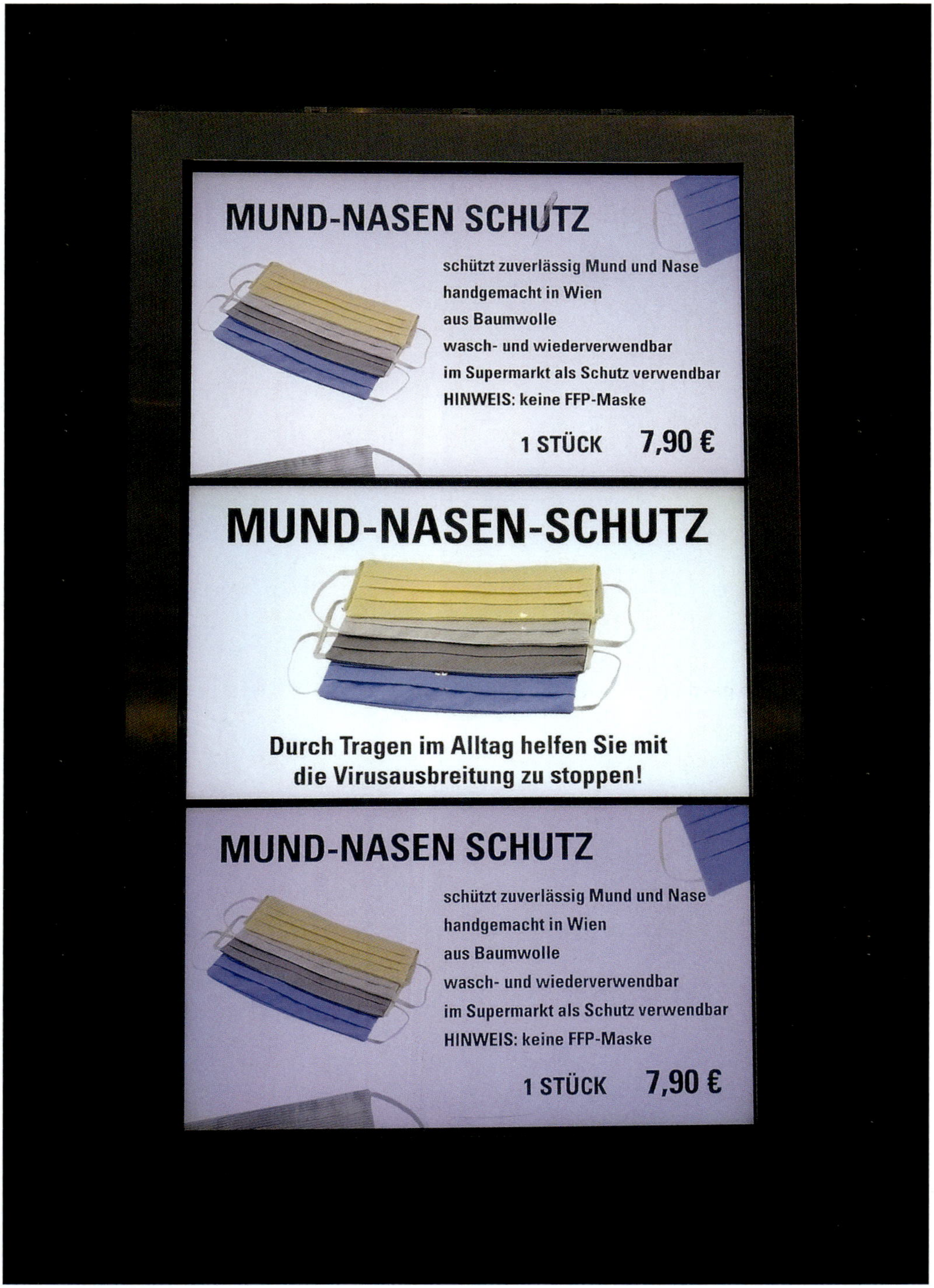

Einige Unternehmer profitieren von der Krise, vor allem die, die sich auf die Herstellung der Masken spezialisiert haben.

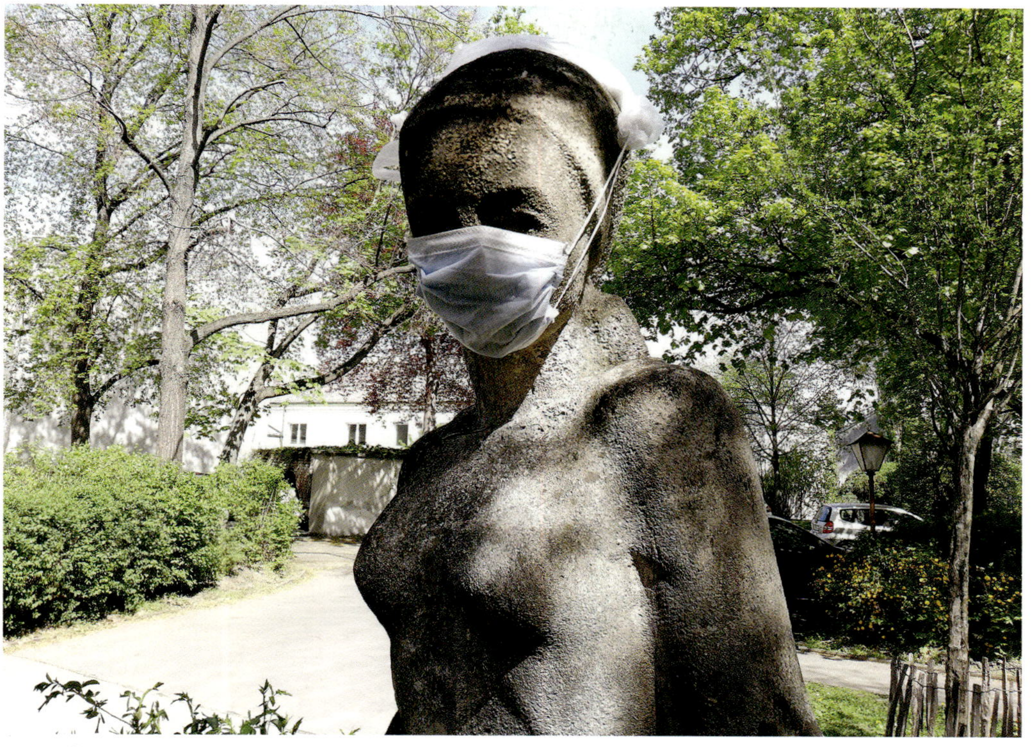

Wer soll hier vor wem geschützt werden?

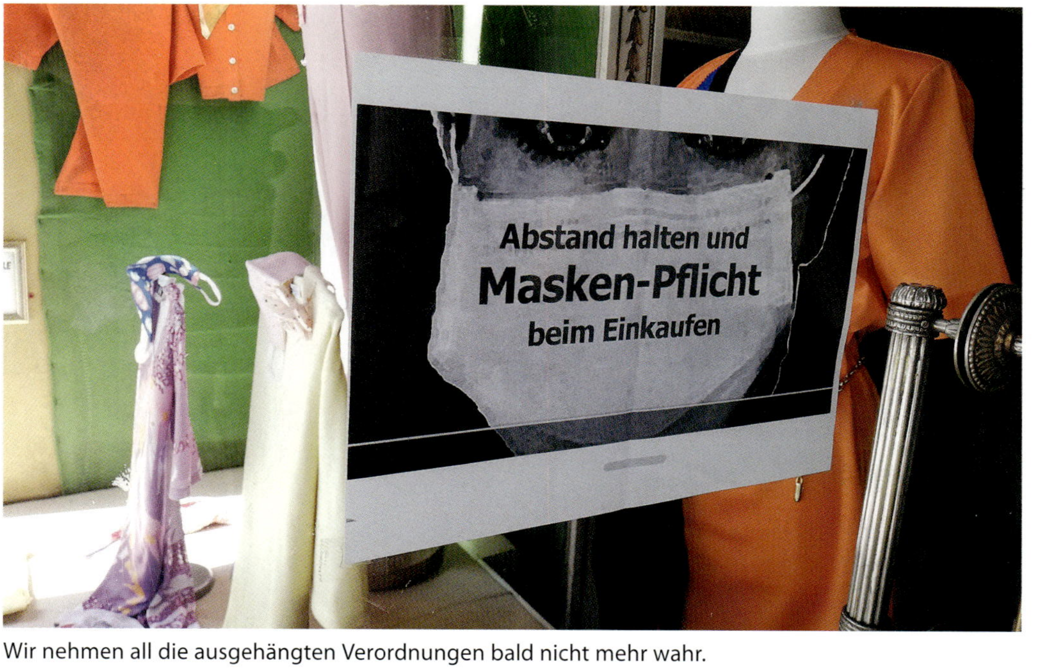

Wir nehmen all die ausgehängten Verordnungen bald nicht mehr wahr.

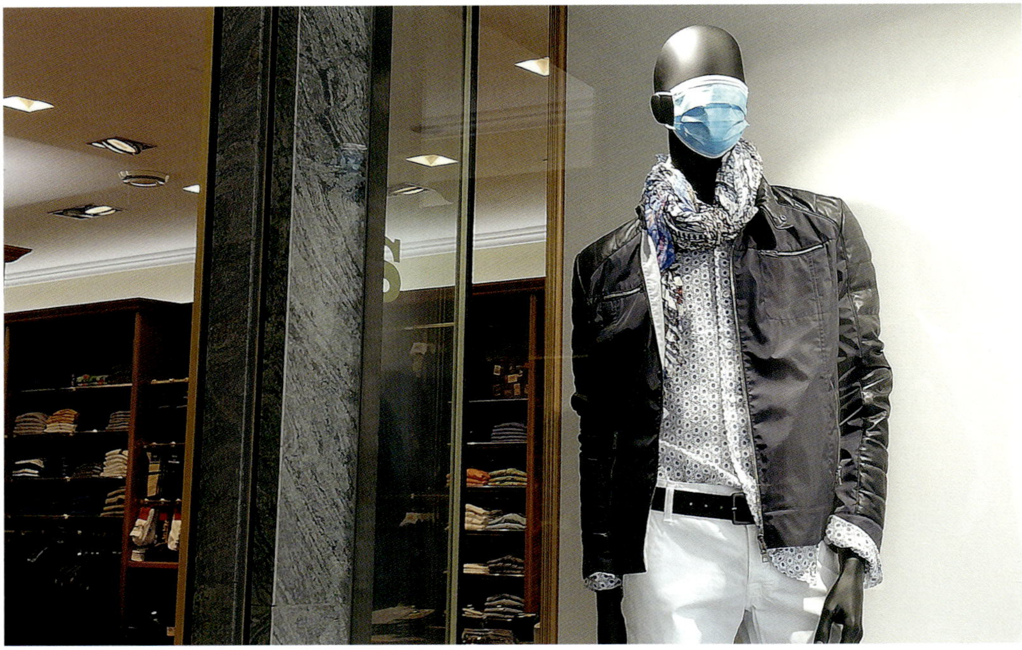

Findige Geschäfte statten ihre Schaufensterpuppen mit Masken aus, die als zusätzliches, schickes Accessoire deklariert werden.

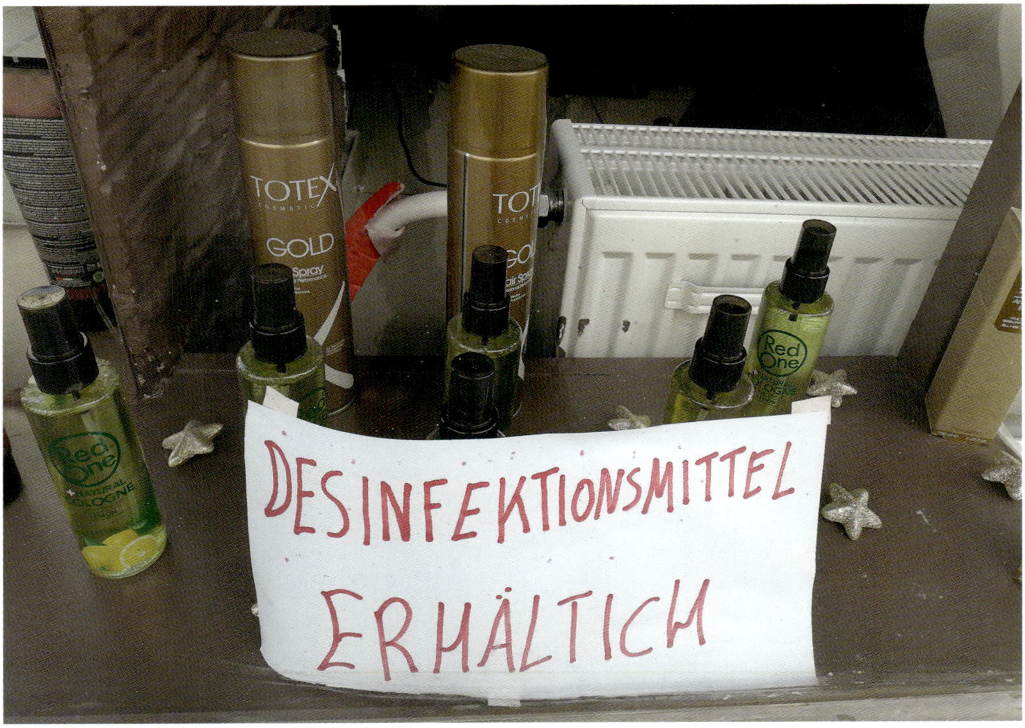

Desinfektionsmittel wird bald zur Mangelware.

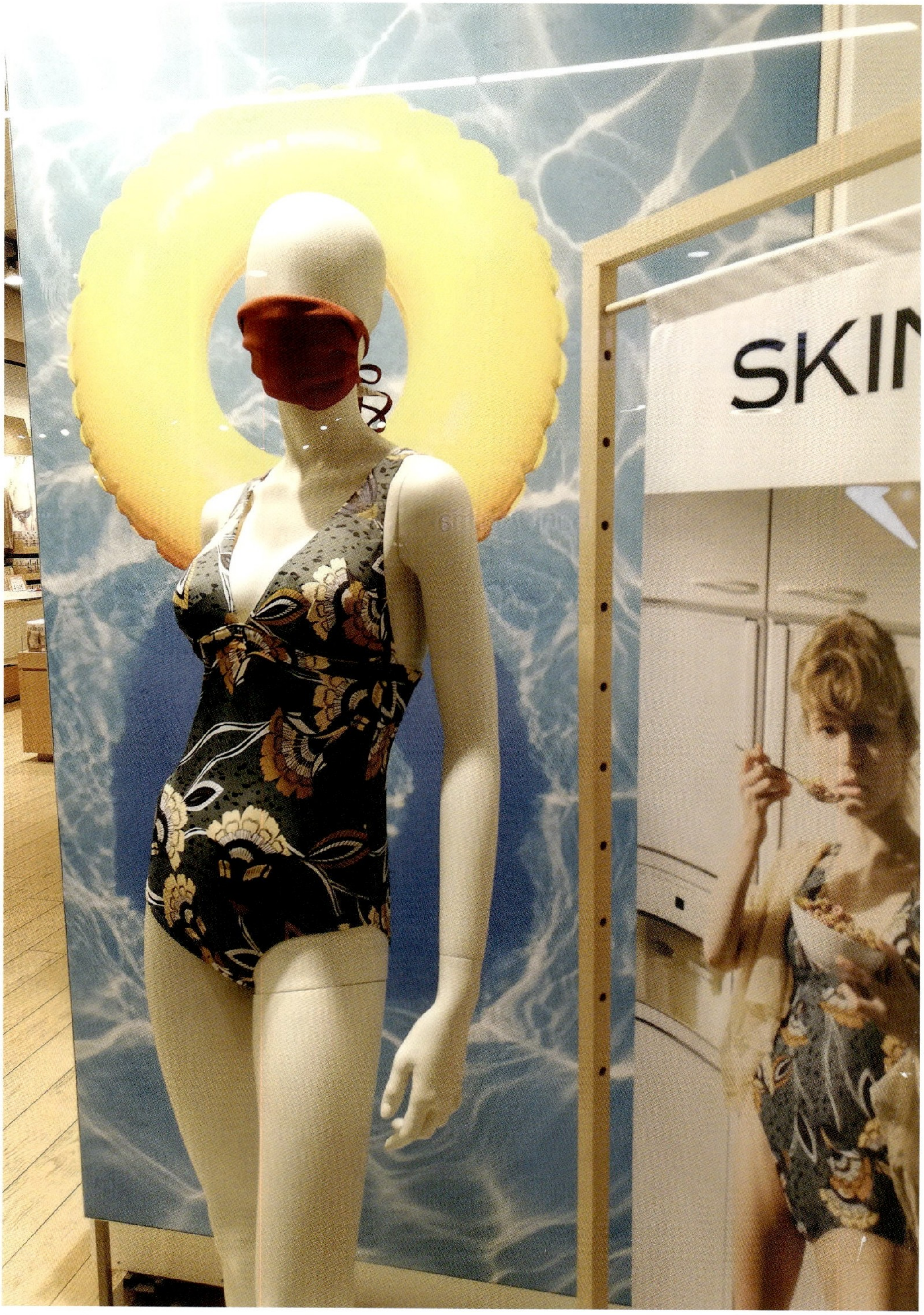

Bademode mit Mundschutz – eine interessante Kombination.

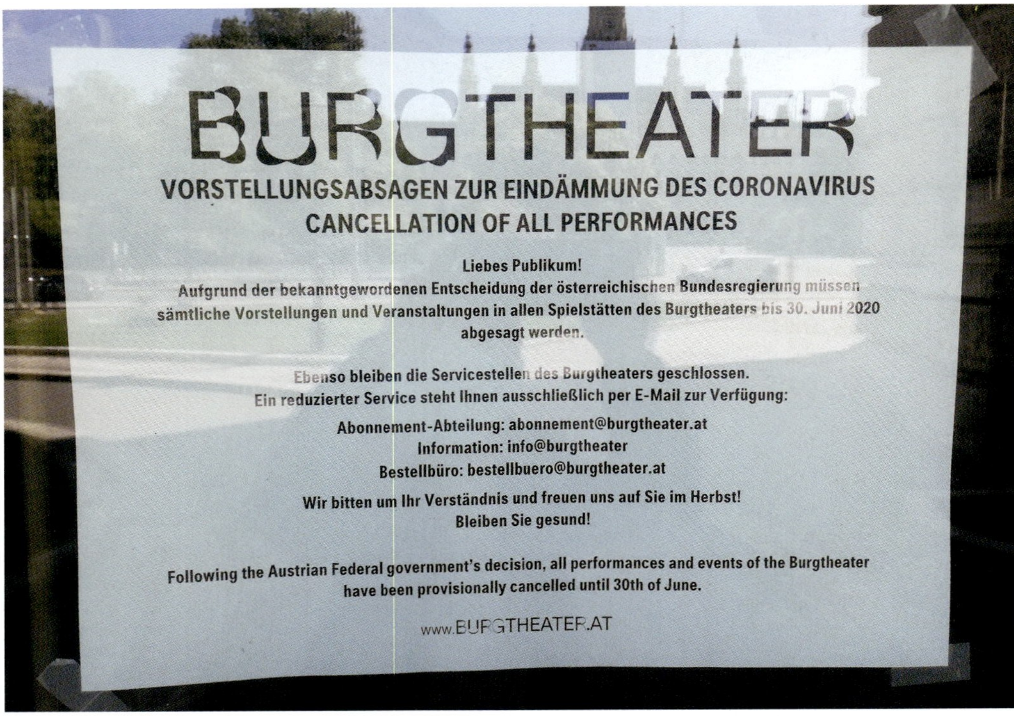

Auch das Burgtheater ist vorschriftsmäßig geschlossen.

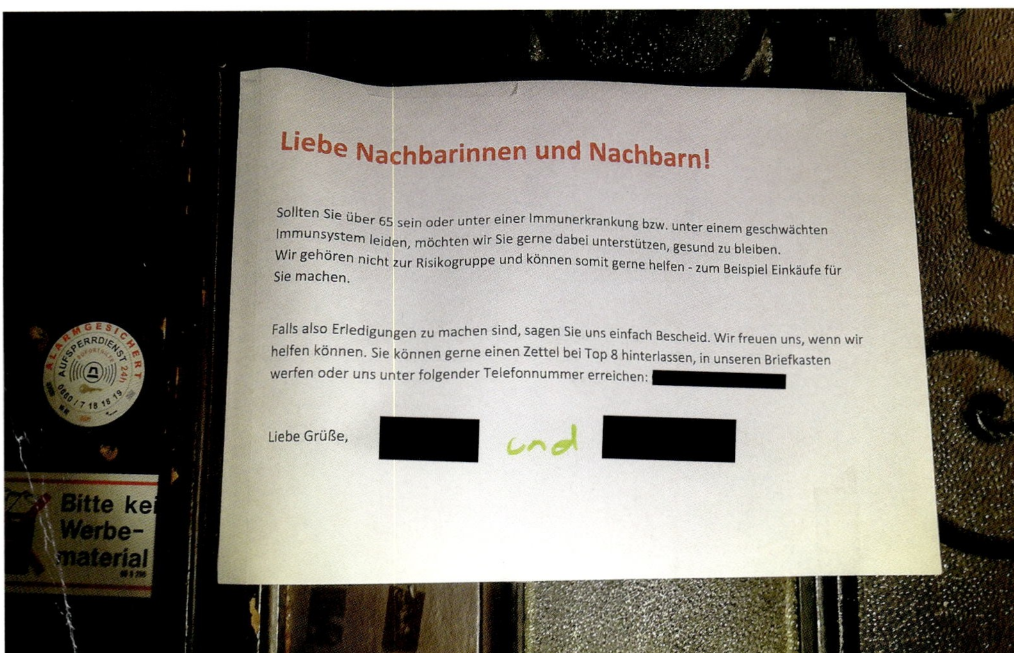

Nachbarschaftshilfe ist in dieser Zeit eine Frage des Anstandes.

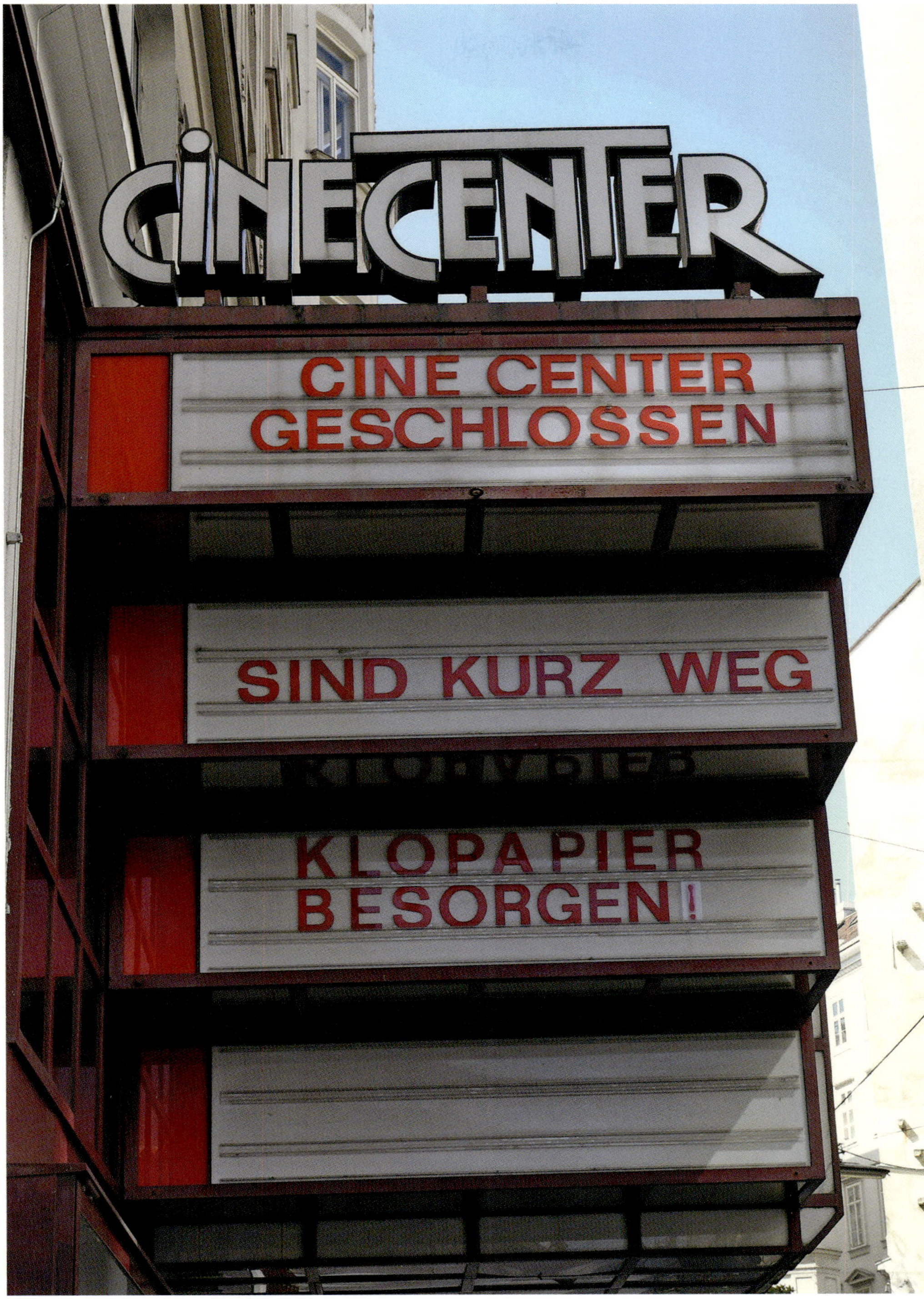

Die Kinos schließen pflichtgemäß ihre Pforten. Wo normalerweise die angesagten Filme verlautbart werden, werden nun momentane Bedürfnisse mitgeteilt.

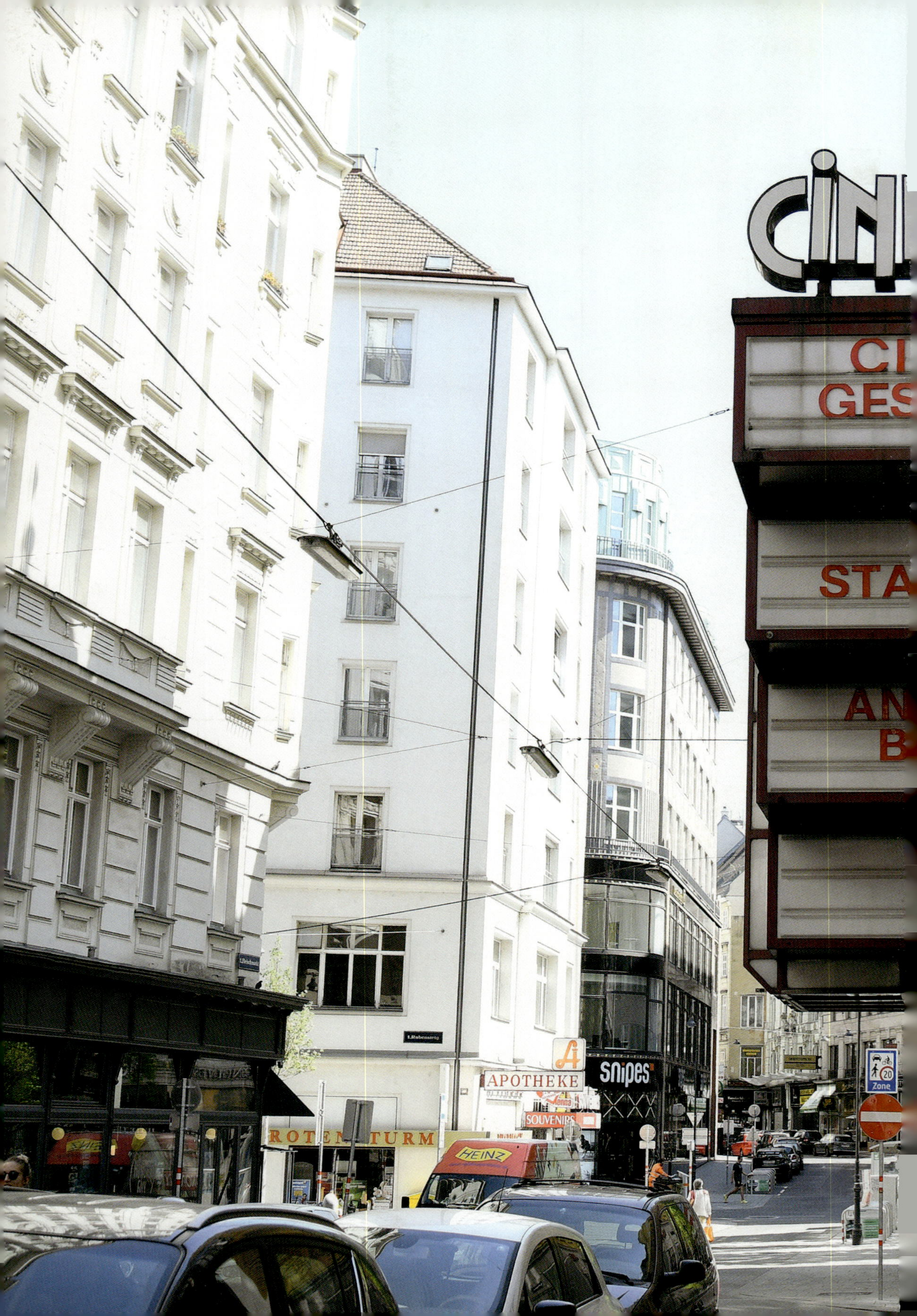
APOTHEKE
snipes
SOUVENIRS
HEINZ
Zone

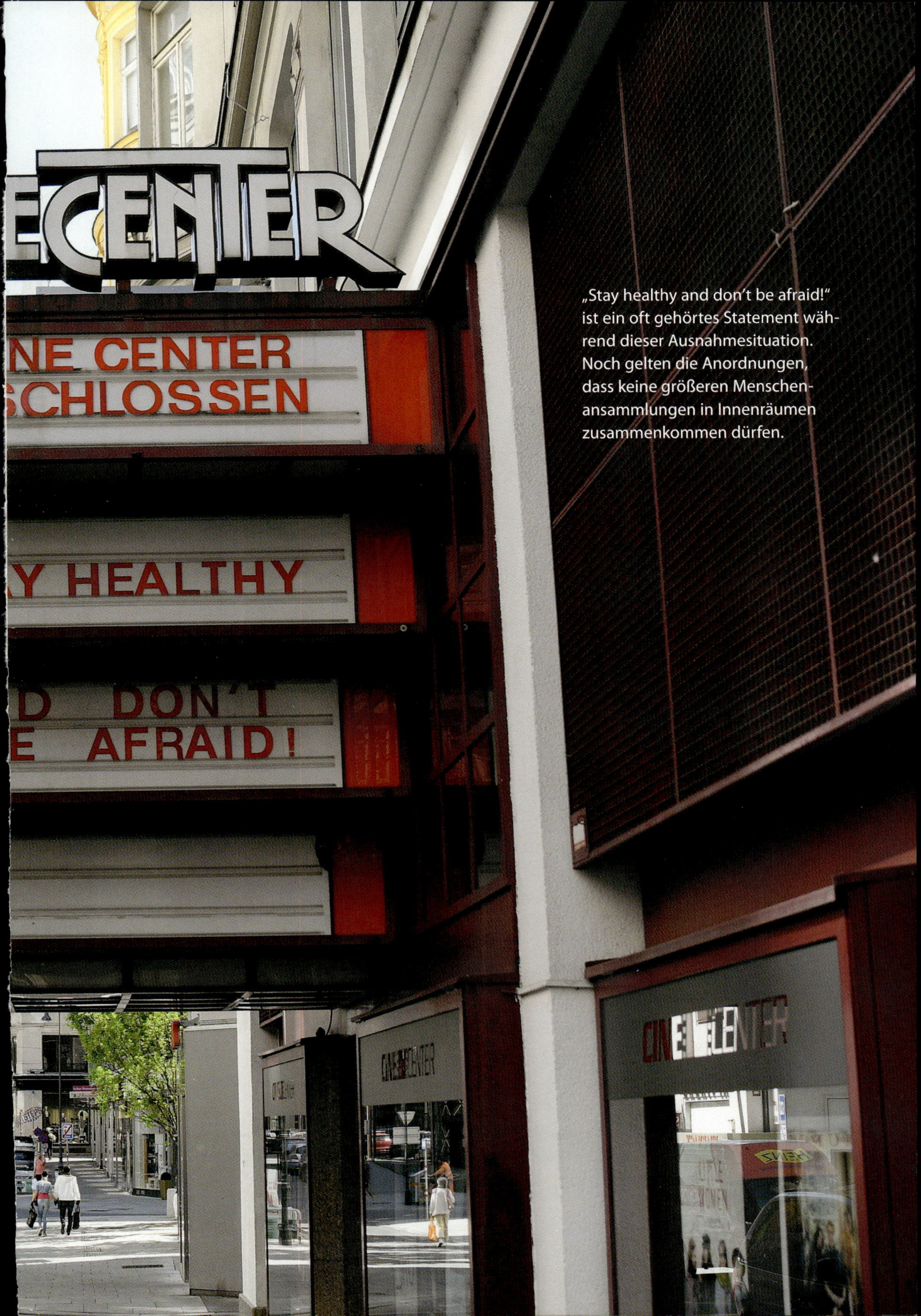

„Stay healthy and don't be afraid!" ist ein oft gehörtes Statement während dieser Ausnahmesituation. Noch gelten die Anordnungen, dass keine größeren Menschenansammlungen in Innenräumen zusammenkommen dürfen.

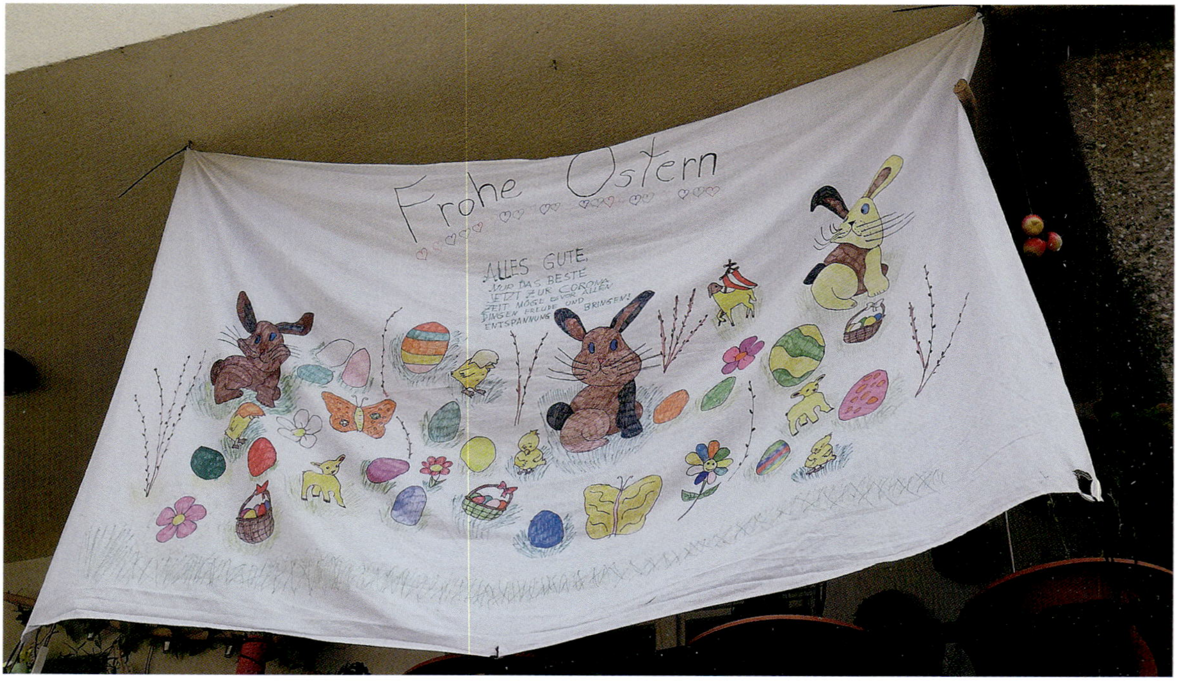

Auf einem Balkon am Karl-Marx-Hof wird zu Ostern dieses Transparent aufgehängt.

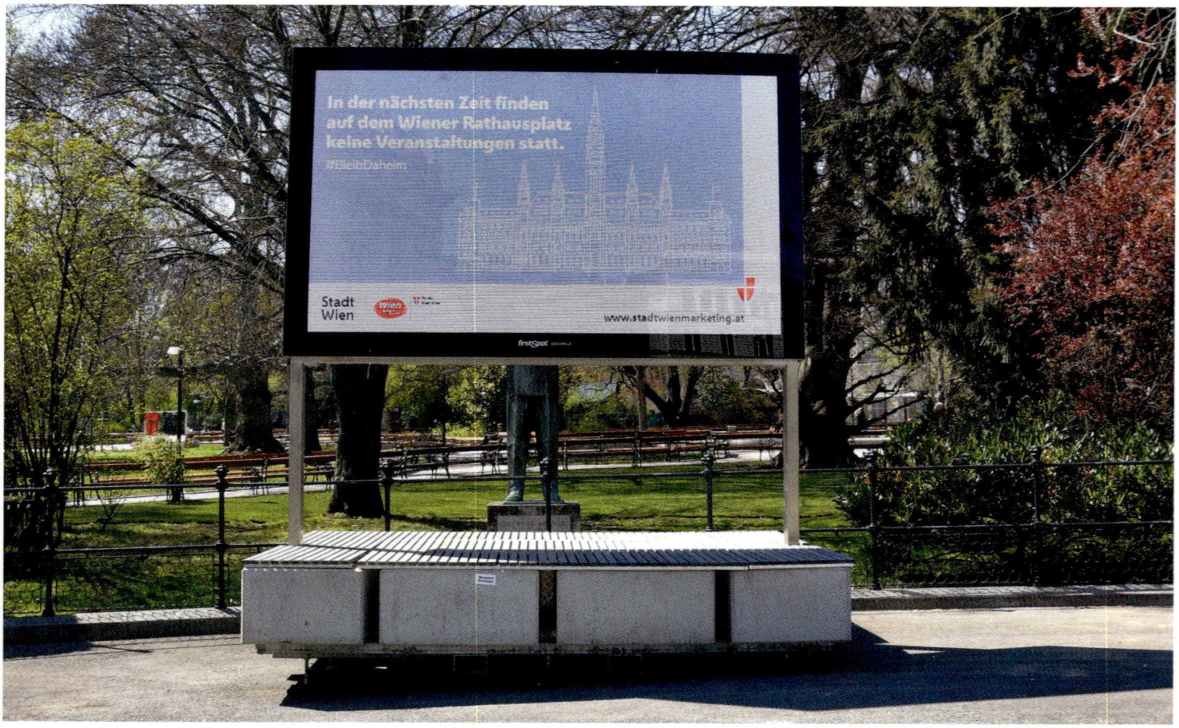

Alle Veranstaltungen, auch auf dem Rathausplatz, werden auf unbestimmte Zeit gestrichen.

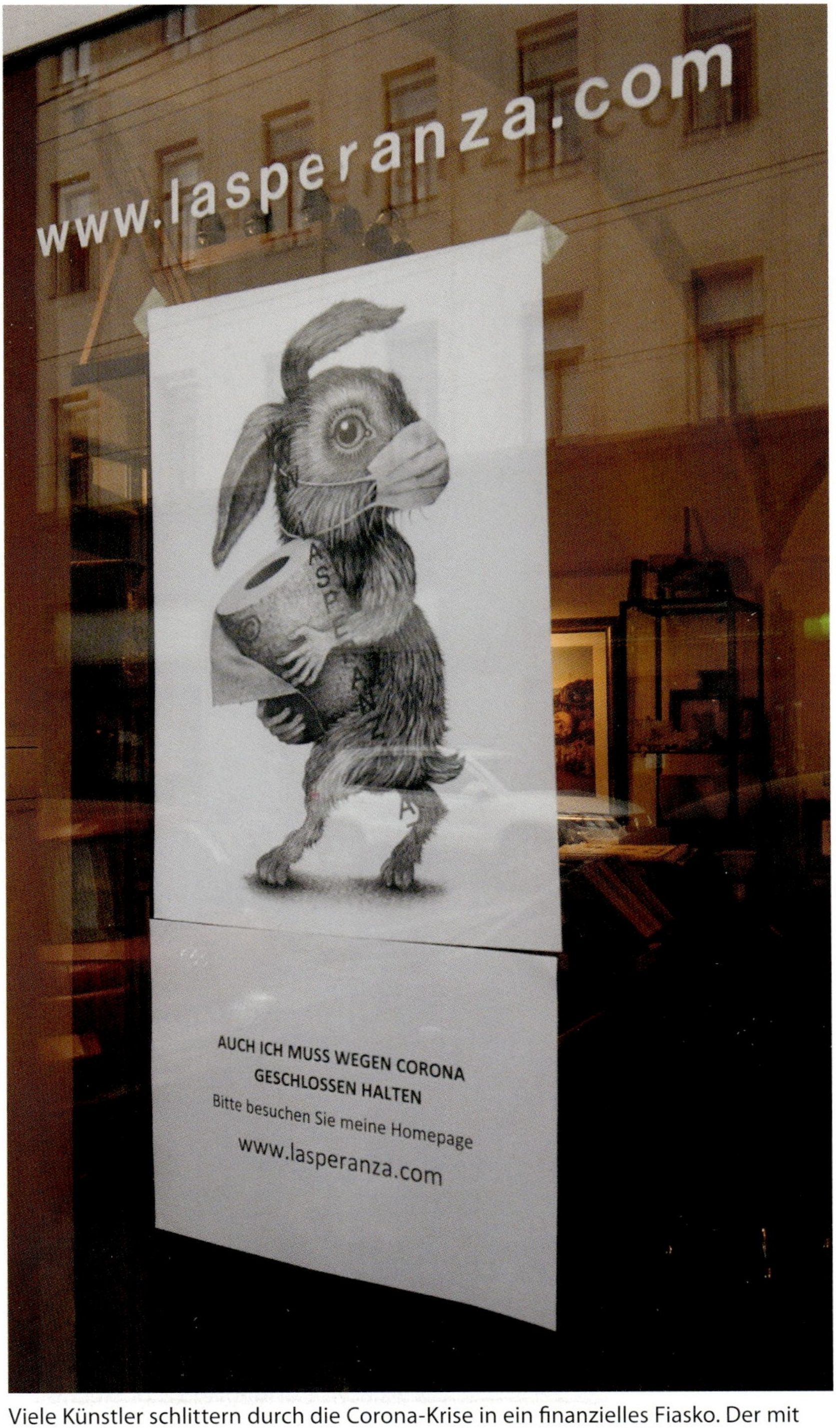

Viele Künstler schlittern durch die Corona-Krise in ein finanzielles Fiasko. Der mit viel Liebe gezeichnete „Corona-Osterhase" mit Maske und Klopapierrolle zeigt hinter der humoristischen Fassade die bittere Realität.

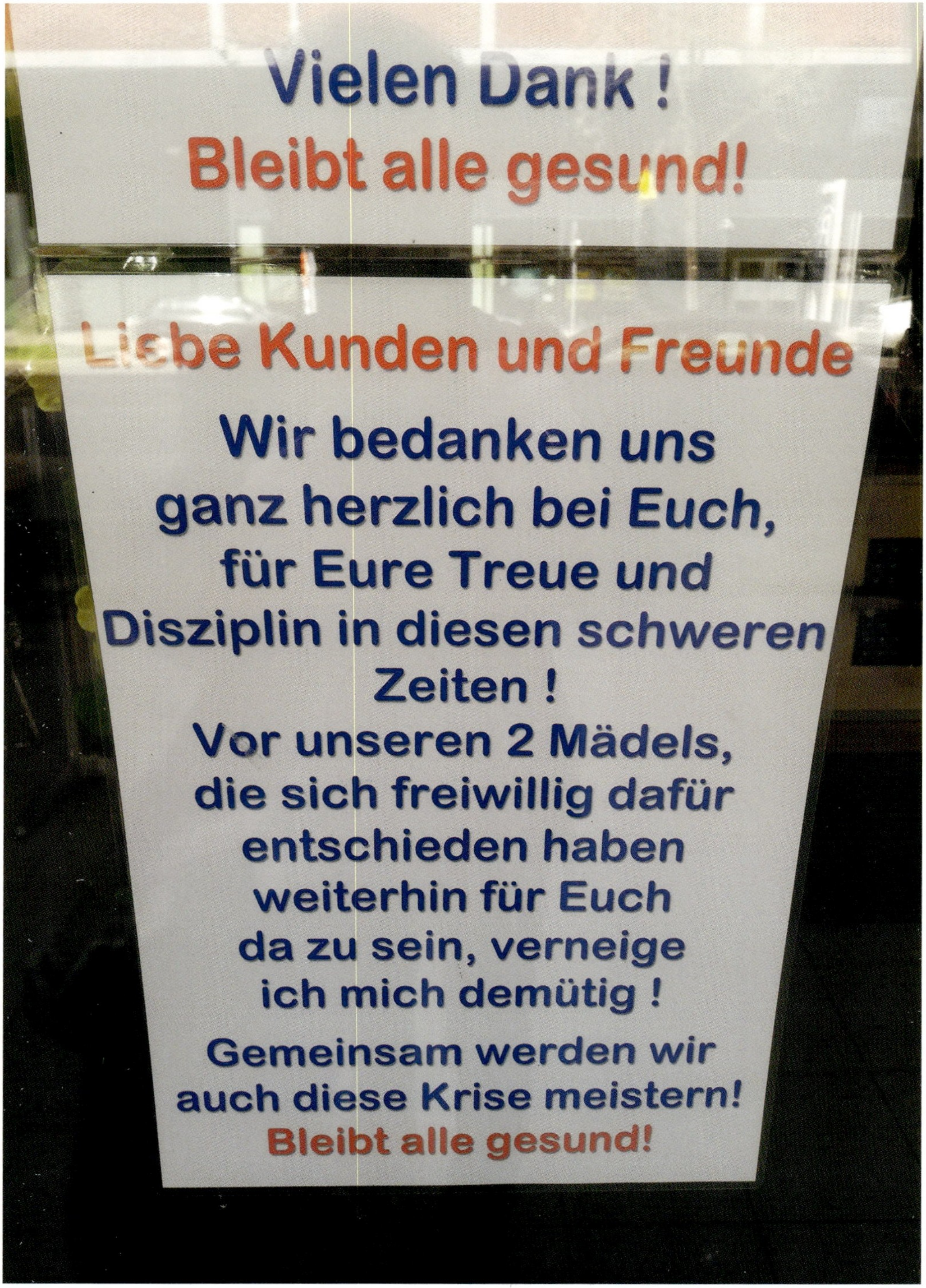

Mitte Mai 2020 wurde mit dem schrittweisen Rückgang ins Alltagsleben begonnen und die Stadt erwachte aus dem Trancezustand. Dennoch wird ein trauriges Ruinenfeld hinterlassen.

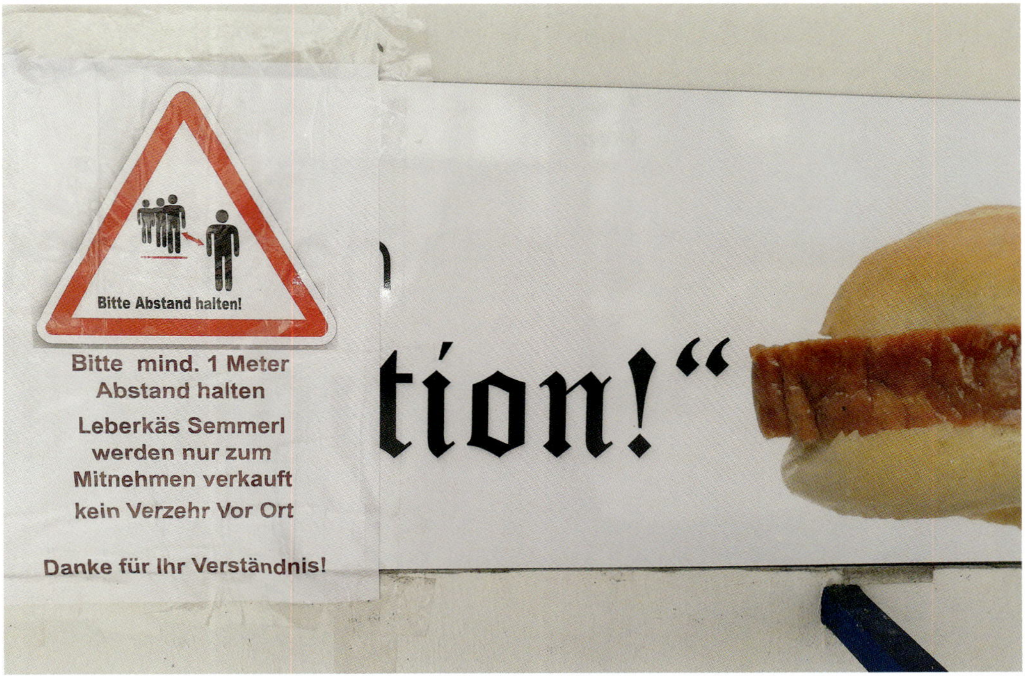

Lebensfreude?

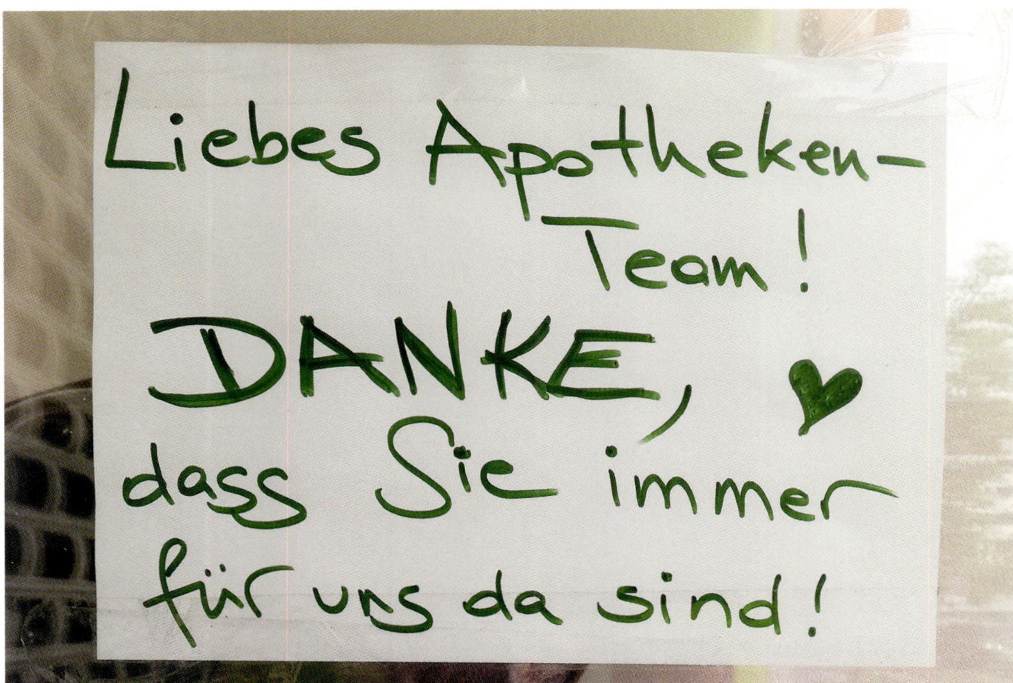

Ein Dank an die Helden dieser Zeit.

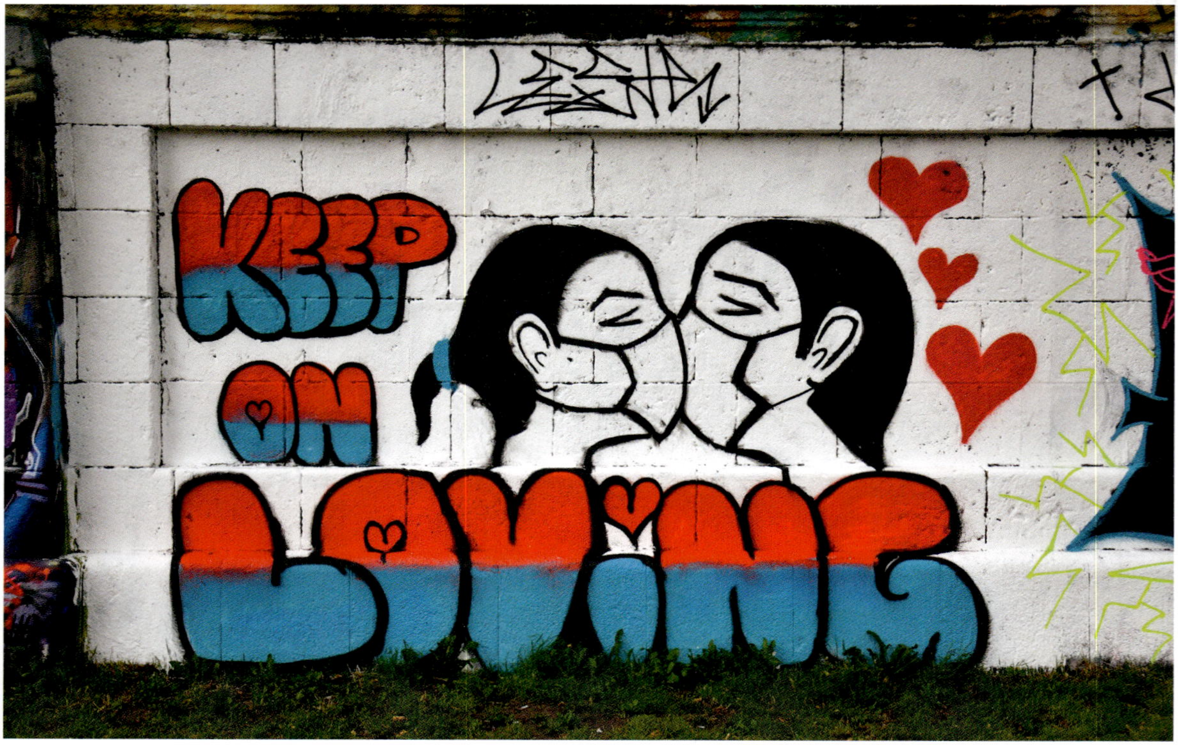

Danksagung

Besonders danken möchten wir:
Stefan Andert
Biohof Familie Binder
Annabel Konopatzki
Luigi La Speranza
Brigitte Mannsberger
Barbara Pertl (Wiener Linien)
Kai Rickerts
Monika Schmid

Bildnachweis

Lukas Arnold: Einband vorne, Vorsatz, 4–5, 7–34, 36–47, 48 oben, 49–51, 52 unten, 53–56, 65–97, 100 unten, 102 oben, 103, 105–106, 108, 113–115, 116 unten, 117, 120, Nachsatz Einband hinten;

Marcello La Speranza: 35, 48 unten, 52 oben, 57–64, 98–99, 100 oben, 101, 102 unten, 104, 107, 109–112, 116 oben, 118–119.

Buchhinweise

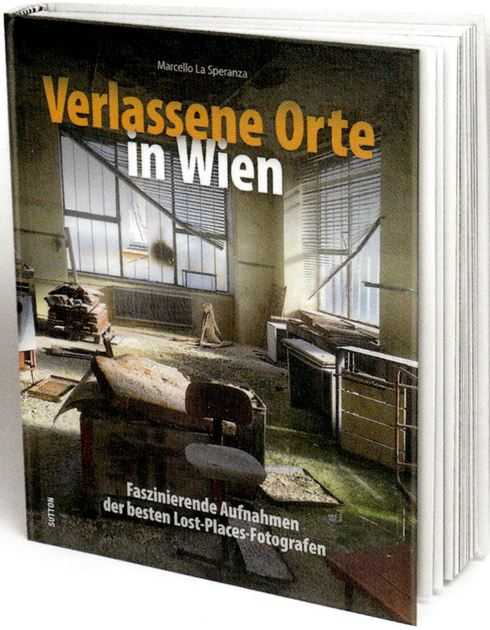

978-3-95400-973-2 | **29,99 €**

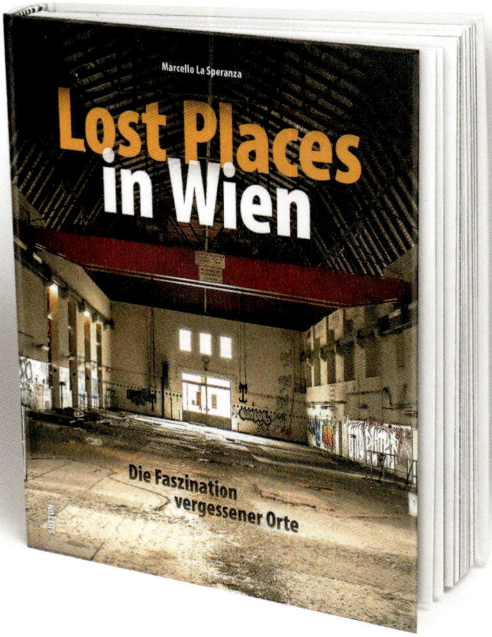

978-3-96303-106-9 | **29,99 €**

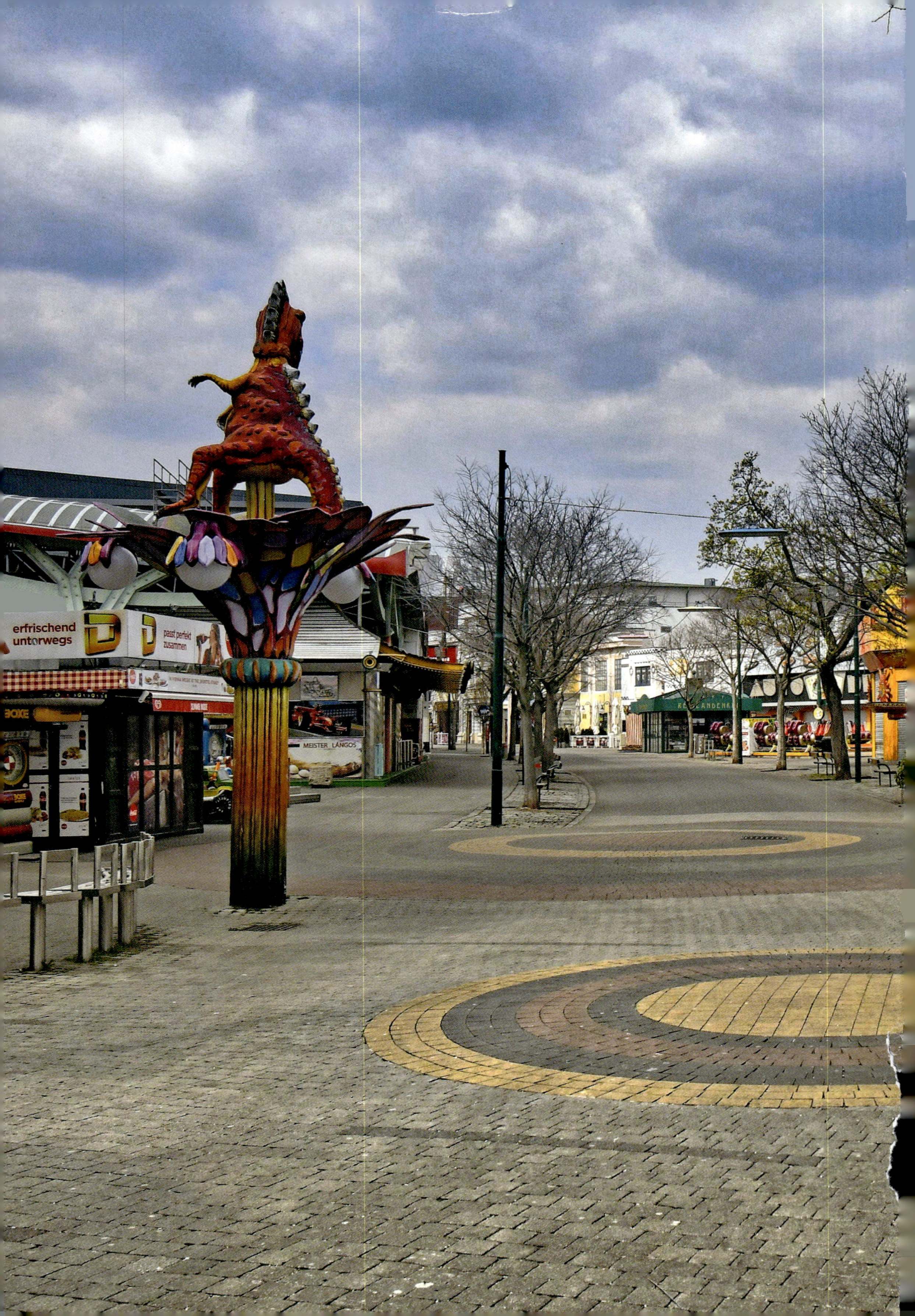

erfrischend unterwegs
passt perfekt zusammen
MEISTER LANGOS